U0617548

本书得到国家社科基金项目
"以农业物流园区为依托的农业产业体系协同化发展模式研究"
（项目编号：2018BJY138）的资助

# 农业产业体系
## 协同化发展模式研究

### 以农业物流园区为依托

RESEARCH ON
THE COORDINATED DEVELOPMENT MODEL OF
AGRICULTURAL INDUSTRIAL SYSTEM
RELYING ON
AGRICULTURAL LOGISTICS PARK

胡晓兰 著

社会科学文献出版社
SOCIAL SCIENCES ACADEMIC PRESS (CHINA)

# 序

我非常荣幸地为您介绍这本著作，这是我的学生胡晓兰在农业产业体系协同化发展领域所取得的成果。这本书的出版标志着我们在农业物流园区（涉农产业集群）对农业产业体系的影响和作用方面取得了重要的突破。

农业和农村问题一直是我国国民经济的根本问题。现代农业产业体系是集食物保障、原料供给、资源开发、经济发展、市场服务、文化传承、生态保护等于一体的综合系统，是多层次、复合型的产业体系。基于我国农村的实际情况和条件，协调推进"现代农业三大体系"的建设工作，尤其是培育新型农业经营主体，健全农业社会化服务体系，实现小农户和现代农业发展有机衔接，是当前农村经济改革与发展的重要环节。

在这个背景下，这本著作重点研究了农业物流园区对农业产业体系协同化发展的影响和作用。通过深入的调查研究，本书阐述了农业物流园区如何促进农业产业体系的构建和发展，以及如何通过协同化发展机制实现产业链价值增值，推动农业现代化、保障农产品质量与食品安全、衔接城乡、推进城镇化发展。

本书的主要内容和重要观点包括：首先在明确研究目标和先行理论及研究的前提下，基于中国农村和农业产业的现实背景分析农业物流以及农业物流园区在农业产业体系中的作用，提出依托农业物流园区的农业产业体系的构建和协同化发展机制；其次利用解释结构模型进行影响因素的分析，根据前文所提出的构建路径和机制对这一协同化发展的实现进行了详细描述，对功能层面、产业层面以及农业主体关系进行深度分析；最后通过系统动力学模型来验证这一模式路径的有效性并提出优化思路。

　　本书不仅对农业物流园区在农业产业体系协同化发展中的作用进行了深入研究，而且提供了具有实践意义的解决方案和发展建议。这本书对于从事农业和物流研究的专业人士以及政府和企业决策者都具有重要的参考价值。我们希望这本书能够为推动我国农业现代化和农村经济发展做出贡献。

　　最后，我要感谢所有为本研究提供支持和帮助的人士，特别是参与项目的老师和合作单位。他们的努力和贡献使这本著作得以成功出版。同时，我们也期待读者能够从这本书中获得启示和收获，共同推动我国农业产业体系的发展。

武汉大学教授、博士生导师，中国物流学会副会长

# 摘　要

本研究基于以下几个方面的共识：第一，农业物流园区（经调研和论证项目已经对其进行了内涵和外延的重新认识）对产业链互动起到组织依托和平台保障作用；第二，本课题实现农业产业体系协同的两个最重要的作用层面与产业链双向互动的两个层面——功能和产业层面是一致的，其实质是相同的；第三，原研究（博士学位论文）所构建的产业链双向互动模式实际上是农业产业体系中的各类主体（农户、农业企业、农业流通企业、农业物流企业、农业服务组织）在产业上的协同，这一点直接呼应现有研究课题。

在以上基础上，本研究将着眼点放到更能综合反映农业发展效率和效益水平的农业产业体系上。首先，在文献研究的基础上，对农业产业体系的依托主体通过调研和团队研讨形成了更能反映农村现实发展的新的内涵与外延，对农业物流园区的内涵与外延有了进一步的界定与实质的提炼，从而确认本研究所探讨的依托主体不仅是农业物流园区和农业物流集群，更是以集群为核心的涉农产业集聚。其次，对中国农业与农业产业进行综合全新认识，对我国的农业产业体系的内涵、特征进行分析，提炼我国农业产业体系的发展模式，这一系列模式又恰恰与农业经济中起基础作用的农业物流模式存在逻辑和实践上的一致性，在此基础上，从农业物流对产业协同的基础性作用和农业物流园区对农业产业体系中的主体的作用两个方面确认了农业物流园区（涉农产业集群）依托主体对于农业经济的作用，强调影响涉农产业营收的因素已经不再限于农业本身，而是扩展到农业服务领域，并且伴随依托主体的涉农产业集群的纵深发展进一步向更广阔的领域扩展。最后，提出依托农业物流园区（涉农产业集群）的主要构建思路：一个平台基础上的多个子平台、两个层面、两个方向、多种模式及多个流程，对依托主体的农业产业体系从基础设施、功能定位、赢利模式和合作关系进行了发展路径的规划，分析其发展动力，并对其协同发展机制进行了全面的阐释；同时，还运用相应的方法、宏观数据、调研数据对依托农业物流园区的农业产业体系协同化发展的影响因素进行了全面分析。

为追求研究的理论性与现实性，首先，本书对依托农业物流园区的农业产业体系协同发展的作用机制和路径（功能和产业层面）进行了全面分析，提出依托农业物流园区的农业产业体系的多级运作系统的构建；其次，进一步充实了助推农业产业体系协同化发展的农业物流园区的组织形式与主体关系的分析；再次，结合调研实践对象所获得的翔实信息提炼其经验所得，在给出实现路径与机制的基础上对其微观实现形式进行了全面系统的阐述，使理论实现了落地；从次，利用调研的数据对依托农业物流园区的农业产业体系协同进行了系统动力学的仿真、验证和优化；最后，同样源于调研和多方面资料的梳理与整合，在更微观层面上对研究课题给出详尽的政策建议。

# 目　录

# 第一章　绪论

## 第一节　选题背景与意义

农业农村农民问题是关系国计民生的根本性问题，党的十九大报告提出实施乡村振兴战略，并把构建现代农业"产业体系、生产体系、经营体系"作为乡村振兴战略的主要措施之一。[①] 现代农业产业体系是集食物保障、原料供给、资源开发、经济发展、市场服务、文化传承、生态保护等于一体的综合系统，是多层次、复合型的产业体系。[②] 结合我国农村的实际情况和条件，协调推进"现代农业三大体系"的建设工作，同时进一步完善农业支持保护制度，发展多种形式适度规模经营，培育新型农业经营主体，健全农业社会化服务体系，实现小农户和现代农业发展有机衔接，是当前农村经济改革与发展的重要环节。[③] 在这场变革中，物流业作为与农业联系最为紧密的生产性服务业，必将面临前所未有的机遇与挑战。

传统的农业发展理论模式较为关注农业自身，缺乏大系统观点，已经滞

---

① 习近平：《决胜全面建成小康社会　夺取新时代中国特色社会主义伟大胜利——在中国共产党第十九次全国代表大会上的报告》，《学理论》2017 年第 11 期。
② 郑风田、程郁：《从农业产业化到农业产业区——竞争型农业产业化发展的可行性分析》，《管理世界》2005 年第 7 期。
③ 曹慧等：《现代农业产业体系建设路径研究》，《华中农业大学学报》（社会科学版）2017年第 2 期。

后于现实，不能从整体上解决农业发展面临的问题。① 农村经济迫切需要提高商品流通的组织化程度，引入现代物流方式来促进农村流通服务的现代化。② 农业物流是维系农业生产、农民生活和农村发展的血脉系统，建立安全方便、畅通高效的农业物流服务体系，是发展现代农业、推进社会主义新农村建设的重要基础。③ 在对农业物流的研究中，有不少学者将关注点放在农业产业化与农业物流的关系上，在产业化的视角下对农业物流发展进行研究和探讨，特别是对农业物流组织在农业产业化发展和农业物流发展中的角色与作用展开分析。如王新利提出我国农业产业化进程缓慢的一个重要原因是忽视了农村物流在农业产业化进程中的作用，他指出农业物流微观组织的基本形态可以充分体现企业一体化和协作一体化，并且也是农业产业化的龙头企业，他还对农业物流组织的发展提出了政策建议。④

农业物流和农产品加工产业是区域分工经济的必经之路⑤，重塑农业产业体系是增强农业产业功能的重要突破口⑥。物流服务创新能够为企业创造竞争优势。在物流园区服务创新的方向上，一种思路是以包装和流通加工为突破点，从物流基本服务向增值服务延伸。⑦ 除传统的储存、运输、包装、流通加工等服务外，物流园区可以通过扩展供应链上下游，提供市场调查与预测、采购及订单处理、配送、物流咨询、物流方案的选择与规划、库存控制等服务⑧，谋求在产业链中的主导地位。另外，也有学者认为不限于物流产业，物流园区的服务创新亦可向其他产业延伸，比如推动质押贷款促进中

① 廖祖君等：《中国农业经营组织体系演变的逻辑与方向：一个产业链整合的分析框架》，《中国农村经济》2015 年第 2 期。
② 王蕾：《我国现代农业物流问题探讨》，《农业经济》2012 年第 1 期。
③ 王健、赵桂慎：《当前中国农业发展的主要趋势和路径探索——基于区域农业产业战略规划的案例的分析》，《中国发展》2017 年第 5 期。
④ 王新利：《试论农业产业化发展与农村物流体系的建立》，《农业经济问题》2003 年第 4 期。
⑤ 梁琦：《分工、集聚与增长》，商务印书馆，2009。
⑥ Lamsal, K., Jones, P. C., Thomas, B. W., "Harvest Logistics in Agricultural Systems with Multiple, Independent Producers and no on-farm Storage", *Computers & Industrial Engineering*, 2016, 91: 129-138.
⑦ 单永贵：《对我国物流服务创新的思考》，《改革与开放》2012 年第 9 期。
⑧ 王福华：《物流园区创新探析》，《中国流通经济》2009 年第 9 期。

小企业发展的融通仓模式。[1] 目前，形成了具有不同优劣势及风险的物流服务创新模式。[2] 物流园区服务创新的路径选择是物流企业制定竞争战略、获取竞争优势的重要依据。[3] 物流企业应该基于自身资源、竞争地位及客户状况选择适合自己的创新路径和竞争策略。[4]

在农业产业体系中，上游着力解决分散化生产经营弊端（或开展集约化生产释放农业潜力），中游适度开展农产品深加工以提升附加价值，下游紧密联系消费市场实现产销对接，这样的发展趋势已成为业内共识。[5] 以物流园区为主导平台和农业产业体系中的核心组织，通过园区综合服务的创新带动农业产业体系的全面变革，实现产业链价值增值，有利于推动农业现代化、保障农产品质量与食品安全、衔接城乡、推进城镇化发展。[6] 农业物流园区是构建农业产业体系的平台依托，是实现农业产业体系协同化发展的组织保证，将农业物流园区建设成为统一运营、统一管理、统一品牌的品牌经营者，连接农业上下游的生产、加工与消费的组织者、整合者，农产品生产标准化、设施化、工厂化的推行者，生态农业的倡导者，农产品质量安全体系的建立者，农产品新型营销模式的实践者，农业综合服务的提供者，新型农业物流社区的示范者，这是现代物流与农业产业充分融合的又一典范。

## 第二节 研究内容与方法

### 一 研究内容

本书运用经济学的相关理论，构建以农业物流园区为依托的农业产业体系协同化发展模式研究框架（见图1-1）。具体包括以下几个方面。

---

① 郑琦：《资源整合：上海农业物流园区新型发展模式》，《创新》2007年第6期。
② 刘军、王雁：《物流企业服务创新的路径与战略选择》，《物流技术》2007年第1期。
③ 翟运开等：《物流服务创新模式："四棱锥"模型研究》，《统计与决策》2006年第21期。
④ 王缉慈：《超越集群：中国产业集群的理论探索》，科学出版社，2010。
⑤ 谭明交：《农村一二三产业融合发展：理论与实证研究》，博士学位论文，华中农业大学，2016。
⑥ 〔美〕尤西·谢菲：《物流集群》，岑雪品、王微译，机械工业出版社，2015，第15~17页。

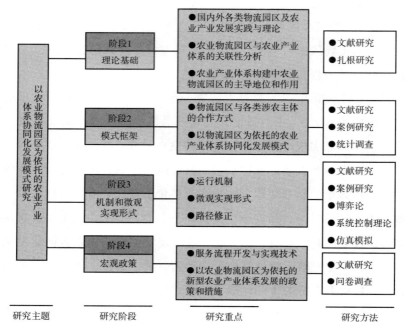

**图 1-1　研究框架**

第一，梳理和综合分析国内外各类物流园区及农业产业发展实践与理论，分析农业物流园区和农业产业体系的相互关联关系，对农业物流园区在农业产业体系构建中的主导地位和作用进行分析。

第二，构建以农业物流园区为依托的农业产业体系协同化发展的研究框架。

揭示以农业物流园区为依托的农业产业体系双边或多边的合作方式，包括：①物流园区与各类农业生产经营主体的合作；②物流园区与农资企业、农产品加工企业、物流企业等各类实体企业的合作与园区共建；③以物流园区为主导的农产品流通。

在合作的基础上，形成以物流园区为依托的农业产业体系协同化发展模式，包括：①物流关联，农业产业链上下游企业基于共有平台和节点的物流便利性，实现物流功能的集约化与规模化；②产业融合，农业产业链上的各类涉农企业在功能集约化的基础上实现合作、共建及流程重组，打破产业界限，实现农业与涉农产业的融合发展；③价值链整合，实现农业产业链整体的价值整合与增值。

第三，以农业物流园区为依托的农业产业体系协同运行机制和微观实现形式研究。

对运行机制的研究主要从三个方面展开：①农业物流园区在农业产业体系构建过程中三个最基本的运行机制——信任合作机制、利益分配机制和沟通协调机制；②依托产地物流的食品安全保障机制；③农业物流社区可持续发展机制。

基于现实中存在的以农业物流园区为依托的农业产业体系协同化发展现状和实践路径，研究以农业物流园区为依托的农业产业体系协同化发展的微观实现形式。利用博弈论、系统控制理论和仿真模拟等方法，对以农业物流园区为依托的农业产业体系协同化发展的路径进行修正，在微观层面形成可复制的以农业物流园区为依托的农业产业体系协同化发展路径。

第四，农业物流园区及农业产业体系宏观支持政策与微观实现手段研究。

在以上研究的基础上，结合国家乡村振兴战略和城镇化政策，同时细化国家对农业物流园区的支持政策和措施，明确主导型农业物流园区的能力特质，开发服务流程，给出以农业物流园区为依托的新型农业产业体系发展的政策建议和措施，助推涉农产业纵向、横向融合，吸引社会投资，创造就业机会，提高农民和工人的收入，以农业物流园区为载体建设生态型农业物流社区，衍生规划科学、配套齐全、少有所学、老有所乐的新型城镇化形态。

## 二 研究目标

以农业物流园区服务创新和新型农业产业体系的研究为理论基础，结合我国农业产业体系的构建与发展，研究农业物流园区在农业产业体系中的主导地位。构建以农业物流园区为依托的农业产业体系协同化发展框架，总结提出以农业物流园区为依托的农业产业体系协同化发展模式，借助博弈论、系统控制理论和仿真模拟等方法，分析以农业物流园区为依托的农业产业体系协同化发展的运行机制，对典型案例进行实证研究，在此基础上对建设模式和运行机制进行修正，在微观层面形成可复制的以农业物流园区为依托的新型农业产业体系协同化发展路径，在宏观层面刻画经营环境，结合政策分析细化政府与行业协会的支持政策与措施。

### 三 研究方法

（1）文献研究。对已有文献进行系统总结和梳理，结合新型农业产业体系的构建趋势和物流园区的服务创新要求，构建理论框架，探索以农业物流园区为依托的农业产业体系协同化发展模式。

（2）统计调查。选择一些典型地区的农业物流园区进行问卷调查和访谈，了解新型农业产业体系构建过程中存在的内外阻力。

（3）案例研究与扎根研究。采用多个案例深入分析物流服务创新的内容及结构，研究主导型农业物流园区的能力特质和服务流程开发、农业产业体系及产业链多主体合作关系的建立条件与过程、食品安全过程可视化的技术实现、业务衔接的交互界面等。通过深度访谈等方式，借助专家力量确定农业物流集群协同的关键因素，定性描述农业物流园区与农业产业体系协同化发展之间的关系。

（4）博弈论、系统控制理论和仿真模拟。运用演化博弈模型对农业产业体系和产业链多主体的合作行为选择机制进行分析；以系统控制理论构建农业物流园区可持续运行机制；借助系统动力学模型，运用仿真模拟实验方法描述以农业物流园区为依托的农业产业体系协同化发展的机制与路径。

### 四 研究成果框架

在以上相关思路和方法下，经过研究前期、中期对相关领域产业实践的参与和对客体发展的持续跟进，结合多次调研所取得的一手资料和二手资料，同时基于对相关理论的梳理、分析、整合，形成相应的研究成果框架（见图1-2）。

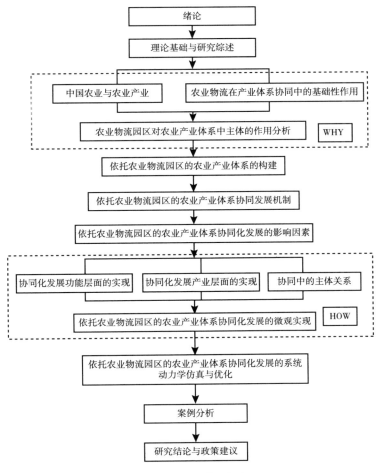

图 1-2 研究成果框架

# 第三节 研究创新点

（1）对农业物流园区的外延进行严格界定，并在此基础上分析农业产业体系构建中农业物流园区的主导地位和作用。

（2）提出以农业物流园区为依托，通过物流与农业的深度融合解决

"三农"问题的系统观点和全新模式。将农业物流园区作为组织依托和平台保障，建立多模式协同的农业物流体系。将农业产业体系放到农业物流的大前提下，将农业生产、流通、消费及其相关主体在农业物流园区基础上进行整合和协同。

（3）对以农业物流园区为依托的农业产业体系协同化发展模式的微观实现形式进行了研究、指明了方向、设计了框架、给出了路径。

# 第四节　相关概念说明

这里需要做出专门说明的是，关于农业物流园区、农业产业园、涉农产业集群的概念与界定，原主题为：以农业物流园区为依托的农业产业体系协同化发展模式研究。随着研究的深入，我们对农业物流园区的认知有了进一步的发展。一方面，我们发现更多以农业为服务对象的实体，可能是农产品物流中心、农产品大市场、农业产业园，其在内涵和功能上与农业物流园区存在较大的重合（甚至是完全重合），这些实体也属于本书的研究对象；另一方面，以农业为服务对象的集群同时也具备农业物流园区的内涵和功能，其也是本书的研究对象之一。所以本书中提到的农业产业园和涉农产业集群在实质上均属于农业物流园区。后文对此有进一步的分析和阐述。

# 第二章　理论基础与研究综述

## 第一节　理论基础

### 一　物流及物流园区理论

物流的概念起源于美国，后传入日本，20世纪80年代初传入中国。随着国家经济水平的不断提升，各企业之间的竞争逐渐白热化，物流在企业中的地位逐渐提升。物流在国民经济发展中发挥着越来越重要的作用。对物流的英文描述，由"physical distribution"慢慢演变为"logistics"，体现出物流的独立职能作用。"physical distribution"是指传统物流，"logistics"是指现代物流。现代物流综合考量了成本、效益，并且满足了顾客需求，贯穿于产品设计、产品生产、产品销售、用户消费等各个环节，促进了商品和信息的流动。[①]物流的理论和实践发展过程，虽然经历了波折，但总体趋势较好。物流的功能在社会各个领域都得到了较好的发挥，越来越多的物流基础设施建成，物流网络日益完善，专业化企业的数量逐渐增多。

二战后的日本成为最早建成物流园区的国家。在日本经济复苏阶段，"物流团地"开始建设。物流设施逐渐完善，物流效率逐渐提高，物流体系

---

① 孙淑生、海峰：《基于产业集群（cluster）的区域物流系统与运作模式》，《物流技术》2006年第7期。

逐渐合理化。物流的发展提升了日本企业的竞争优势，促进了日本贸易的发展。同时，"物流园区"陆续在德国、美国和亚洲一些国家出现。物流园区的理论发展与其实践是齐头并进的。目前，物流园区的内涵和术语并不统一，"logistics park"是比较通用的名词。从内涵上，物流园区大致可以概括为：基于物流基础设施，利用现代信息网络技术，集运输、仓储、分拣、包装、装卸、配送、物流信息处理和物流程序系统等于一体的设计，有利于物流组织管理架构的优化，从而促进经济的发展。研究者们大多从物流园区的基本特征、选址规划与规模设计、物流园区货流预测和物流园区运营模式这几个层面来研究物流园区。目前，物流园区较为完善的运营模式有如下四种：经济开发区模式、主体企业经营模式、产业地产模式和综合运营模式。

## 二　社会分工理论

社会分工理论是经济学中的古老理论，它随着人类社会经济的发展而发展。工业化初期生产分工所产生的效率使亚当·斯密认识到劳动分工是财富增进的源泉。[①] 专注于某项经济活动的人出于自身利益而干活，同时也为他人节约了成本、带来了利益，社会分工的最大作用就在于提高了劳动生产率。亚当·斯密分析了分工产生更高效率的原因，并且将分工分为三种：企业内分工、企业间分工和社会分工。企业间分工是指企业间的劳动和生产的专业化，在这一专业化基础上实现了更大范围的合作，从而产生了社会分工。这是产业集群形成的理论依据，正是这种高于单个企业的效率使得社会分工进一步深化，反过来促进了产业集群的发展。社会分工和与之相伴的交换是促进社会经济发展的重要源泉，带来了生产力的迅速发展和经济运行效率的提高。同时，随着社会经济的发展，社会分工不断向更高的阶段演进，也不断进行着深度演化，出现了地域分工与地方专业化、产业内分工与产品专业化、价值链分工与垂直专业化。

---

① 〔英〕亚当·斯密：《国民财富的性质和原因研究》，郭大力、王亚南译，商务印书馆，1974。

当新的生产组织方式——分工与协作带来更高的生产率时，资本家们会普遍采取这种生产组织方式，以此来降低成本。马克思认为，建立在协作基础上的企业生产，可以产生比分散生产更高的效率。[①] 原因在于：首先，在产量相同的条件下，协作性的集体生产比分散生产节约了占用的空间；其次，它有利于在紧急情况出现时，集中产能达成更大的产量；再次，在集体生产的环境中，个人能力可以通过劳动效率差异表现出来，努力争先的竞赛提高了生产率；最后，协作性的集体生产不仅提高了生产资料的利用率，还把不同的生产环节容纳在一个企业中，有利于管理和控制，可以保持生产的连续性。总之，对高效率和低成本的追求，成为产业集群形成的内在动因。[②]

作为人类经济活动的基本原则，分工需要借助某种组织形式来实现。分工基于知识积累的加速而带来报酬递增的同时，也由于分工层次的增加而增加了交易成本，这时，经济组织形态不仅能降低交易费用，还进一步扩大了分工的范围。[③] 市场和企业是社会分工最基本的组织形态，而从空间视角来看，大量企业在地理位置上的集聚也是一种中间性组织，它的产生是基于社会分工的报酬递增需要借助经济活动在地理上的集中，即集聚这种组织形态来实现的。同时，企业因为能从中享受到外部经济效益，包括知识外部性、技术外部性和金融外部性，所以更乐于进行空间上的集聚。而这种外部性的产生正是由社会分工促成的，正是生产过程中的上下游关联和专业化带来了知识外部性、技术外部性和金融外部性，从而促成了企业在空间上的集聚。

## 三　产业集群和物流集群理论

以哈佛商学院的竞争战略和国际竞争领域权威学者为代表的大批学者发现，企业倾向于在一定的空间内集聚，不同的地方集聚不同的企业经济活动，在对这种经济现象进行研究的基础上，以迈克尔·波特、保罗·克鲁格

---

① 杨永华：《马克思的社会分工理论》，经济科学出版社，2012。
② 张霞：《农产品加工产业集群发展研究》，博士学位论文，华中农业大学，2007。
③ 〔美〕保罗·克鲁格曼：《地理和贸易》，张兆杰译，北京大学出版社，2000。

曼为代表的学者创立了产业集群理论。[①] 产业集群是指在一个特定区域的一个特别领域，集聚着一组相互关联的公司、供应商、产业和专门化的制度与协会，通过这种区域集聚形成有效的市场竞争，构建出专业化生产要素优化集聚洼地，使企业共享区域公共设施、市场环境和外部经济，降低信息交流和物流成本，形成区域集聚效应、规模效应、外部效应和区域竞争力。经过近百年的发展，产业集群理论作为跨学科理论衍生出了以分工、报酬递增为脉络的空间经济学派，其都把目光投向了产业集群对技术创新、产业升级的巨大作用。

从 20 世纪 90 年代开始，欧美国家实行集群战略，推动区域内的企业、科研机构和政府合作，以促进集群的发展。而在我国，很多地区存在着发育程度不同的集群，它们虽然一度辉煌，但仍处于全球价值链的低端，并且其中一部分还面临着衰退。我国产业集群研究的代表人物王缉慈[②]提出，我国已经到了超越集群的时候，而这需要实现对低成本竞争、规模扩张以及把集群看成封闭和静态产业组织的超越，创立真正的创新集群。

物流集群也是一种类型的产业集群，它是指各种物流活动在地理上的集中和集聚。物流集群通过物流企业之间的相互竞争、协同合作、共享资源和不断创新，提供多样化、低成本、高效率的物流服务。它一般是在较大的地理范围内，围绕大型综合运输枢纽，由大量物流企业与物流设施集中、集聚而成。所以说，它既可以是物流园区，又可以是包含物流园区的经济体。[③]物流集群的核心表现为正反馈机制，规模经济形成了技术、知识、金融等多方面的外溢效应，由此触发和推动了更大规模的集聚、更多的创新乃至更大范围的多元化产业发展，而集群规模的扩大和发展水平的提升，又进一步增强了集群的各种竞争优势。由此循环往复，形成了集群特有的正反馈式的放

---

[①] 〔美〕迈克尔·波特：《竞争论》，高登第、李明轩译，中信出版社，2003；〔美〕保罗·克鲁格曼：《地理和贸易》，张兆杰译，北京大学出版社，2000。

[②] 王缉慈：《超越集群：中国产业集群的理论探索》，科学出版社，2010。

[③] 海峰等：《物流集群的内涵与特征辨析》，《中国软科学》2016 年第 8 期。

大效应或放大机制，体现在集群发展的各个层面及其全过程之中。[①] 当然，物流集群不会因为具有放大效应这一动力机制而永续发展，而是需要企业、协会、政府等集群主体共同治理、持续投入、不断创新，从而实现协同发展。[②]

这一协同是指同一行业的公司集中在一起，因为有类似的需求和问题，因而能联合起来参与共同的活动。这些活动包括：游说政府提供基础设施、放宽监管、提供激励和其他政策；发展和参与促进集群发展的组织，如商会；设定面向集群的采购策略，让所有成员都能获得更低成本、更高质量的原材料与服务；开展面向集群的营销品牌活动。除此之外，这里的协同还包括集群内所有相关的组织机构乃至相关集群为实现更强竞争优势而进行的活动。

## 四　产业融合理论

关于产业融合的理论最早起源于马克思和马歇尔的研究，马克思指出分工在一定的条件下将区域收敛，这正是产业融合思想的起源。[③] 直到 20 世纪 80 年代，伴随着信息技术和互联网的发展，不同产业或同一产业不同行业相互渗透、相互交叉，最终融合为一体，逐步形成新的产业属性或产业形态，这一动态过程被越来越多的学者所重视，从而有了真正意义上的产业融合理论。产业融合是伴随着技术融合、产品和业务融合、市场融合而出现的产业边界模糊，进而交叉、融合的过程。这一过程的实质是将原有的产业或企业间的分工界限打破，然后不同产业或企业通过不断的交叉协调，重新组合建立一种新的有序的分工链条网，服务于融合而成的新的产业或企业。产业融合理论来源于前文所阐述的社会分工理论和产业集群理论，同时也受产业组织理论的影响。当前，产业融合已经不仅被作为一种发展趋势来讨论，它已经是产业发展的现实选择。理论分析表明，产业融合是在经济全球化、

---

[①]　梁琦：《分工、集聚与增长》，商务印书馆，2009。
[②]　〔美〕尤西·谢菲：《物流集群》，岑雪品、王微译，机械工业出版社，2015。
[③]　杨永华：《马克思的社会分工理论》，经济科学出版社，2012。

高新技术迅速发展的大背景下，产业提高生产率和竞争力的一种发展模式和组织形式。它能够有效促进传统产业创新，推动产业发展和产业结构优化；同时，它可以通过变革企业竞合关系，促进企业创新，提升企业灵活性，从而有效提高产业竞争力；并且，它还可以通过提高区域之间的贸易效应和竞争效应，加速区域之间资源的流动与重组，从而实现区域经济一体化。①

产业融合源于产业间的关联性和对效益最大化的追求。产业融合的内在驱动力和基础是技术创新，纵观经济发展历程，每一次技术创新都推动着产业融合的发生。企业在不断变化的竞争环境中不断追求实现利润最大化和保持长期的竞争优势，同时也推动了产业融合的发展。跨国公司的产生和发展直接带来了国际金融资本的融合，这也成为产业融合的巨大推动力。而放松管制和改革规制，也为产业融合创造了比较宽松的政策和制度环境。

我国对产业融合的研究起步较晚，产业间的影响关系成为初期学者们研究产业融合的重点，高新技术产业作用于传统产业，使两种或多种产业融为一体，从而形成新的产业。传统产业边界模糊，产业间的新型竞争与协作关系建立，从而形成更大的复合经济效应，它不仅是经济增长的新动力，还带来了新产品、新服务的出现，开辟了新的市场，增强了市场的竞争性，推动了资源的合理配置与整合，同时相关产业的组织结构也会发生相应的变化，从而适应新产业的产品和服务要求。

## 五　产业链理论

产业链是产业经济学中的一个概念，是建立在一定的技术经济关联基础上，各个产业部门之间依据特定的逻辑关系和时空布局关系客观形成的链条式关联形态。由于各个地区客观上存在区域差异，各产业部门着眼于发挥区域比较优势，同时借助区域市场协调地区间专业化分工和多维度需求的矛盾，从而形成区域合作载体——产业链。产业链一方面包括区域内连通，另一方面包括区域间延伸，它的本质是一个具有某种内在联系的企

---

① 郑明高:《产业融合:产业经济发展的新趋势》,中国经济出版社,2011。

业群结构。

亚当·斯密的社会分工理论是产业链思想的起源。1958 年,赫希曼用"关联效应"论述了产业的链条关系及相关概念,强调企业之间的前后向联系对经济发展的意义。[①] 此后,产业链在西方逐渐被"生产系统"(production system)、"商品链"(commodity chain)、"生产链"(production chain)、"价值链"(value chain)等概念取代。当前学术界普遍认为,产业链由供应链、信息链、价值链共同构成。

农业产业链是指与农业产品生产具有关联的产业网络结构系统,是涉农各个领域产业经济活动客观发生的经济技术联系的形式,从本质上来看,农业产业链就是农业产品的生产、销售、加工、物流等环节的涉农企业群。[②] 农业产业链最早产生于 20 世纪 50 年代的美国,然后迅速传入西欧各国以及日本等发达国家。国外对农业产业链的研究比较薄弱,更多的是对农业企业一体化经营问题的研究。但在农业产业链的实体发展上却非空白,比如,1993 年美国食品营销协会(FMI)提出生产商、批发商和零售商等产业链组成各方相互协调和合作的产业链管理系统。近年来,对农业产业链的研究主要包括农业产业链的信息管理、价值链分析和农产品质量控制等方面,还有学者提出了在农业产业链中运用互联网、电子商务等现代信息技术的操作方法。总之,目前学术界对农业产业链已经有了一定的研究,但对农业产业链组织形式以及农业产业链中关联企业的协同与整合的研究还不够,对于采用哪种类型的产业链对农业更合适、核心企业如何发挥作用、利益如何分配、风险如何分担等方面问题的研究仍较少。

## 六 农业物流园区理论

农业物流园区是新生事物,其理论发展处于起步阶段。目前学术界对农业物流园区的内涵界定不统一,很多平台冠以农业物流园区的名称,而很多

---

① 〔美〕艾伯特·赫希曼:《经济发展战略》,曹征海、潘照东译,经济科学出版社,1991。
② 崔春晓等:《农业产业链国内外研究综述》,《世界农业》2013 年第 1 期。

平台虽然没有正式命名为农业物流园区，却也承担着农业物流园区的功能，这加剧了混乱的状态。目前，农业物流园区的理论研究重点体现在农业物流园区的规划设计、农业物流园区的发展模式、农业物流园区的定位与功能等方面。

事实上，笔者对农业物流园区的认识也经历了一个由不清楚到明确的过程。2013年，笔者团队为某农业物流园区进行可行性研究和规划，在具体项目的规划建设中考虑农业的实际需求、国家政策方向和业主的实际情况，逐渐形成了一个农业物流园区的框架。随着这项工作落下帷幕，一个基本成熟的物流综合实体逐渐成形，其连接了农业上下游的生产、加工和消费等各环节。随后，笔者团队立足于实践，将物流及物流园区理论、社会分工理论、产业集群和物流集群理论、产业融合理论和产业链理论与相关实践结合起来，使研究既有理论基础，又有落脚于现实的可能性。正是在此基础上，笔者对2016年研究成果中农业物流园区的理论基础、内涵与外延、主要模式等重要问题进行了综合，基于此撰写了本书。以上不仅是研究的过程，也是本书的主要依据。

综上所述，我们主要确立以下关于本书的基础理论。

（1）现代物流注重物流信息在生产、销售、使用全过程的系统流动，着眼于业务的全过程，这也提供了物流对整体产业造成影响的可能。物流园区是集运输、仓储、分拣、包装、装卸、配送、物流信息处理和物流程序系统等于一体的设计。各企业利用其物流组织促进资源的优化配置，从而推动现代物流的发展。

（2）虽然分工在知识积累加速的基础上带来了递增收益，但分工水平的提高促进了交易成本的上升。协作生产可以产生比分散生产更高的效率。

（3）产业集群理论表明，物流企业之间的合作、竞争及资源共享，使得物流企业的服务方式多元化、服务成本低廉化，形成了一种独特的正反馈机制。物流集群不会因为具有放大效应而永续发展，而是需要企业、协会、政府等集群主体共同治理、持续投入、不断创新，从而实现协同发展。

（4）产业融合理论不仅进一步发展了社会分工理论和产业集群理论，

而且指出了以农业物流园区为依托的农业产业体系必须经过技术、产品、业务、市场等环节的融合，在此基础上各个产业之间的边界逐渐消失，各个产业之间发生交叉融合，不同行业或企业重新组合，形成有序分工的新的链网，以服务于经过融合的新兴产业。

（5）产业链不仅包括区域内连通，也包括区域间延伸，其实际上是具有一定内部联系的企业群结构。对于农业产业来说，产业协同应该建立在一定的技术经济关系基础上，客观上形成基于一定逻辑关系和时空关系的协同关系链。

# 第二节 研究综述

## 一 农业物流研究综述

在对相关文献的收集和阅读中，笔者发现，很多情况下，农业物流和农村物流并没有严格的界限，学者们也没有对此形成统一的认知。虽然这两个概念存在较强的关联，但彼此间还是有区别的。农村物流关注地域问题，指的是发生在农村区域的经济生产和社会生活方面的物资流动，与之对应的是城市物流。当然，它包括物流的主要功能——储存、运输、搬运、装卸、配送、流通加工以及信息处理。一般来说，它的内容涵盖农村地区的生产物流、生活物流和再生资源物流。

狭义的农业物流是指与农村地区生产和流通有关的物流活动，主要涉及农业投入和产品的物流。然而，基于农村生产生活的现实和农村物流的现实，以及农业物资、农村商品在流动方面的互补性，我们可以将农业物流的定义扩展为整个农业价值链过程中涉及的物资和农村商品的物流总和。它包括：农产品物流、农业生产资料物流、农村消费品物流、农业回收物流。因此，我们在这里谈论的农业物流可以等同于农村物流。

### （一）国外对农业物流的研究

在物流比较发达的国家或地区，农业生产、仓储设施和信息传递已经实现了现代化，农业生产和经营的组织化程度很高，因此农业物流的发展水平很高。大生产方式下的农业物流通过现代化的技术和手段与工商业高度契合，因此关于物流的研究并没有将农业物流与工业物流区分开来。

20 世纪 90 年代，随着世界经济和科技的快速发展，传统物流逐渐向现代物流转变。根据产业界的实践，学术界提出了供应链的概念，物流成为企业发展战略的一部分。随着产业界实践活动的发展以及学者们围绕其进行的理论探索，动态联盟理论快速发展。在这个时期，一些学者展开了该理论在农业物流中的应用研究，如美国和英国的粮食集中配送系统、新鲜水果和蔬菜的配送系统等。但这些研究主要是基于实际农产品的流动，并没有涵盖农业产业链的所有部门，因此，对整体模式的深入探讨和研究也不多。

（二）国内对农业物流的研究

学术界对农业物流的研究比较多也比较杂，通过阅读和比较可以发现，我国农业物流研究主要涉及以下几个方面。

1. 农业物流的发展现状、问题及对策研究

这些研究主要是在分析中国农业物流现状和问题的基础上，提出相应的发展理念，基本上是宏观的、定性的。这类研究数量众多，分析重点和思路多样。其中比较有代表性的，如王蕾[①]分析了当代中国农村物流发展的不平衡性，物流脱节、基础设施建设不足，宏观调控不到位，农业物流渠道不合理造成效率低下，对农业物流认识不足，从业人员素质不高等因素影响物流业的发展，并相应提出解决策略。张亚[②]指出，要加强农业物流的组织管理，建立和完善物流监管体系，合理布局农产品市场，提高农产品批发市场的质量，引进新型农业物流业态等。

2. 农业物流体系构建研究

将中国现代农业物流体系的建立和发展与农业的供需关系相联系，加快

---

① 王蕾：《我国现代农业物流问题探讨》，《农业经济》2012 年第 1 期。
② 张亚：《我国农业物流发展的对策建议》，《中国流通经济》2006 年第 3 期。

了农业部门的现代化进程，促进了中国农业从分散经营模式向国际化、一体化发展模式的转变，这是中国农业部门专业化、规模化和国际化的基础。这一类研究基于农业物流系统的视角，从以农业物流为农业发展基础的角度，提出了农业物流系统的发展和建设思路。例如，赵黎明和徐青青[1]提出中国区域性现代农业物流体系的发展、功能和物流信息平台，研究了规模化农业背景下中国区域性现代农业物流的产业链结构，分析了农业供应物流、生产物流、销售物流和农业生活物流，并提出了区域性现代农业物流体系的建设和完善建议。此外，该研究还进一步探讨了在规模化农业背景下中国区域性现代农业物流产业的产业链结构。

3. 农业物流模式研究

在中国农产品物流的实践探索中，有多种运作模式。对这些具体模式的研究也是许多学者关注的热点问题，他们通常从中国农业物流的现实出发，根据农业物流的现状和问题，提出多种发展模式，包括批发市场模式、供应链模式等，并对这些模式的现状进行分析，同时许多学者还关注发达国家农业物流模式的特点，对中国农业物流模式进行比较和分析。例如，梁启超和傅少川[2]通过分析我国现有的几种农业物流运作模式，将日本现代农业物流运作模式和我国实际情况进行比较分析，提出了"供应企业+农村组织+加工企业+其他"和"企业+农户+物流中心"的物流运作模式。姜阅和李玉华[3]提出了符合中国国情和时代要求的现代农业物流发展模式，并利用人均绿色 GDP 等 6 项指标建立了中国现代农业物流发展的评价指标体系。

4. 农业产业化与农业物流的关系研究

在对农业物流的研究中，许多研究者关注的是农业产业化与农业物流之

① 赵黎明、徐青青：《我国区域现代农业物流体系发展探要》，《中国农业大学学报》（社会科学版）2003 年第 3 期。
② 梁启超、傅少川：《新形势下农业物流运作模式的构建研究》，《物流技术》2009 年第 10 期。
③ 姜阅、李玉华：《我国现代农业物流发展模式与评价指标体系的构建》，《物流技术》2014 年第1 期。

间的关系，以及建立在农业产业化基础上的农业物流的发展，也有许多研究者从产业链的角度对农业物流进行研究，特别是农业物流组织在农业产业化和农业物流发展中的作用和功能。例如，王新利[①]提出我国农业产业化进程发展缓慢的一个重要原因是忽视了农业物流在农业产业化中的作用，指出农业物流微观组织的基本形态不仅能够充分体现企业的整合与合作集成，还是农业产业化的龙头企业，并提出了发展农业物流组织的政策建议。武云亮[②]根据农业产业化对农业物流领域的要求，指出农业物流组织是农业产业化链条中不可或缺的部分，在促进农业产业化发展中发挥着重要作用，并通过分析中国农业物流组织存在的问题，提出了中国农业物流组织创新的四项要求和六个重点，为中国农业物流组织的创新提供了思路。还有一些研究者以农业物流和农业产业化之间的关系为参照系，从不同方面并以不同方法分析这两个领域的关系。例如，马丽荣等[③]采用主成分分析法，用"基础能力"、"产出能力"和"投入能力"三套综合指标评价各城市农业产业化物流发展水平。李杰义[④]从产业链的角度研究了农村地区区域物流的发展。

我国农业物流研究仍以现实问题为主，内容丰富，视角各异，有初步的理论框架和研究范式，很多研究也围绕产业实践进行探索并不断深入，但在理论深度和广度上还有待提高。

## 二 农业物流园区 & 涉农产业集群的研究综述

物流园区是指在空间上将不同的物流设施和不同类型的物流经营者集中在一个区域内，物流作业和多种运输方式集中在一起，实现物流产业多种功能的有效融合。[⑤] 国内学者对"农业物流"的界定尚未统一。因此，课题组从农业物流的功能视角进行理解。农业物流能实现农业产品或农业原材料的

---

① 王新利：《试论农业产业化发展与农村物流体系的建立》，《农业经济问题》2003 年第 4 期。
② 武云亮：《论农业产业化发展与农产品物流组织创新》，《市场周刊》2006 年第 5 期。
③ 马丽荣等：《主要涉农物流因子对农业发展影响的灰色关联分析——以甘肃省为例》，《生产力研究》2014 年第 1 期。
④ 李杰义：《农业产业链视角下的区域农业发展研究》，博士学位论文，同济大学，2008。
⑤ 张存禄、黄培清：《营建制造中心的物流环境》，《国际商务研究》2002 年第 5 期。

生产、运输、配送等功能，是在一定空间内的涉农产业和企业的集中点。本研究所提出的农业物流园是一个综合性的农业物流园区，是将农业物流资源整合、农资区域配送、农业物流衍生等不同板块整合形成的现代农业试验区，其主要将储运、流通加工、城市配送、农产品流通、农产品贸易、农业物流社区等功能进行整合。当然，农业物流园区作为一个新生事物，会有一部分园区的名称和作用不符合我们对其实际概念的严格界定，但其功能、作用布局和产业链布局与我们的研究对象具有一致性，我们也可以将它们视为农业物流园区。

（一）国外学者关于"农业物流园区"的研究

国外学者对农业物流园区的界定尚未统一，研究视角较少。国外农业物流的高效运行得益于市场的网络化和多式联运的高效化。课题组所研究的农业物流园区，与国外学者研究的科技园区模式存在一定的联系。

20世纪60年代，科技园区模式由理论研究转为实际运用，其中美国硅谷的应用最为广泛。农业科技的发展带动了世界各地农业科技园区的快速布局，产业集群的理念被广泛应用到各个领域，不同国家逐渐开始重点关注产业集群的战略布局。在产业集群的发展过程中，农业科技园区是其重要形式之一。

农业科技园区是在产业、服务、入驻企业类型方面，以农业、生物、环境和食品科技研发为主的园区。当相关的商业服务企业不断入驻，数量达到一定规模时，其功能向为主园区提供战略咨询、工程技术支持等服务延伸。在园区中，企业与企业之间实现互助服务、资源共享，创新环境逐渐形成，产业结构不断优化。不同企业之间联系日益紧密，形成农业产业集群，从而促进产业的高质量发展。

在农业科技发展的支撑下，这些农业科技园区将涉农产业不断纳入园区范围，涉农企业和农业产业链上的其他相关组织也渐渐地向园区聚集，从而导致园区逐渐向综合化发展。事实上，园区是一个社会-技术-经济-环境的复合系统，既是包括农业资源与外部环境的自然循环系统，也是由社会、科学和经济部门组成的社会支持系统，又是以农产品生产、加工和销售为主要支柱的经济系统，以及以农村农业生产为基础架构的农业生产系统。① 随着信息技术水平的不断提升，信息技术的使用范围逐渐扩大，物流相关功能逐渐在农业科技园区实现。物流企业以及物流资源逐渐入驻农业科技园区，出现了农业科技园区转变为综合性的农业园区的发展道路。农业园区是农业科技园区的一种演变道路，农业科技园区的其他演变道路不存在排斥关系。伴随实践的需要，现实中存在的大量农业科技园区必将走向不同的发展道路。

（二）国内学者关于"农业物流园区"的研究

相对于国外学者而言，国内学者较晚关注农业物流园区。国内关于农业物流园区相关理论体系的构建尚未完善。同时，学术界对农业物流园区和农产品物流园区的界定仍有较大的发展空间。

近年来中国的物流热催生了一批物流园区，其中不少被称为"农业物流园区"，但也有不少农业物流园区处于规划阶段，其中不少园区符合农业物流园区的功能定位，亦可被视为广义的"农业物流园区"。国内学者关于农业物流园区的研究仍处于萌芽时期。郑琦从理论视角第一次提出农业产业集聚、农业产业整合、农业知识经济相关理论，并探讨了构建具有农产品交易、物流、会展、旅游、培训等功能的农业园区的思路；从实践视角分析了上海农产品物流园项目的可行性和必要性。② 海峰、高悦凯认为在园区服务平台、集聚效应和协同效应的作用下，农业综合物流园区既能使农产品加工、运输、仓储和销售得以互通，也有利于农业产品安全系数的提升和附加值增值；农业与其他产业之间联系增强，城乡之间的双向流动更为顺畅，农业产业体系的一体化水平有所提升。③ 基于国外物流园区经营理念及发展模式，孙贵勇等深入研究了长春市农业物流园区的实践，总结出其发展优势。④

---

① 申宗海：《农业科技园区发展理论与实践》，中国经济出版社，2012。
② 郑琦：《资源整合：上海农业物流园区新型发展模式》，《创新》2007 年第 6 期。
③ 海峰、高悦凯：《以农业综合物流园区为服务平台的农业产业链发展模式研究》，《黑龙江社会科学》2015 年第 5 期。
④ 孙贵勇等：《长春市农业物流园区运营模式分析研究》，《中国市场》2009 年第 10 期。

国内关于农业物流园区的文献数量较少，关于园区的理论框架和研究范式也还没有发展完整和统一，但这也为其他研究者提供了创新突破的机会。

自 20 世纪 80 年代以来，集群、集聚等词就频繁出现在国内外区域研究的文献中。1998 年哈佛大学教授 Michael E. Porter 在 *The Competitive Advantage of Nations* 一书中，首次使用产业集群理论来探讨集聚现象，认为产业集群是指位于某一特定产业区域的公司或企业群，因其共同或互补的特性而相互联系，并在空间上形成相对集中。[①] 从那时起，产业集群的作用和范围得到了深化和扩大。在这个阶段，出现了大量关于产业集群的研究成果，但是产业集群的理论和实践主要集中在通过技术与制度的互动、分工与外部性、全球价值链的现代化来实现区域创新，工业和新技术、新经济也在实践领域占据了主要地位，而对农业和农业产业集群的研究却较少。

我国的集群实践研究起步于 20 世纪 90 年代末，大量的学者围绕这一研究进行了一系列调研，撰写了大量著述。其中的一些学者针对具体行业进行了产业集群发展路径问题探讨，分析了物流产业集群对区域经济的影响，用区位熵指数衡量了中国物流产业的水平，用汉森非线性回归模型实证检验了物流产业集群水平与区域增长之间的关系。

学术界对农业集群的研究也有所涉及，任玉霜、王禹杰在研究东部 6 省特色农业产业集聚度的基础上，进行了比较分析。[②] 赵君等阐述了农村小微企业集群的概念，并结合实践分析了其特点、发展要素以及管理策略。[③] 申月实现了涉农企业和集群发展理论的统一，解释了企业集群发展战略的发展方向和影响因素，并在此基础上，为农村小微企业集群发展方法提出了建议。[④]

---

① Lamsal, K., Jones, P. C., Thomas, B. W., "Harvest Logistics in Agricultural Systems with Multiple, Independent Producers and no on-farm Storage", *Computers & Industrial Engineering*, 2016, 91: 129-138.

② 任玉霜、王禹杰:《东部 6 省特色农业产业集聚度分析》,《中国农业资源与区划》2021 年第 7 期。

③ 赵君等:《农村小微企业集群的基本特征、发展因素与管理策略》,《农业经济问题》2015 年第 1 期。

④ 申月:《农村小微企业集群发展取向与实现策略》,《农业经济》2015 年第 11 期。

通过梳理和提炼上述对农业物流园区和农业集群的研究，不难发现这两个概念及其所代表的实体是一致的。实际上，农产品物流园区就是一般意义上的农产品物流集群。正是基于物流园区的发展与产业集群的密切联系，学者们对其给予了广泛关注，孙淑生、海峰此前就产业集群与区域物流系统的关联性进行了研究，并在后期研究集群演化、治理与发展战略，正式阐述了物流集群的内涵、特征和研究范式。[①] 基于产业集群理论中增长极相关概念，Dai、Yang 认为特定区域的增长极点体现在物流园区，规模经济的形成与物流园区关系紧密；借助物流园区的极化扩散效应、优势效应，物流园区能增强对其他产业的影响力度。从产业内部角度看，产业集群环境有利于园区内部企业联盟、协同发展，促进集聚区内知识溢出。[②] 总体而言，物流园区与产业集群齐头并进、相互促进。

至此，本书的研究对象不仅是农业物流园区和农业物流集群，还包括以集群为核心的与农业相关的产业集聚，以上研究对本书研究对象的概念进行了界定。虽然将农业流通与物流关联起来的集群研究比较少，但也针对农业产业主体的集聚对农业的影响进行了新的探索。从上述国内外文献来看，虽然农业产业主体的集聚对农业的影响的相关研究成果较少，但对物流集群和农业相关产业集群的研究较为丰富，涉及内涵、演化过程、影响力以及竞争力评价等方面。本书直接或间接地参考了这些理论成果，其也为本书提供了许多实践经验和案例支持。

## 三　农业与第二、第三产业关系的研究综述

经济的发展和社会分工的逐步深化，催生了以农业为基础的农村和以第二、第三产业为基础的城镇，地区与地区之间、产业与产业之间不断产生协同和互动，形成了一种复杂的相互依存的关系，这种关系既是地理上的区域

---

① 孙淑生、海峰：《基于产业集群（cluster）的区域物流系统与运作模式》，《物流技术》2006 年第 7 期。

② Dai Q., Yang J., "Input-output Analysis on the Contribution of Logistics Park Construction to Regional Economic Development", *Procedia-Social and Behavioral Sciences*, 2013, 96: 599–608.

性城乡关系，又是二元结构的经济关系，其中农业与第二、第三产业关系和城乡关系本质上是同一关系的两面，即一种互为表里的关系。[①]

**（一）国外对于农业与第二、第三产业关系（以下简称"工农业关系"）的研究**

国外学者对工农业关系（或城乡关系）的研究过程较为曲折，研究思路和侧重点也各有不同，研究成果如下。

以阿瑟·刘易斯（Lewis）[②]为代表的二元结构理论。阿瑟·刘易斯在《劳动力无限供给下的经济发展》中指出，剩余劳动力从传统农业向现代城市工业的转移，是以现代城市工业（和服务业）以及传统农业的持续劳动力供给为基础的，它们构成了整个经济部门。发展中国家的经济结构往往是二元的，传统落后的农业部门与现代工业并存，要消除这种二元结构，就需要农村人口同时向城市流动，资本同时向农村流动。在阿瑟·刘易斯的理论模型基础上，研究人员发展和构建了拉尼斯-费景汉的"二元经济"模型、乔根森模型和托达罗模型，以研究工业化进程中的农业演变。拉尼斯-费景汉模型强调发展传统农业部门，促进工业和农业部门之间的平衡，提高农业生产力并产生农业盈余。一方面，乔根森模型研究了工业增长对农业发展的依赖性，认为农业发展是工业部门和整个经济发展的基础。另一方面，托达罗模型关注劳动力流动的决定因素，这不仅取决于收入差异，还取决于失业率以及农业发展，农业和工业、城市和农村在发展中发挥着同等作用，它们之间的关系是双向和互惠的。

以缪尔达尔（Myrdal）、赫希曼（Hirschman）、弗里德曼（Friedman）为代表的地理二元论。缪尔达尔提出了"回波效应"理论，根据这一理论，劳动力、资本、技术和资源在收入差异的基础上从农村转移到城市，从农业转移到工业，从而形成一个"累积性因果循环"，在这个循环中，农业发展较慢，工业发展较快，形成了一个不平衡的空间结构，提高了稀缺资源的利

---

[①] 张培刚：《农业与工业化——农业国工业化问题初探》，华中科技大学出版社，2002。

[②] 〔英〕阿瑟·刘易斯：《劳动力无限供给下的经济发展》，《曼彻斯特学报》1954 年第 2 期。

用效率，促进了更快的发展。同时，为避免累积性因果循环的过度失衡，政府应通过适当的监管和规划促进滞后地区的发展，鼓励扩散效应。赫希曼认为，农业和工业、城市和农村之间的这种不平衡增长是不可避免的，资源将从边缘地区流向核心地区，促进其发展，而核心地区的发展将在一定程度上促进边缘地区的发展。弗里德曼对上述观点进行了补充，他认为经济的空间结构会随着区域经济的增长而发生变化，中部地区和外围地区会从孤立的、不平衡的发展转变为相互联系的、协同的发展，从而实现平衡发展。

城乡（工业和农业）协调理论。许多国际组织和国家长期以来不断深入对城乡关系协调或者工农业协调的研究，并推动相关理念的发展，提出计划和制定法律法规。同时，许多研究人员也非常重视相关领域的研究。特别是近年来，一些学者对发展中国家进行了研究，如岸根卓朗①，他提出"城乡融合设计"。加拿大研究人员对亚洲具有城乡两种特色的区域进行研究，并提出了城乡协调发展。Douglass②在实际研究的基础上，提出利用城乡一体化建立区域网络体系，促进区域工业和农业经济的共同发展。同时，国外研究人员对工农业协调发展的机制给予了更多关注。他们认为，城乡互动主要涉及人力资源、商品、资本、技术和信息的双向流动，并强调城乡互动还涉及社会交易、行政职能和服务提供的双向流动。

国外关于城乡关系的研究，早期都集中在它们的经济关系上，自20世纪70年代以来，则集中在城乡（工农业）协调上。虽然这些研究为研究城乡关系提供了理论基础和思路，但它们的可操作性却有待提高。同时，这些研究从不同的角度或方面涉及了城乡关系，但这些研究欠缺系统性，特别是关于工业和农业（城乡互动）的研究，缺乏全面的方法和对互动的驱动机制以及基础的探索，也缺乏根据现代农业发展的新形势在实践中研究工业和农业关系的可能性。

---

① 〔日〕岸根卓朗：《迈向21世纪的国土规划——城乡融合系统设计》，科学出版社，1991。
② Douglass, M., "A Regional Network Strategy for Reciprocal Rural-urban Linkages: An Agenda for Policy Research with Reference to Indonesia", *Third World Planning Review*, 1998, 20: 89-101.

（二）国内对于工农业关系的研究

在中国工农业体系和产业结构变化的背景下，涌现了大量关于中国工农业关系的学术研究。在中国经济发展过程中，中国的工农关系主要经历了两个阶段：以农养工阶段和工业反哺农业发展的阶段。2003 年以来，中国的工农关系被认为已进入第二阶段，"以工促农""以城带乡"的呼声越来越高。20 世纪 70 年代末，中国的经济发展战略和经济改革旨在建立一个新的经济体系模式，在此过程中，工农关系的格局发生了重大变化。[1]

20 世纪 70 年代末，中国对其经济发展和经济改革进行了战略重组，旨在建立一个新的经济体系，从根本上改变工业和农业之间的关系。随着市场机制的引入，市场在资源配置中的作用越来越大，市场越来越影响产品、资本和劳动力在工业和农业之间的流动。这些变化对工业和农业之间的资源配置效率产生了积极影响，改善了工业和农业之间的关系。同时，这些变化也使工业和农业之间的关系变得复杂。此外，乡镇企业的出现使原来的工农业关系转变为城乡之间、工农企业之间的双重关系。[2]

基于中国日益扩大的城乡差距和农业的发展，许多学者从理论上深入分析了工农业关系，提出了解决工农业关系问题的相关思路和对策。韩俊分析总结了中国工农业关系的特点和历史发展，在此基础上提出重构工农业协调发展的机制，指出工农业协调发展涉及两大产业之间资源配置结构的协调和两大产业产品实物量及价值量的协调。[3]

大多数学者认为，中国已经到了"以工哺农"的阶段，并提出了"以工哺农"视野下的经济控制论、"以工哺农"指导下的体制改革论、"以工哺农"条件下的产业互动论、"以工哺农"推动下的和谐发展论等理论。

通过对相关文献的整理发现，现阶段学术界对我国的工农业关系，特别是对"以工促农"和"以城带乡"的研究还处于初级阶段。目前的研究状况主要表现为四多四少：关注国外的多，关注中国具体情况的少；研究工农

---

[1]　高军峰：《工农业关系研究成果综述》，《经济导刊》2012 年第 2 期。
[2]　韩俊：《我国工农业关系的历史考察》，《中国社会科学》1993 年第 4 期。
[3]　韩俊：《我国工农业关系的历史考察》，《中国社会科学》1993 年第 4 期。

业关系现状和问题的多，研究具体路径、方法和机制的少；理论梳理多，研究创新少；研究工农业直接协调发展的多，研究工农业间接协调发展的少。但是，由于经济发展的现状和工业化进程的限制，中国不具备直接推动"以工促农"的条件，因此需要寻求和探索各种间接的途径和方法来实现农业和工业的协调发展。而本书正是基于这样的一种思路，将工农业及其工农业企业关系放到农业物流园区这一平台上，实现农业产业链上工农业企业间的互动和协同，实现农业产业链上工农业的协调发展。

虽然目前的研究还处于被质疑、被反驳、被检验、再质疑、再反驳、再检验、再创新的过程中，研究发展的状态还很脆弱，还不完善，但我们的研究毕竟只是处于早期阶段，还有很大的提升空间，需要不断突破和创新。

## 四 农业产业体系研究综述

日本学术界在 20 世纪 80 年代提出农业产业体系，我国关于农业产业体系的研究开始于 90 年代初，但实际上对农业产业体系的研究的源起却远远早于这一相关概念的提出。

### （一）国外对于农业产业体系的研究现状与实践探索

国外对现代农业产业体系的研究始于 20 世纪初，最初的研究是基于舒尔茨的"传统农业转型理论"和梅勒的"资源补给理论"展开的，其主要贡献是确立了农业在社会经济中的地位，并找到了农业现代化发展的必经之路。

之后，多位学者对农业发展阶段进行了划分，从而使得农业发展的理论研究更为丰富。20 世纪中叶以后，大部分的发达国家逐步形成高度机械化、自动化的农业产业现状，与此同时，日本经济学家速水佑次郎和美国农业发展研究者费农·拉坦提出了"诱导技术变革和诱导制度变革假说"，认为农业发展取决于四个主要因素：文化禀赋、资源禀赋、技术和制度。而资源的相对稀缺性会导致农民做出不同的技术选择，从而改变农业结构。同样明确的是，现代农业的发展取决于农业生产力的稳步提高，而农业技术的进步使之成为可能，这也是在大农场发展高效机械化耕作和技术型农业的基础。而在实践探索上，基本形成了以美国为代表的机械化作业的大型农场模式、以日本为代表的单产量提升模式、以欧美为代表的技术与装备同步发展模式。在这一发展过程中出现了示范农场、休闲农业园、农业科技园等，这些农业产业园的实践探索引起了学术界的关注，使得涉农产业园区（集群）成为各国发展农业产业体系的重要路径。

（二）国内对于农业产业体系的研究现状和理论探索

我国关于农业产业体系的研究历程有限，但在国外研究的影响和现实的推动下研究成果还是比较多的，符合理论发展的一般规律。关于农业产业体系的内涵认定非常丰富，很多学者从各自角度对其进行了相关的描述，但并未形成统一的概念认识。例如，现代农业产业体系是根据其内容和目的来定义的，将特定的基础产业、政府行为和产业约束作为构成农业产业体系的主要内容，将它的目标确定为保证整个部门正常运作，其具体内容包括政府措施和产业限制，以及用于维护和服务经济主体的生存方式。主要相关研究包括以下几个方面。

农业产业体系内涵与外延的研究，这一类研究一般从其特征和发展内容出发对农业产业体系的内涵和外延进行界定。万俊毅等[1]认为，现代农业产业体系具有空间、纵向、功能结构三个方面的主要特质，祁双云[2]提出，现代农业产业体系是一个多部门的综合体，是由关联性较强的各种农产品的经营、生产、技术和服务等主体，按照一定的机制组成的有机整体，并指出农业产业体系在农业发展中的核心作用。

关于构建农业产业体系的研究。这一方面的研究主要结合各地区或农业相关行业与部门发展的例子，进行实践探索和理论研究的结合，探索其实践路径。刘思源、邓雪霏[3]联系黑龙江省的农业发展实践，探索黑龙江省现代

---

① 万俊毅等：《乡村振兴与现代农业产业发展的理论与实践探索——"乡村振兴与现代农业产业体系构建"学术研讨会综述》，《中国农村经济》2018年第3期。

② 祁双云：《河南省现代农业产业体系建设路径研究》，《农业经济》2021年第9期。

③ 刘思源、邓雪霏：《黑龙江省现代农业产业体系构建模式探索与多维路径选择的研究》，《农业经济》2020年第1期。

农业产业体系建设的模式，并提出现代农业产业体系构建的有效路径，以此来推进乡村全面全方位振兴。蒋永穆、高杰①认为：农业产业体系和农业经营组织之间有一个共同的互动发展过程，在不同的发展阶段有不同的特点。同时还有学者指出产业布局、延伸产业链、完善服务流通系统在发展农业产业体系中的主要途径，这些研究结论与本研究所提出的农业产业体系中的多主体（农业经济组织）基于涉农产业集群的协同发展理论存在逻辑的一致性。

同时还有一方面的研究，是基于国家现代农业示范区、产业园等平台载体的研究。这些学者提出建设现代农业园区，将涉农组织纳入园区范围，放宽放活政策，建立并应用"产权明晰、责任明确、政企分开、管理科学"现代园区管理制度，并将投融资、技术创新、人才利用、规模经营等机制的建立和应用作为园区高效运行的保障。这一类研究的着眼点正是本研究所关注的涉农产业园对农业产业体系协同发展的作用所在。

除此之外，还有关于农业产业体系应用指标体系和模型的研究。程艺阳等②构建了包括农业生产条件、农业科技水平、农业产业结构、农业经营管理和农业生态发展5个维度的指标体系，通过多因素综合评价和聚类分析的方法，对陕西省特色现代农业产业体系的发展水平与模式进行了分析。很多学者结合实践和经验，进行普适性指标的探索，并对特定地区进行系统评估。

当然，关于农业物流园区的研究类别还在不断多样化，学者们提出的各种观点和实践探索也在不断发展，但以上几个方面的研究或多或少地都与本研究有一定的关联，对于本研究的开展具有基础性的作用。同时还有一些学者将农业产业体系与农业及工业服务业结合起来，也有学者用协同理论作为研究框架为农业产业体系发展提供了全新视角，都对本研究具有

---

① 蒋永穆、高杰：《农业经营组织与农业产业体系的多层级共同演化机理》，《财经科学》2013年第4期。

② 程艺阳等：《陕西省特色现代农业产业体系发展测评与模式分析》，《北方园艺》2021年第14期。

借鉴意义。

综上所述，可以得出以下结论。

（1）农业物流在农村经济发展中的重要作用已形成共识，有大量内容丰富、视角各异的文献，初步形成了统一的理论框架和研究范式，随着产业实践的发展其研究不断深入，但在实操性和理论层面还有相当大的发展空间。

（2）作为新兴事物的农业物流园区，目前的研究较少，鲜有学者从组织和协调层面研究农业物流园区在农业产业链整合中的作用。

（3）农业与第二、第三产业关系的研究国内外都有一定的涉及，具备了基本的理论基础和思路，但在系统性方面较弱。较少有文献对农业物流园区的工农业及工农业企业间的互动机制进行研究，仍局限于根据定性判断得出一些结论。将工农业及工农业企业关系放到农业物流园区这一平台上，实现农业产业链上的工农业产业间和企业间的互动与协同，弥补了农业产业体系协同发展研究的空白。

（4）农业产业体系的研究中所提出的很多观点和思路，如农业产业体系与农业经营组织之间存在共同互动演化过程，产业布局、延伸产业链、完善服务流通系统是发展农业产业体系的主要途径，以及基于国家现代农业示范区、产业园等平台载体的研究，使得本研究主题呼之欲出。

（5）为了保证研究的严谨性，本研究围绕农业物流集群或涉农产业集群的代表——农业物流园区展开，当然我们的研究对象包括但不限于农业物流园区，还包括多种名称和多种形态的农业物流集群或者涉农产业集群。

# 第三章　中国农业与农业产业

## 第一节　中国农业及新时代三农

### 一　中国农业

中国农业有着久远的发展历史，我国的黄河流域和长江流域是世界农业的重要发源地。在漫长的发展历程中，中国农业曾经创造过人类历史上先进的生产技术及农业组织方式，在推动中国乃至世界经济的发展中起到了重要作用。虽然在中国农业发展史上，伴随着战乱、自然灾害和时事动荡，中国农业也曾经历过停滞和巨大创伤，但纵观历史，中国农业不断向前发展的历史脚步却从未停滞，中国农业也成为几千年中华文明发展的经济基础，成为养活世界 1/5 人口的物质基础，也是华夏文明的重要物质载体。

我国古代农业发展最早可以追溯到旧石器时代，原始人类依靠采集和渔猎为生，由于人口的快速增长和采集渔猎的不稳定性，人类常常面临饥饿的威胁。如何获得稳定而可靠的食物来源成了农业发展的动力。到了距今 4000 年前至 10000 年前的新石器时代，生活在这块土地上的先人们创始了农业，并由原始刀耕或火耕阶段发展到原始锄耕或耜耕阶段，再到发达的锄耕阶段，不管是耕种技术和制度还是生产工具及农作物品种都粗具雏形。在原始畜牧业方面，经长期圈养驯化，家畜种类有所增加。七八千年前，中原地区已有原始畜牧业，在我国北方马、牛、羊、鸡、犬、豕"六畜"俱全的畜牧业已初具雏形；六七千年前，在南方以饲养猪、狗、水牛为主的南方畜牧业已初步得到发展。早在五六千年前，我国已开始养蚕缫丝，纺织技术已具相当水平。至此，我国农业发展分别以黄河流域和长江流域为核心，相互影响，形成北方和南方传统农业。①

在其后的五六千年历史中，原始社会向奴隶社会再到封建社会的发展，我国农业在土地制度、水利灌溉、规范农业生产的历书和历法、农业工具、农产品种类、轮种技术以及农业门类方面都获得了长足的发展。② 时间来到封建社会末期，近代帝国主义的入侵使中国沦为半殖民地半封建社会，农业日益落后于发达的资本主义国家，传统"男耕女织"的自然经济结构开始解体。中华人民共和国成立后，随着社会主义制度的建立，中国农村经济得到了迅速的恢复和发展，中国农业才结束了停滞的历史，进入了发展较快的新时期，农业生产条件和生产技术显著改善，产量水平迅速提高。但在之后的历史阶段中，因为对在经济文化落后环境下建设社会主义认识不足和政治动荡，我国农业发展又经历了两次停滞。

20 世纪 70 年代末，党的十一届三中全会揭开了中国经济改革的序幕之后，农业生产的这种停滞状况才得到根本性改变。1982 年 11 月，全国实行承包制，农村经济新格局全面建立。在这一具有划时代意义的土地制度变革后的三十余年里，伴随农业经营体制的变革，农业经济结构进一步调整，非农（涉农）产业进一步发展，形成了全新的农业产业体系。当前，伴随物联网、电子商务、新零售等的快速发展，农业也处于快速发展和变化中。

## 二　2004年至今中国农业政策演进

2005 年 12 月 31 日，新华社向全社会公开发布中共中央、国务院《关于推进社会主义新农村建设的若干意见》，标志着我国全面推进社会主义新

---

① 叶依广：《中国农业的演变及其历史作用》，《古今农业》1990 年第 2 期。
② 《中国农史》，《中国科技史杂志》1982 年第 2 期。

农村建设序幕正式拉开。继前期以提高农民收入和保障粮食安全为目标的农业政策走向，中国进入了农业发展的新的历史阶段。[①]

从 2014 年起，我国各项农业政策和法律法规的颁布数量激增，这不仅代表国家和各级政府对于农业发展的新思路，也使得各项政策在细化和具体化方面得以提高。[②] 这里我们针对此区间的中央"一号文件"，对其内容和侧重点进行提炼，不难看出，到 2014 年我国的农业政策是围绕《关于推进社会主义新农村建设的若干意见》而展开的，虽然侧重点不同，但主线清晰，从农民增收、农业发展、农村建设以及城乡统筹等方面推进农业现代化，并在明确农业现代化是我国农业发展目标的基础上，形成农业领域的综合指导性文件。

2014~2016 年，农业现代化连续三年入题，充分说明了落实新理念、推进现代化、破解难题是该阶段农业发展的必然选择。[③]

2018~2022 年，中央"一号文件"[④] 强调了将产业兴旺与其他各项工作并举，将弘扬优秀传统文化与建设科学文化统一，打破农民物质生活与精神生活的非均衡性、推进"两个文明"协调发展。同时，强调了基层党组织的领导作用，强调了农民的主体地位。

我国 2004~2022 年的农业政策如表 3-1 所示。

表 3-1　我国 2004~2022 年的农业政策

| 年份 | 主题 | 导向与关联 |
|---|---|---|
| 2004 | 增加对农业的投入，实施"两减免、三补贴"政策 | 对农业的补贴和放开，继往开来 |
| 2005 | 加强农业基础设施建设，繁荣农村经济，继续采取综合措施 | 延续了 2004 年中央"一号文件"的政策要点，提出了进一步加强农村工作、提高农业综合生产能力的若干政策 |

---

① 韩喜平、徐景一：《60 年我国农业政策调整中的利益关系分析》，《理论探讨》2009 年第 5 期。
② 段园园等：《知识图谱视角下我国农业政策研究的演化发展及热点分析》，《南方农业学报》2018 年第 1 期。
③ 肖小虹等：《中华人民共和国成立 70 年来农业政策的演变轨迹——基于 1949—2019 年中国农业政策的量化分析》，《世界农业》2019 年第 8 期。
④ 2004~2022 年中央"一号文件"。

续表

| 年份 | 主题 | 导向与关联 |
|---|---|---|
| 2006 | 从社会发展、农业建设、促进增收、农村建设、社会事业、农村改革、政治建设和加强领导八个方面全方位、组合式对如何推进新农村建设指明了方向 | 对《关于推进社会主义新农村建设的若干意见》的进一步深化 |
| 2007 | 重点强调了如何积极发展现代农业来推进社会主义新农村建设 | 对《关于推进社会主义新农村建设的若干意见》的进一步深化 |
| 2008 | 整合了 2004 年以来的 4 份中央"一号文件"的政策要点 | 前后政策一脉相承 |
| 2009 | 《中共中央　国务院关于 2009 年促进农业稳定发展农民持续增收的若干意见》 | 应对国际金融危机,进一步强化惠农政策、加大投入力度、优化产业结构、推进城乡改革,打出了抓好农业农村工作的政策组合拳 |
| 2010 | 《中共中央　国务院关于加大统筹城乡发展力度　进一步夯实农业农村发展基础的若干意见》 | |
| 2011 | 加快农田水利建设 | 继续延续既有政策并选取影响"三农"发展的某一薄弱点进行重点突破 |
| 2012 | 加快农业科技创新 | 继续延续既有政策并选取影响"三农"发展的某一薄弱点进行重点突破 |
| 2013 | 新型农业经营体系 | 重点突破 |
| 2014 | 明确加快推进农业现代化的目标 | 续接前面 10 份中央"一号文件"基础上的农业领域的综合指导性文件 |
| 2015 | 《关于加大改革创新力度加快农业现代化建设的若干意见》,加快转变农业发展方式、推进新农村建设、深化农村改革 | 政策延续的同时重点强调农村法制建设 |
| 2016 | 《关于落实发展新理念加快农业现代化实现全面小康目标的若干意见》,提高农业质量效益、绿色农业、产业融合、城乡协调增强内生动力,即加强党的领导 | 侧重高效、绿色,提升国际竞争力 |
| 2017 | 《中共中央　国务院关于深入推进农业供给侧结构性改革 加快培育农业农村发展新动能的若干意见》 | 侧重农业结构优化、盘活农村土地、推进农村创业 |
| 2018 | 《中共中央　国务院关于实施乡村振兴战略的意见》 | 侧重农村文化、社会、生态文明建设 |
| 2019 | 《中共中央　国务院关于坚持农业农村优先发展做好"三农"工作的若干意见》 | 强调决战决胜脱贫攻坚,同时侧重推进乡村建设和产业,乡村治理机制,发挥农村党支部作用、重要农产品有效供给 |

| 年份 | 主题 | 导向与关联 |
|------|------|-----------|
| 2020 | 《中共中央　国务院关于抓好"三农"领域重点工作确保如期实现全面小康的意见》 | 强调打赢脱贫攻坚战,侧重对标全面建成小康社会加快补上农村基础设施和公共服务短板、保障重要农产品有效供给和促进农民持续增收 |
| 2021 | 《中共中央　国务院关于全面推进乡村振兴加快农业农村现代化的意见》 | 强调实现巩固拓展脱贫攻坚成果同乡村振兴的有效衔接 |
| 2022 | 《中共中央　国务院关于做好2022年全面推进乡村振兴重点工作的意见》 | 明确底线任务,侧重乡村建设 |

从表3-1综合来看,我国农业政策基本沿袭财政支农政策、推进农业现代化发展、农村金融政策、农村土地政策等方面逐步展开并细化,同时伴随着农村经济发展过程的推进,农业政策进一步向土地流转政策、农业财政补助政策、农业供给侧结构性改革等方面延伸。

### 三　新时代三农

党的十九大报告指出,"三农"问题是关系国计民生的根本性问题,没有农业农村的现代化,就没有国家的现代化。农业强不强、农村美不美、农民富不富,决定着亿万农民的获得感和幸福感,决定着我国全面小康社会的成色和社会主义现代化的质量。

农业、农村、农民三者在经济发展中是密不可分的,农村是农业赖以发展的土地源头和生存处所,农业是农村经济、文化、社区发展的推动力量,而农民是农村和农业发展中最具活力的资源,是经济发展的主要力量,是激活农村农业实现发展的特殊资源。

新时代,我国"三农"发展的现实基础也得到强化。首先,从1978年党的十一届三中全会后,农村已形成以集体经济为基础,以个体经营为主的农业双层经营体系,新型农业经营主体不断发展壮大,农村新产业新业态蓬勃发展;其次,农村承包地"三权分置"取得重大进展,农村集体产权制度改革稳步推进，玉米、大豆、棉花等重要农产品收储制度改革取得实质性成效；最后，针对农产品供求结构失衡、要素配置不合理、资源环境压力大等问题的农业供给侧结构性改革取得新的进展。城乡发展一体化迈出新步伐，农民收入增速连年快于城镇居民，城乡居民基本医疗和养老制度开始并轨，8000 多万农业转移人口成为城镇居民；农村公共服务和社会事业达到新水平，农村教育、文化、卫生等社会事业快速发展，农村水、电、路、气、房和信息化建设全面提速，农村人居环境整治全面展开。① 与此同时，脱贫攻坚开创新局面，精准扶贫精准脱贫方略落地生效，6600 多万贫困人口稳定脱贫，脱贫攻坚取得决定性进展。

在此基础上，我国的三农发展也伴随着农业农村农民的不断发展提出新的要求。首先，建立健全城乡融合发展体制机制和政策体系，统筹推进农村经济建设、政治建设、文化建设、社会建设、生态文明建设和党的建设，加快推进乡村治理体系和治理能力现代化，推进乡村产业、人才、文化、生态、组织振兴，充分发挥农业产品供给、生态屏障、文化传承等功能。其次，加快发展乡村产业，顺应产业发展规律，立足当地特色资源，推动乡村产业发展壮大，打造农业全产业链，优化产业布局，完善利益联结机制，让农民更多分享产业增值收益；突破就农业抓农业的局限，推进产业融合打造农业新业态，着力推动粮、经、饲统筹，农、林、牧、渔结合，种、养、加一体，三产融合发展，延伸农业产业链、拓展农业多功能、构建农业与第二第三产业交叉融合的现代产业体系；健全现代农业全产业链标准体系，推动新型农业经营主体按标生产，培育以农业龙头企业为标准的"领跑者"。与此同时，立足县域布局特色农产品产地初加工和精深加工，建设现代农业产业园、农业产业强镇、优势特色产业集群。最后，将脱贫攻坚成果与乡村振兴有效衔接，健全防止返贫动态监测和帮扶机制，做好产业帮扶和后续帮扶，建立常态化帮扶体系。

---

① 顾海英、王常伟：《中国共产党百年"三农"政策实践、思想演进与展望》，《农业经济与管理》2022 年第 1 期。

# 第二节　现代农业产业体系

## 一　现代农业产业体系内涵与特征

### （一）现代农业产业体系的内涵

产业是指由利益相互联系的、具有不同分工的各个相关行业所组成的业态总称，尽管它们的经营方式、经营形态、企业模式和流通环节有所不同，但是，它们的经营对象和经营范围是围绕着共同产品而展开的，并且可以在构成业态的各个行业内部完成各自的循环。产业是社会分工的产物，而农业产业被称为第一产业，具体包括农、林、牧、副、渔。

当农业生产发展到一定的阶段，在分工的基础上农业各产业体系化，形成产前、产中、产后的协调发展，既能满足特定的市场需求，同时又能产生相关的产业价值的产物。这一体系必须基于较高的组织化和专业化程度以及较高水平的农业经济发展程度，所以农业体系难以在小农经济的自然农业阶段形成，因此这个概念的提出和发展是源于现代农业的现代化发展的，它实际上是由农业产业链各环节上的生产、经营、科技、市场、服务、教育等产业主体通过一定的利益联结方式紧密相连的有机整体[1]，目的是促进农业整体的发展，我们一般称其为现代农业产业体系。目前理论界对现代农业产业体系的内涵进行了一些释义，但还未形成统一的认识，部分学者从产业体系的内容及目的对现代农业产业体系进行了界定，认为它是由特定的基础产业、政府行为和产业约束构成的有机体，目的是保证与之对应的产业整体的正常运行以及用于维护和服务于经济主体的生存方式。

现代农业产业体系、现代农业经营体系以及现代农业生产体系是我国农业的三大体系。其中，现代农业产业体系旨在解决好农业资源要素的配置和

---

[1]　李喆：《浅析现代农业产业体系的发展现状与前景》，《山西农经》2021年第20期。

农产品的供给效率。现代农业产业体系，是一个以农业为黏合剂的多部门的综合体①，是由具有较强的关联性的涉农产品的经营、生产、技术和服务等主体，按照一定的机制组成的有机整体。

（二）现代农业产业体系的主要特征

1. 专业化、集群化的产业组织

现代农业产业体系是一个专业化和集群化的农业社会网络，既适应了现代农业的发展要求，同时由于其生产和经营对象的共同属性所带来的地域上、市场上和服务方面的共同要求，形成了集群化的经济组织形态。

在这一有机连接中，一方面，各农业产业部门相互作用并形成子系统，使得农业产品的生产、加工、经营、技术和其他相关服务的组织集聚在一起，既彼此竞争又相互合作；另一方面，各个环节既是分工关系又是上下游的环扣关系，跨越了行业界限，打通了农业、工业、商业、服务业的界限，在整体目标的指引下形成了一个专业化的有机集群。这一涉农组织集群已经成为农业产业体系的重要组织基础和保障。

2. 综合化、多样化的产业功能

随着现代农业产业体系的不断发展和价值延伸，其能够满足的功能属性也不断延伸，从仅满足吃穿发展为能够满足文旅生态、自然景观、生物能源、教育游学等多元化的需求的可持续发展系统。随着人们对高质量消费需求的日益提升，现代农业产业体系功能的多元化和复合化趋势也不断增强，农业功能的发展到了一个新的阶段。随着中国经济的高速发展，人们收入水平不断提高。随着卫生观念的进步和生活节奏的加快，人们对农产品的需求也在发生着变化，在解决温饱问题的基础上，有越来越多的人开始注重农产品的营养、安全、方便、品质、美观、个性，并逐渐提出更高的需求。农业生产经营者在市场的推动下开始多层次挖掘农业产业体系中存在的巨大价值和潜力，将其转化为人们消费升级所需要的更好的产品和服务，从而大大延

① 廖培添：《现代农业三大体系建设背景下上海农业产业体系演变动因研究》，《湖北农业科学》2020 年第 13 期。

伸和扩展了农业产业的价值空间。

农业产业体系不仅能带来基础功能，还能通过网络化和集群化的连接完成除农业产销之外的多种功能，比如在涉农集群周边的农业技术服务、金融服务、农业生产资料服务和农业政务服务组织等，农业产业体系除农业主干功能外还融合了农业的周边服务，形成了更具多样化的农业产业体系。

3. 整体化、网络化的现实架构

农业产业体系在现实中不仅存在于农业不同的部门中，也存在于城乡之间，既起到连接城乡的作用，又通过物流、商流和人流形成紧密的连接，其中的农业大户（或农户）、农业合作社、农业企业、农产品加工销售企业和其他农业服务部门（农机、农业技术、金融、政务服务）构建成为一个纵横交错的网络[①]，这些主体企业都是这个网络中的节点。

在这个网络中，沿着产前、产中、产后的农业产业链形成一个农业产业的虚拟组织，各节点企业参与到农业产业功能的实现过程中。目前，在农业产业中存在大量的农业企业（农业龙头企业），它们不仅有农产品生产加工功能，还作为核心企业连接上下游，与商超、农业市场以及大型的社会组织进行农产品配送，完成从田间到餐桌的整体流程。而且这一产业实践活动已经不仅限于农业龙头企业，大量的农业物流中心、农业大市场也在积极沿全产业链进行功能拓展，上连生产，下连末端消费。

4. 市场化、契约化的利益分配

网络化农业产业体系网络中的节点组织已经认识到短期的偶发的市场交易会因为信息不对称问题带来收益下降和交易风险上升，越来越多的节点企业寻求长期的契约化的市场交易，根据各自在农业产业链中不同流程结成合作和协同关系，利用契约保证多方的利益。

这种市场化、契约化的利益分配机制为了规避过去农业购销关系的风险并保证信息对称，大量的起中介作用或起平台作用的涉农组织涌现，这些涉农组织作为农业产业链众多企业交易的连接器，以贯穿始终的物流作为连接

---

① 陈冠城：《现代农业产业体系引领下乡村振兴战略探究》，《中国市场》2021 年第 2 期。

的纽带①，实现商流中的市场化、契约化的利益分配，也为商流的实现提供物流的保证。这一利益分配的复合形式使得越来越多的节点企业进入农业产业体系的平台中共享合理利益。同时，这种利益分配机制带来了整个体系的稳定、有序、正常和持续地发展。

### （三）现代农业产业体系发展结构

农业产业体系源于分工。而分工的不断深化带来了农业产业专业化和涉农产业的网络化。这种网络化式的农业产业体系不断向相关产业渗透和扩充，其范围和功能已经不仅仅局限于农业本身，而是向多产业多区域进行融合和协同，在融合与协同过程中又不断进行分工的细化和产业的扩容，最终形成集成化的结构。从宏观角度对农业产业体系进行区分和解构，其结构实际上是三个维度上的深化发展。

#### 1. 横向发展结构

在农业产业中存在着大量具有同质性的业务类型，或者说是具有产业相似性的行业，比如农产品销售中的商超、农业大市场、现代新兴的生鲜市场，这些业务行业实际上是存在着相互竞争关系的，但同时也正因为其在原料源头和服务对象上的一致性，这些企业彼此之间会在产品品种、规格、品质、包装以及商业模式上不断差异化，以取得相应的市场竞争优势。当这些企业数量不断增加时，它们往往会在产业上形成集群，从而形成基础设施共用、专业化供应商共存、专业化劳动力共享等优势。② 这种集群的结果会形成一种良性强化，进而产生了集群效应。比如，一些农业产业园集中了农业生产、加工、销售等业务板块，通过主导产业带动现代农业产业体系紧紧围绕一个或多个主导产业而展开，形成了由一个或多个主导产业牵引的众多中小企业集聚而形成的庞大的农产品生产、加工与销售群体，由此形成良好的学习效应，使得农户、加工企业与销售企业间结成了比较紧密的联系。在农业种植区通过良种和农业技术的推广，将周边区域的种植产区进行横向连

① 王慧娟：《辽宁现代农业产业体系发展现状及对策》，《农业经济》2011 年第 12 期。

② 任婷：《现代农业产业体系建构视角下我国农村经济发展的基本路径研究》，《农业经济》2019 年第 7 期。

接，形成品牌化的农业产区，提高农产品的附加值。

2. 纵向发展结构

农业产业所涉及的范围包括从产前环节的信息指导、产品规划、种苗和饲料供应以及农户合作组织、金融服务，到产中环节的农用物资、肥料供应，田间管理及技术指导等，再到产后环节的品级分类、保鲜加工、储存加工、食品加工、包装加工、商品化加工，以及流通环节的批发、零售、运输、配送、信息、餐馆酒楼、农业度假服务，最后到废弃物回收。纵向发展结构是指围绕某一特定的产品使所涉环节形成彼此紧密联系和相互衔接的关系，形成某一类产品的专业化的产业链条。比如，美国加州葡萄酒产业把各地区部门分散的支农项目资金集中起来，几百家商业酿酒企业和几千个葡萄种植园以及众多的葡萄储存、灌溉、收割设备与包装器材提供商，共同形成了一个完整的农业产业体系。我国也有一些农业产业园，围绕某一地区特色农产品开发进行生产、加工销售、文化旅游、餐饮等一体化发展，形成该产品的全产业链体系。

3. 区域化发展结构

我国幅员辽阔，同时跨越热带气候带、亚热带气候带和温带气候带，资源禀赋差异大，各个地区的农业发展差异大，因此根据农业的资源禀赋优势，把农产品生产放在最适宜的农业区域，促进农业的专业化、规模化生产，形成不同特色优势的农业专业区、专业带。[①] 然后结合每个地区的不同优势，借助"大物流"实现农业产业的兼收并蓄，共享共赢。比如，云南的花卉产业采取开放型产业发展策略，积极吸纳省外和国外投资者来滇建设花卉生产基地，并合作组建"花卉培训中心"，提高云南花卉的种植技术水平和产品的技术含量，外来投资者的参与不仅带来了资金、技术、品种、市场和新的经营管理经验，也给当地的生产经营者带来了竞争意识，使之成为云南花卉产业的重要组成部分，对云南花卉产业的发展起着重要的推动作用。

---

① 谢岗：《构建现代农业产业体系推进农村产业融合发展》，《江苏农村经济》2020年第8期。

## 二　中国现代农业产业体系现状

我国的农业在经历了 20 世纪 80 年代前的两次停滞后，经过 40 余年的恢复和发展，农业产业体系也从粗具雏形转变为全方位、复合化、一体化发展。

### （一）中国现代农业产业体系发展现状

#### 1. 中国农业生产能力稳步提升

新中国成立 70 多年以来，我国农业实现了从小到大、由弱到强，农业生产能力不断迈上新台阶，人民的"米袋子""菜篮子""果盘子"越来越充足、越来越丰富，为让中国人的饭碗装满中国粮提供了充分保障。

1949~2020 年，全国粮食生产总量从 11318 万吨提高到 66949 万吨，增长了 4.9 倍。全国粮食产量连年丰收，连续 6 年保持在 1.3 万亿斤以上。2022 年夏粮量质并增，产量 2916 亿斤，增加 59.3 亿斤。优质专用小麦面积占 37.3%，提高 1.5 个百分点。秋粮增产已成定局，秋粮面积稳中有增，目前收获近八成。全年粮食产量将再创历史新高，连续 7 年保持在 1.3 万亿斤以上。我国粮食产量已多年保持世界第一，不仅实现了由长期短缺向供求基本平衡的历史跨越，也为促进世界粮食安全做出贡献。

#### 2. 农业科技水平不断提升

我国近 30 年来在农业科技上的投入日渐增加，在科技发展和成果转化上也日见成效。土地作为一种有限的不可再生资源，是农业生产的基础，我国对土壤的污染监测、污染防治、生态恢复的成果显著，如吉林省在国家和企业的农业技术服务支持下，推行"节肥减药"行动，并实施保护性耕作测土配方施肥等技术，取得明显成效，黑土地有机质含量增加，土地由瘦变肥；随着农业科技投入不断加大，我国在品种选育、粮食单产等方面的水平不断提高，科研机构和企业、合作社等合作已蔚然成风，品种育种研发和应用已走进普通农户；随着旱涝保收、高产稳产的高标准农田建设力度的不断加大，我国粮食生产抗灾能力显著增强；同时，在农业生产方式上也取得进步，农业机械普及率与农机种类和质量都有较大提升，在核心技术、关键零部件、基础材料和配套机具方面有了长足的进步。

3. 农业资源配置、供求结构日趋合理

我国地大物博，各地自然资源差异性大，农业生产的门类齐全，各有特色。从农业资源利用效率角度来看，除了通过前面所提到的农业科技和应用外，各地积极发展特色农业产业和农产品，将具有优势的土地资源、品种资源、生态资源、人力资源合理配置，发展产地化、品牌化的精深加工业和农村文化生态旅游，在农产品品质和食品安全上加大投入，提高农产品附加值，成效显著。同时打破城乡差异，农产品进城和工业品下乡双管齐下，利用互联网和信息平台减少信息不对称所带来的供求失衡问题，一方面培育适应市场需求的品种，另一方面积极发展农业经营主体，进行农产品的流通加工和精加工产业，不仅使各地农产品在大物流背景下实现大流通，也通过农产品多样化、个性化实现农产品更大范围的购销链条。比如，湖北省恩施州以"企业+合作社"模式打造农耕茶旅文化产业，"一乡一品"农业科技发展有限公司与水田坝茶叶产业农业合作社以水田坝为基础点，以点带点发展引导周边村镇经济，联合现居村民，分层次、阶梯式完善土家茶食餐饮文化。建立标准化农业产业园，打造标准化茶叶生产基地，提供出口国际标准化的农特产品，既实现了地域经济腾飞，又提高了地区人文素质。

4. 农业产业链流通效能不断提高

农业产业离不开流通，我国各地出现了众多以农业为主要服务对象，根植于传统农业流通市场的农业产业集群，这些集群包括农业物流园区、综合农业批发市场、农业加工中心、农业产业园以及部分农业龙头企业。这些组织整合了农业物流资源、区域农业物资的分散资源、农业生产服务业资源，把处于第一、第二、第三产业类别的农业企业（农场、农业大户、农户）、农产企业、农产服务组织和涉农服务衍生组织整合成统一的平台，让涉农企业通过地域的集聚和资源的共享实现产业链上共享经济、规模效益，大大提升了农业流通的效能。通过农业营收的生产函数的实证分析结果可以看出，（农作物）单产、结构调整和面积对营收的贡献在近五年有所下降，初加工和深加工的价值溢出贡献系数也呈现下降趋势，但是涉农产业链的集聚带来的流通效能的提升增量出现大幅上升，农业集聚所带来的效能提升已为大量涉农企业或组织认同，越来越多的企业或涉农组织已经自觉形成在产业链或区域小范围的涉农产业链集聚。

## 三  我国农业产业体系发展模式

### （一）市场交易模式——初级形式

如图 3-1 所示，这种模式的对应物是本书的农业物流的传统模式中所提到的以农产品批发市场、农产品专业市场和农产品集贸市场为代表的交易中心，这些交易中心与农产品的生产需求实现了对接，曾经在很长时间内活跃于我国的农村与城市中。这种模式下，农户与企业的合作处于松散状态，彼此之间缺乏长期稳定的契约关系，因此农产品生产、加工、集散和销售完全取决于市场机制，在利益分配上也是通过市场交换行为得以实现的。

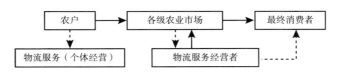

**图 3-1  农业产业体系市场交易模式**

说明：水平箭头表示农产品单向流动，虚线垂直箭头表示松散的物流服务提供关系，实线垂直箭头表示长期的物流服务提供关系。

这种模式下，农产品购销的效率较低，市场交易成本比较高，而且农产品购销与物流处于分离状态，市场供应对需求的响应程度较低，进一步加剧了农产品的腐损率和流通成本。

### （二）合作社（龙头企业）模式——中级形式

农业合作社实际上是在土地资源、品种资源、生态资源上具有同质性的农户的联盟。这种联盟通过相应的商业契约关系确立。联盟不但与上游的农业生产资料和农业技术方建立合作联系，还与下游的流通方主体建立合作联系，为合作社谋求整体利益最大化。目前，我国比较成熟的是基于供应链所结成的合作社模式，比较常见的有"公司+农户"模式、"公司+基地+农户"模式、"公司+农业协会+农户"模式、"公司+合作社+农户"和"农户公司化"模式，因为这种模式基本由农业龙头企业在联盟中起主导作用，因此也可以称为龙头企业模式（见图 3-2）。

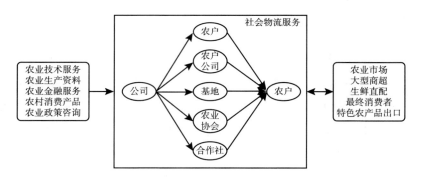

图 3-2　农业产业体系合作社（龙头企业）模式

### （三）产业园模式——高级形式

因为属于新兴事物，这里的农业产业园包括农业物流园区、综合农业批发市场、农业加工中心、农业产业园等。产业园作为整个园区农业产销主导者（也可能是具有较强整合能力的龙头企业或合作社），将农业流通所需的存储、运输、装卸、流通加工、配送等功能及其基础设施整合集成，同时吸纳农业生产资料生产或流通企业和农村生活资料流通企业、农业龙头企业、农产品企业、连锁商超企业、农业物流企业。再通过信息平台的作用使这些企业结成长期稳定的合作关系，实现农产品产地化、品牌化、规模化的生产和流通，并建立起"风险共担，利益共享"机制。通过城乡联系和互动方面的纽带作用，进行集成协作，实现高效的农业产业链联动机制（见图 3-3）。

以上三种模式同时并存于我国农业经济的发展过程中，对农业产业体系的专业化、复合化、网络化的发展具有重要作用。但就其实质而言，第一种模式源于传统，虽有其局限性，但因其广泛存在于农业经济体中，所以在我国农业产业体系发展中发挥了较大作用，并且其中的一部分主体也在积极进行转型升级，利用市场优势整合其他力量，向更高形式发展。而合作社模式作为一种供应链形式，其对市场响应的高效性和灵活性在我国农业经济中的作用不容忽视，但这种联盟的发展空间和整合能力有限，对主体间，尤其是

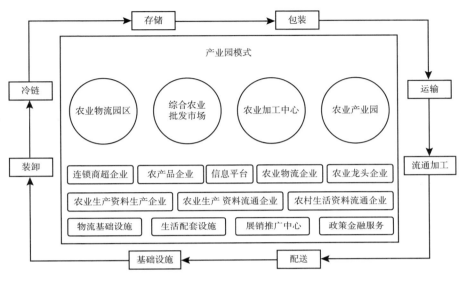

**图 3-3　农业产业体系产业园模式**

农户的约束性和利益保护机制不强，在规模上难以达到相应的水平。不过目前这一模式下的联盟进驻到规模较大的农业产业园中（包括农产品物流中心、农业物流园区、转型升级的农业大市场），逐步向更高形式发展。而这里的农业产业园模式则是目前被产业界认同的农业产业体系发展模式，各地出现了大量的规划中或初建阶段的实体，也出现了一部分通过转型升级而实现正常运营的产业园，这种模式对农业产业体系的高质量发展意义重大。

# 第四章 农业物流在农业产业体系协同中的基础性作用分析

基于物流对农业产业链以及农业产业体系的全覆盖和渗透特性，在农业产业体系中处于下游的农业流通对于农业经济的发展作用明显，而且可以通过物流的双向作用，使得下游带动农业上游（生产）的市场化、有序化、科学化发展。那么，农业物流对于农业产业体系协同的基础性作用是我们必须明确的问题。

## 第一节 我国农业物流发展模式

### 一 传统模式

传统模式又被称作批发市场模式，这是在我国农产品的数量和交易激增的情况下，国家为了解决农产品生产和流通的矛盾而采取的相应的政策措施——在各个城市和地区建立了一大批农产品批发市场、农产品专业市场和农产品集贸市场。目前，我国各种类型的农产品批发市场超过5000个，而农产品集贸市场约有8万多个，形成了批发市场主导的农产品物流模式。各级农产品产业链主体主要通过三级市场连接（见图4-1）：产地批发市场-销地批发市场-农贸市场（超市）。但这些农产品批发市场还处于较为原始的状态，市场的硬件设施和服务功能很薄弱，功能未分化，管理不统一，缺乏稳定的组织规模和合同关系①，经营主体之间多通过现场和现货交易发生联系，通过讨价还价的形式形成批发价格，交易质量和数量都处于较为原始的状态，难以形成高效率和规模化。

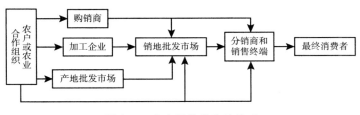

**图 4-1　农产品传统物流模式**

这种批发市场式的传统模式虽然使"小生产"与"大市场"实现了一定程度的对接，但也存在以下局限性。

（1）效率低。随着农产品所有权的不断转移，商流和物流并没有实现分离，农产品要经过反复落地倒运，使得农产品物流时间长、成本和损耗增大。

（2）交易成本高。农产品生产地域广，过多的中间环节使得所涉及的物流主体数量多，致使物流信息质量不高，从而增加了交易中的谈判成本。此外，其粗放式的流通形式，使得交易更加随机和缺乏稳定性，"生产者"难以对市场需求做出较高效的回应，进一步加剧了流通成本虚高。

与此同时，农村地区生活和生产资料物流与农产品物流呈现分离状况，生活和生产资料物流主要是依靠农业生产生活资料生产及营销企业、交易市场和乡村两级的销售部门以及零售网点来完成的，呈现销售渠道多样化、物流分散化的特点。

## 二　供应链模式

这里所探讨的供应链模式基本上是以农产品为主要对象的供应链，而非针对农业整个链条的供应链模式。农业供应链模式将所涉及的农业生产、流

---

① 谢培秀：《试论发展中国的农业物流业》，《中国流通经济》2003 年第 11 期。

通和消费相关的所有环节和主体进行相互关联及整合（见图4-2）。[①] 但就中国目前情况而言，农业供应链的发展仅局限于农产品流通上，而其他相关的非农产品流通与现有的农产品供应链基本是分离的，由其相应的传统渠道来承担其流通和物流。

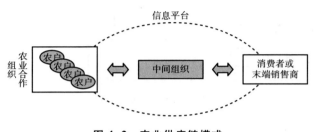

图4-2 农业供应链模式

就目前现实情况而言，农产品供应链主要有以下几种具体形式。

（一）"公司+农户"模式

这是农产品供应链模式中最基本的形式，一般是加工或销售企业通过合同向农户收购农产品，经过加工包装后，配送给农产品零售商。

（二）"公司+基地+农户"模式

这是在"公司+农户"模式基础上发展起来的，将企业与农户以及农产品生产基地整合起来的农产品供应链模式。在这一模式中，会部分涉及农业生产资料的内容，但数量和形式上都比较薄弱，未能成为这一模式的主流内容。

（三）"公司+农业协会+农户"模式

在以上两种模式的基础上，农业协会也成为关系主体。[②] 这种形式中，加工企业连同农业协会根据对农产品的需求状况，为农产品生产者提供除种、技术指导等服务，而将储存、包装、流通加工等服务进行外包。

---

[①] Neves, M. F., Zylbersztajn, D., Neves, E. M., *The Orange Juice Food Chain*. Proceedings of the 3rd International Conference on Chain Management in Agribusiness and the Food Industry. Wageningen Agricultural University Press，1998：437-446.

[②] 贺登才等：《中国农村物流发展报告（2013）》，《中国合作经济》2013年第9期。

（四）"公司+合作社+农户"和"农户公司化"模式

通过合作社，实现农户的组织化和规模化，农户在交易中的谈判能力增强，农户合作社成为这一供应链的主导。

以上几种形式的供应链产销一体化，使得流通环节和物流通道都得到精简，交易费用也得到降低，产品品质得到优化。

但是，这种模式的重点是农产品的流通，对农业物流的其他方面的涉及程度较浅，处于辅助和附加地位，虽比较好地实现了农产品"走出去"的目的，但无法从根本上解决农业物流的整体性、全局性问题。同时，主导供应链的一般是加工企业，它们的优势并非农产品流通，也致使农产品成本过高、效率低下。

## 三 第三方物流模式

我国的第三方物流模式有一个很明显的特点，就是其服务对象是以农产品物流为主，主要借助农产品物流企业或物流联盟来为农产品生产者或流通企业提供农产品物流服务。尽管其中也包括一部分农业生产资料和农村消费品的物流，但仅仅停留在分散和零星的功能服务，缺乏协作和整体性。[1] 20世纪末，我国加大农产品物流的投资力度，将传统体制下的运输公司和仓储公司的资源进行优化配置，使其转型为第三方物流企业，也使得我国农产品第三方物流得到快速的发展。第三方物流模式的优势体现在以下几个方面。

（1）整合资源和功能。在第三方物流模式下，分散的物流资源及相关的客户资源被集中组织并进行整合，从而提高农产品物流资源的使用效率，带来物流资源和运营能力的提升，各种相关物流活动也得到整合。

（2）提升物流基础设施和资产的专用性及使用效率。对于农产品自营物流主体来说，物流规模有限，投入亦有限。[2] 但专用性资产是第三方物流

---

[1] 巩俊岭：《农产品物流模式的演化机理与影响因素研究——以大连地区为例》，硕士学位论文，东北财经大学，2013。

[2] 王明珠：《农村逆向物流的现状分析与对策研究》，《物流工程与管理》2012 年第 11 期。

企业提高其核心竞争力的有效手段，因而其必然会选择投资专用性强的各种资产和基础设施来提升其竞争力。

（3）农产品物流信息水平得到提升。农业生产的分散性使得农产品物流信息的收集、处理和传递存在诸多障碍。农产品第三方物流企业整合了农产品物流规模，并配备了强大的物流信息系统，从而能快速收集和处理农产品供应信息[1]，也可以快速对之匹配相应的需求信息，从而优化调度物流资源，减少物流环节，加快物流流程。

（4）整合农产品物流流程。通过长期的合同关系和协作，第三方物流将多个物流计划和运作功能归类于一个权责系统下，可以实现对所有农业生产资料和农产品物流的战略管理，还可以将各个物流功能组合成一个独立的直线运作流程单元，使得物流活动在一体化的框架内高效有序完成。

第三方物流企业起步较晚，主要提供储运等基本功能服务，更高层次的增值服务还处于完善阶段，同时企业规模有限，在整合和规模化优势上还存在很大的局限性。虽然在农产品上实现了规模的整合与效率的提升，但对于解决农业生产资料和农村消费品物流还停留在简单的返程配货上。

## 四 农业物流电子商务模式

农产品物流电子商务模式是将目前蓬勃发展的电子商务应用于农产品的流通领域，通过电子商务平台为农产品的流通提供网上交易、电子支付、物流配送等服务，除农户、农业合作社、批发商、零售商、最终客户等通过网络进行连接以外，有一部分农业生产资料和农村消费品流通企业也实现联网，完成农产品的生产和销售过程的协调、控制和管理，实现网络前端到最终客户端的中间过程服务。

其主要优势表现在以下方面。

（1）信息高度共享。为上下游农产品物流企业间提供一种透明的可见性功能，信息的共享直接减少了由于信息不对称所引起的价格差，提高了供

---

[1] 陈根龙：《物流信息技术在农业物流发展中的应用研究》，《全国流通经济》2019年第28期。

应链敏捷性，降低了供应链物流管理的成本和牛鞭效应。

（2）优化农产品物流的流程，提高农产品物流的运作效率，基于用户需求协同整合供应链上各节点的物流过程。[①]

现阶段这种模式主要运用于农产品，尚未与农业生产资料、农村生活资料及农业回收物流融合，应用于更高层面的大农业-大流通还有局限性。同时，只有在第三方物流和电子商务比较发达的情况下，并辅以高效率的公共信息平台，才能发挥出它应有的作用。要实现农业物流的全面覆盖，还需要大量的配合性组织、流程和管理手段，实际运用还有难度。

## 五　农业物流园区模式

农业物流园区可以囊括我们所提到的大部分农业社会化服务体系中的农业社会化服务供给方——合作组织、龙头企业、其他民间主体，甚至还吸引了政府、农业科研单位入驻园区。目前，我国农业物流园区正处于起步阶段，但是许多农产品批发市场或农产品物流园区，因其先导性和较高的市场认同度，以及伴随农业需求的增长而不断延伸的服务范围，成为实质上的农业物流园区。[②]

通过整合农业物流功能，并辅以先进的信息技术平台，同时将农业社会化服务组织聚集起来，并引入政府相关组织职能和金融机构、农业科研单位，为农业物流主体提供现代化和全方位物流服务。[③] 同时，吸纳农业生产资料生产或流通企业和农村生活资料流通企业入驻，将农资和农村消费品流通和物流与农产品物流进行集成协作，实现双向流通，使物流园区成为联结产前、产中、产后的全方位服务平台和生产、加工、零售、物流的核心环节。

其优势主要体现在以下方面。

---

① 李杰：《我国城乡二元结构下的商贸流通体系农业物流发展模式研究》，《农业经济》2018年第 7 期。

② 陈代芬、郑红军：《我国农产品物流园区发展模式与对策研究》，《广东农业科学》2007 年第 6 期。

③ 朱辉：《农产品物流园区物流管理模式研究》，硕士学位论文，山东科技大学，2009。

（1）农业物流园区成为整个农业物流乃至产销主导者，将物流的存储、运输、装卸、流通加工、配送等功能通过农业物流园区及其相应的通道和网络实现整合与集成[1]；同时农业物流园区内的物流主体通过整合物流基础设施、物流功能和流程以及物流信息，实现一体化的高效协作，形成一个社会化的高效物流服务系统。

（2）突出物流在城乡联系和互动方面的纽带作用，吸纳农业生产资料生产或流通企业和农村生活资料流通企业，形成新型全方位农业市场，将农资和农村消费品的流通和物流与农产品流通和物流进行集成协作，实现双向流通和物流。

（3）通过平台的巨大吸纳和服务能力，与农业龙头企业、农产品企业、连锁企业、农业物流企业及其相应的分散化节点进行对接，实现农业物流通道的网络化。

（4）通过入驻的各种农业社会化服务机构，尤其是农业合作社，将分散的农户以平台会员的形式进行基础化集成，再根据农户生产特点和相应的合作社实现农产品品牌化、规模化生产和流通。[2]

（5）通过建立统一信息平台，将与农业相关的各产业链条的组织连接起来，与各分散化的节点连接起来，真正实现信息共享。

但根据现有发展情况，我国农业物流园区发展还处于起步阶段，基本上是摸着石头过河，其功能和庞大的组织平台效果的发挥还需要一段时间才能体现。

目前，这五种农业物流模式同时存在于我国农业物流的现实中，在不同的地区和领域发挥重要作用，但综合上述几种模式的特点，我们可以认识到，它们都有其相应的局限，具体体现在以下方面。

（1）在部分领域部分功能上优势突出，解决了农产品"走出去"的问题，但缺乏农业物流的一体化解决方案。

---

[1] 邬文兵、龙炜：《我国农产品物流园区发展定位研究》，《物流技术》2006年第5期。

[2] 王玉玲、杨勇：《我国农产品物流园区发展困境与对策》，《改革与战略》2018年第2期。

（2）不能打破地区地域的限制，还局限于某地某区域（其规模局限于核心企业或组织的覆盖范围），无法在更大规模上、更高层面上实现农业物流的效率提升。

（3）虽有核心企业起到组织协调控制的作用，但缺乏稳定持续的组织保障和平台基础。由于区域利益和城乡间市场壁垒的存在，分布于城乡间的涉农企业为了组织协调上下游的供给和销售关系，额外地建立起服务于这些非核心业务的部门，从而加剧了农业产业链的分离，削弱了区域间涉农产业分工，降低了专业化效率。

（4）农业物流园区虽然能在一定程度上解决以上3个方面的问题，但因其投资规模大、周期长，要发挥作用还需要很长一段时间，目前还在探索阶段。

# 第二节　基于农业物流要素的农业物流模式的权重分析

面对以上要素问题，我们不妨做一个详细剖析。首先将6个方面的要素进行实质化分析（见表4-1）。

**表4-1　农业物流要素问题实质分析**

| 要素问题 | 要素实质 |
| --- | --- |
| 农业物流基础设施、通道、网络 | 通道、节点、网络化 |
| 农业物资和农产品流通方式 | 商贸流通一体化（城乡双向流动） |
| 农业社会化服务及农业物流主体 | 组织化、规模化 |
| 农户组织化程度 | 组织化、规模化 |
| 农业物流信息化 | 信息一体化、信息共享化 |
| 农业物流政策 | 政策协同化 |

其次根据现实发展情况并借鉴国外农业物流发达国家的成功经验，使用德尔菲法，通过对20位专家的两轮问卷调查，为各要素问题的解决给出具体路径。

通过以上分析，不难发现，农业物流要素问题的实质以组织化和规模化为主，即如何对农户、物流企业等农业物流实现组织化的运作，并且在此基础上实现物流资源、物流功能和流量上的规模化，从而提升效率。而在途径选择上，建立一体化的平台组织，整合节点网络、农户和农业物流主体组织化，是其中出现频率比较高的优选项目。

如何解决这些要素问题？各要素问题是否有先后和轻重之分？各实现途径在解决相应问题中孰轻孰重？带着这些问题，本研究采用层次分析法来对以上指标进行量化，然后再结合定性分析，探索农业物流模式的最优化选择。

（1）构建层次分析模型（见表4-2）。

表4-2　农业物流要素问题及解决途径（层次分析模型）

| 农业物流要素问题 | 解决途径 |
| --- | --- |
| 农业物流基础设施、通道、网络 | 建立农产品绿色通道 |
| | 建立统一的节点和网络平台,在节点实现农产品配比和下乡工业品返程配送 |
| | 将地区化网络与全国网络融合,实现城乡双向物流 |
| 农业物资和农产品流通方式 | 积极发展农产品供应链和连锁经营 |
| | 建立城乡商贸一体化平台（市场/园区） |
| | 产地批发市场与销地批发市场连通 |
| 农业社会化服务及农业物流主体 | 积极发展各种农业社会化服务类型 |
| | 推行合作企业的联盟 |
| | 为农业社会化服务建立统一的服务平台,纳入更大规模的组织化服务 |
| 农户组织化程度 | 发展农村合作经营组织 |
| | 发展农村个体企业、民营企业 |
| | 建立产销联合,以物流为功能的综合平台组织 |
| 农业物流信息化 | 鼓励民营信息平台的建立 |
| | 与大型市场、企业、园区进行信息共享 |
| | 建立统一的信息平台 |
| 农业物流政策 | 优惠的土地、贷款、税收政策和政府补贴 |
| | 一站式管理体制和服务机构 |
| | 集中于某一区域或依托某一园区平台进行试点优惠补贴和服务 |

（2）先利用层次分析法中的成对比较法，构建统一的六大现实问题比较基准，即构建判断矩阵。设计调查问卷，选取相关专家20名（包括7名

物流方面的学者和 6 名农村经济方面的学者以及 7 名物流企业的管理者）进行调查，按 AHP 的 1~9 的比例尺度，将其相互重要程度表示出来：1 表示同等重要；3 表示稍微重要；5 表示相当重要；7 表示明显重要；9 表示绝对重要；2、4、6、8 用于表示上述标准之间的折中值。反之，用 1、1/2、1/3、1/4、1/5、1/6、1/7、1/8、1/9 表示。[①]

（3）设判断矩阵为 $A = (a_{ij})_{nn}$，$A$ 中元素按列归一化，即求：

$$\bar{a}_{ij} = a_{ij} / \sum_{k=1}^{n} a_{kj}, i,j = 1,2,\cdots,n \qquad (4-1)$$

根据专家的问卷数据得出决策层各要素的特征向量，计算矩阵各列的和，将矩阵中元素按列归一化处理，接下来将归一化后的矩阵同一行各列相加，即：

$$\tilde{w}_i = \sum_{j=1}^{n} \bar{a}_{ij}, i,j = 1,2,\cdots,n, \qquad (4-2)$$

最后将相加后的向量除以 $n$ 即得权重向量。根据问卷数据，经过和积法计算得到表 4-3。

**表 4-3　农业现实问题权重比较**

| 农业物流要素问题 | 农业物流基础设施、通道、网络 | 农业物资和农产品流通方式 | 农业社会化服务及农业物流主体 | 农户组织化程度 | 农业物流信息化 | 农业物流政策 | $w_i$ |
|---|---|---|---|---|---|---|---|
| 农业物流基础设施、通道、网络 | 0.3267 | 0.5232 | 0.3930 | 0.2854 | 0.2901 | 0.2417 | 0.3434 |
| 农业物资和农产品流通方式 | 0.1162 | 0.1860 | 0.3009 | 0.2522 | 0.2191 | 0.2227 | 0.2162 |
| 农业社会化服务及农业物流主体 | 0.1141 | 0.0849 | 0.1373 | 0.2700 | 0.2504 | 0.1487 | 0.1676 |
| 农户组织化程度 | 0.2236 | 0.0565 | 0.0390 | 0.0766 | 0.0943 | 0.1577 | 0.1079 |
| 农业物流信息化 | 0.1022 | 0.0771 | 0.0498 | 0.0737 | 0.0908 | 0.1424 | 0.0893 |
| 农业物流政策 | 0.1172 | 0.0724 | 0.0800 | 0.0421 | 0.0552 | 0.0867 | 0.0756 |

---

[①] 张丙江：《层次分析法及其应用案例》，电子工业出版社，2014。

通过表4-3数据，按农业物流问题的权重数对其进行排序：

农业物流基础设施、通道、网络>农业物资和农产品流通方式>农业社会化服务及农业物流主体>农户组织化程度>农业物流信息化>农业物流政策。

（4）以决策层下的实现途径问卷数据，按照以上方法，分别得出各实现途径的权重，如表4-4、表4-5、表4-6、表4-7、表4-8、表4-9所示。

**表 4-4 农业物流基础设施、通道、网络实现途径权重**

| 实现途径 | 对应① | 对应② | 对应③ | $w_i$ |
|---|---|---|---|---|
| ①建立农产品绿色通道 | 0.2361 | 0.3016 | 0.4765 | 0.3381 |
| ②建立统一的节点和网络平台,在节点实现农产品配比和下乡工业品返程配送 | 0.4348 | 0.5556 | 0.2980 | 0.4295 |
| ③将地区化网络与全国网络融合,实现城乡双向物流 | 0.3291 | 0.1428 | 0.2255 | 0.2325 |

**表 4-5 农业物资和农产品流通方式实现途径权重**

| 实现途径 | 对应① | 对应② | 对应③ | $w_i$ |
|---|---|---|---|---|
| ①积极发展农产品供应链和连锁经营 | 0.1923 | 0.1268 | 0.2177 | 0.1789 |
| ②产地批发市场与销地批发市场连通 | 0.2441 | 0.1610 | 0.1442 | 0.1831 |
| ③建立城乡商贸一体化平台（市场/园区） | 0.5637 | 0.7122 | 0.6381 | 0.6380 |

**表 4-6 农业社会化服务及农业物流主体实现途径权重**

| 实现途径 | 对应① | 对应② | 对应③ | $w_i$ |
|---|---|---|---|---|
| ①积极发展各种农业社会化服务类型 | 0.2092 | 0.1627 | 0.2703 | 0.2141 |
| ②推行合作企业的联盟 | 0.4751 | 0.3695 | 0.3221 | 0.3889 |
| ③为农业社会化服务建立统一的服务平台,纳入更大规模的组织化服务 | 0.3156 | 0.4677 | 0.4077 | 0.3970 |

**表 4-7 农户组织化程度实现途径权重**

| 实现途径 | 对应① | 对应② | 对应③ | $w_i$ |
|---|---|---|---|---|
| ①发展农村合作经营组织 | 0.2545 | 0.2096 | 0.2637 | 0.2426 |
| ②发展农村个体企业、民营企业 | 0.1342 | 0.1105 | 0.1030 | 0.1159 |
| ③建立产销联合,以物流为功能的综合平台组织 | 0.6113 | 0.6799 | 0.6334 | 0.6415 |

表 4-8 农业物流信息化实现途径权重

| 实现途径 | 对应① | 对应② | 对应③ | $w_i$ |
|---|---|---|---|---|
| ①鼓励民营信息平台的建立 | 0.2893 | 0.3821 | 0.1697 | 0.2804 |
| ②与大型市场、企业、园区进行信息共享 | 0.3478 | 0.4595 | 0.6174 | 0.4749 |
| ③建立统一的信息平台 | 0.3629 | 0.1584 | 0.2129 | 0.2448 |

表 4-9 农业物流政策实现途径权重

| 实现途径 | 对应① | 对应② | 对应③ | $w_i$ |
|---|---|---|---|---|
| ①优惠的土地、贷款、税收政策和政府补贴 | 0.5275 | 0.6952 | 0.3745 | 0.5324 |
| ②一站式管理体制和服务机构 | 0.1453 | 0.1916 | 0.3931 | 0.2433 |
| ③集中于某一区域或依托某一园区平台进行试点优惠补贴和服务 | 0.3272 | 0.1132 | 0.2324 | 0.2243 |

　　对于六大农业物流问题实现途径根据权重排序，排在第一位的分别是：建立统一的节点和网络平台，在节点实现农产品配比和下乡工业品返程配送；建立城乡商贸一体化平台（市场/园区）；为农业社会化服务建立统一的服务平台，纳入更大规模的组织化服务；建立产销联合，以物流为功能的综合平台组织；与大型市场、企业、园区进行信息共享；优惠的土地、贷款、税收政策和政府补贴。

　　权重排列第一位的途径和权重值如表 4-10 所示。

表 4-10 权重值汇总

| 对应的要素问题 | 要素权重值 | 权重值最高的途径（各要素内部） | 对应权重值 |
|---|---|---|---|
| 农业物流基础设施、通道、网络 | 0.3434 | 建立统一的节点和网络平台，在节点实现农产品配比和下乡工业品返程配送 | 0.4295 |
| 农业物资和农产品流通方式 | 0.2162 | 建立城乡商贸一体化平台（市场/园区） | 0.6380 |
| 农业社会化服务及农业物流主体 | 0.1676 | 为农业社会化服务建立统一的服务平台，纳入更大规模的组织化服务 | 0.3970 |
| 农户组织化程度 | 0.1079 | 建立产销联合，以物流为功能的综合平台组织 | 0.6415 |
| 农业物流信息化 | 0.0893 | 与大型市场、企业、园区进行信息共享 | 0.4749 |
| 农业物流政策 | 0.0756 | 优惠的土地、贷款、税收政策和政府补贴 | 0.5324 |

各要素问题权重排序为：农业物流基础设施、通道、网络>农业物资和农产品流通方式>农业社会化服务及农业物流主体>农户组织化程度>农业物流信息化>农业物流政策。

六大农业物流问题实现途径根据权重排序，排在第一位的分别是：建立统一的节点和网络平台，在节点实现农产品配比和下乡工业品返程配送；建立城乡商贸一体化平台（市场/园区）；为农业社会化服务建立统一的服务平台，纳入更大规模的组织化服务；建立产销联合，以物流为功能的综合平台组织；与大型市场、企业、园区进行信息共享；优惠的土地、贷款、税收政策和政府补贴。

从前面的分析中不难看出，在农业物流要素问题的解决途径中，针对每个问题都有一条甚至两条道路，需要将这些问题的解决基于一个一体化的平台，在组织依托与平台保障下完成农产品物流初始阶段的组织程度的提高，农产品供应链主体间的协同度的提升，农产品供应链中的信息的共享度的提高，农业物流的技术装备效率、水平和农产品流通效率的提升。而排序中靠前的选项中，平台、组织、园区是其中出现频率较高的词。

基于农业物流现实状况，上文中所述的各种模式在实际发展过程中并不是孤立存在、单一运行的，而是相互协作和配合的。这种对照比较结果实际上是对多模式协同的一种需求表达，这些模式进行协同无论是依托核心企业还是农业合作社、农业协会、物流中心，都需要相应的组织依托，只有在一定的平台保障下，依托平台的物流中心功能、信息中心功能、市场功能以及其他农业服务功能，这种多模式协同才具备更稳定和长期的关系，更长远的权责利益机制，更有利于形成全面综合的农业物流体系。

在此，我们可以从中得到这一结论，农业物流园区不仅是一种新的农业物流模式，还是一种融合多模式多主体关系，协同整个农业产业体系的实体，它在解决这个组织依托和平台保障上是具有较大优势的，它既与这些模式并行不悖，又可以将自身作为物质载体，来帮助其他模式更高效地运行，更能将这些模式集中于一体化的平台上，实现更高层次的规模化、组织化运作，并利用其多元化的组织构成实现对农业产业体系协同的基础性作用。

# 第五章 农业物流园区对农业产业 体系中主体的作用分析

农业产业体系协同化发展的目的非常明确，即解放和发展农村生产力，提高农业的整体效率和效益，而这个效率和效益具体体现于农户、农业合作社、农业企业以及各级农业服务组织中，效率效益的提升最直观的体现莫过于这些涉农主体营收的提升。这里我们通过对相关数据的实证分析来探究农业物流园区（涉农产业集群）对农业产业体系中主体的作用。

## 第一节 涉农组织及营收

本研究所关注的农业产业体系中的主体——农业产业集群（农业物流园区）中所涉及的各类服务性或经营性组织，其中部分主体被称为农业经营组织或者农业经营主体，当然涉农组织不仅仅局限于一般意义上的农业企业，还包括农业合作社、农户以及涉农服务组织。

对这一主体的研究近年来非常蓬勃，也出现了一系列具有影响和实践意义的研究成果。廖祖君、郭晓鸣[1]对我国农业经营组织体系的纵深发展进行了探讨，这一研究可以帮助本研究确立涉农经营组织的能力和地位；

---

[1] 廖祖君、郭晓鸣：《中国农业经营组织体系演变的逻辑与方向：一个产业链整合的分析框架》，《中国农村经济》2015 年第 2 期。

周逸嫚①围绕涉农产业集群的典型实体——农产品批发市场提出了重塑农产品批发市场的观点，这一研究无疑是对本书研究对象外延的认定，并帮助我们设想了新型农产品批发市场平台的定位、结构、功能；刘明国、张海燕②也对农产品加工这一涉农组织中发展速度最快、主动性最强的对象进行了分析，并对其空间布局集群集聚发展现状进行了阐述，既为涉农组织进入集群提供了实践基础，也为涉农组织集群的形成奠定了理论基础；乔德华、刘锦晖③对甘肃省新型农业经营主体分类进行梳理，明确其功能定位，特别是在深入分析涉农组织存在问题的基础上，提出了建立新型经营主体联盟的思路，这一观点与本研究观点实现了统一。而本团队也对这一研究对象进行了主题、范式的分析和总结。④ 这些成果对我国涉农主体的实践和理论研究提供了丰厚的基础，为其实践发展和理论研究提供了助力。

多年来，由于我国传统农业发展思想的影响，我国对于农业发展的关注点主要集中在农业增产增收，而对于涉农组织的营收的研究被置于第二、第三产业领域分别讨论，没有考虑其与农业发展的紧密联系，而且因为缺乏大系统观念，对其营收的分析基本停留在对某一类涉农企业角度上，如对农产品加工业的营收分析、对农民家庭经营收入的关注，或者对休闲农业营收的关注以及对农产品电商营收的关注，而缺乏对这一类企业进行整体性的营收分析。国内相关研究如下：IDM 中国领导决策信息中心对我国农业龙头企业 500 强企业的营业收入进行了比较⑤；杨艳⑥对广东省欠发达地区按经营主体不同进行了

---

① 周逸嫚：《探寻农产品批发市场转型之路——建立面向终端群体的分布式一体化农产品流通服务平台》，《农业经济》2015 年第 7 期。

② 刘明国、张海燕：《新常态下农产品加工业发展的新特点》，《世界农业》2015 年第 11 期。

③ 乔德华、刘锦晖：《新型农业经营主体的功能定位及发展措施——基于甘肃省新型农业经营主体的研究》，《生产力研究》2020 年第 9 期。

④ 张晓燕等：《"物流集群"研究的奠基者、范式和主题——基于 WOS 期刊文献的共被引分析》，《宁夏大学学报》（人文社会科学版）2016 年第 5 期。

⑤ 《2019 农业产业化龙头企业 500 强数据简报》，《领导决策信息》2019 年第 12 期。

⑥ 杨艳：《广东省欠发达地区农业经营主体营收结构分析》，《中国农业资源与区划》2016 年第 9 期。

营收结构的分析，评价了其第一产业、第二产业和第三产业的营收结构；薛岩等[1]则基于 695 家农民专业合作社、673 个家庭农场以及 344 家龙头企业的微观调查数据，实证检验了农产品电商对不同类型新型农业经营主体的增收效果，虽然着眼点不在营收分析上，但对于不同农业经营主体的收入增加研究具有一定的借鉴意义；还有研究者从农业生产、农业现代化与农民收入三方面，研究了生产经营型农民合作社对农业发展与农民收入的影响。

这里我们旨在以新的视角对农业营收进行剖析，先对产业链上的涉农组织的营收来源结构进行分解，并根据营收来源的同质性将其营收聚合为四种不同的来源，既打破了基于产业和行业研究营收的壁垒，也顺着产业链将营收来源进行横向剥离[2]，最终形成结构化的涉及各类涉农组织的营收来源，这一研究农业营收的角度与以往的农业营收研究相比是具有鲜明特色的，它有助于我们从横向角度对农业营收进行全新的解构，不仅具有微观层面上的营收关联，还与农业发展中宏观因素产生了营收来源的关联，从而形成了复合形式的农业营收来源结构[3]，使得研究可以与宏观数据进行有效对接，并进行模型数据的计量分析，得到涉农组织营收与涉农组织集群（农业物流园区）的关联关系，揭示了涉农组织集群（农业物流园区）对提高农业效率和效益的作用[4]，对于农业政策的制定具有更大的意义。

## 第二节　农业组织营收分析

本研究农业营收的主体包括农业企业、农业大户、农业合作社、农业批

① 薛岩等：《新型农业经营主体与电子商务：业态选择与收入绩效》，《农林经济管理学报》2020 年第 4 期。
② 张贞：《纵向一体化、产业集聚对我国农副食品加工业经营绩效的影响》，《中国林业经济》2019 年第 6 期。
③ 闫琰等：《我国粮食"十一连增"主要因素贡献分析及政策思考》，《中国农业科技导报》2016 年第 6 期。
④ 薛蕾等：《农业产业集聚与农业绿色发展：效率测度及影响效应》，《经济经纬》2020 年第 3 期。

发市场、农业物流企业、普通农户六类涉农组织，其主要的营收来源如表 5-1 所示。

表 5-1　涉农组织营收来源

| 涉农组织 | | 营收来源 |
|---|---|---|
| 普通农户 | | 粮食种植产量、经济作物种植、蔬菜种植、猪肉产量、禽蛋产量、牛羊肉产量、海水养殖(鱼虾蟹产量)、淡水养殖(鱼虾蟹产量)、木材产量、竹子产量 |
| 农业企业 | 农业龙头企业 | 食品加工制造<br>饮料生产<br>服装纺织皮革 |
| | 农资企业 | 种苗、肥料、塑料薄膜、农药、农业机械产销量 |
| 农业批发市场 | | 各类农产品的批发零售、农产品储运、农资批发零售 |
| 农业大户 | | 粮食种植产量、经济作物种植、蔬菜种植、猪肉产量、禽蛋产量、牛羊肉产量、海水养殖(鱼虾蟹产量)、淡水养殖(鱼虾蟹产量)、木材产量、竹子产量、农产品初加工 |
| 农业合作社 | | 粮食种植产量、经济作物种植、蔬菜种植、猪肉产量、禽蛋产量、牛羊肉产量、海水养殖(鱼虾蟹产量)、淡水养殖(鱼虾蟹产量)、木材产量、竹子产量、农产品初加工 |
| 农业物流企业 | | 农产品储运、后农产品储运、涉农产品储运 |

对于涉农组织而言，其营收来源多种多样，通过对营收的分析我们可以进一步了解涉农组织的经营情况，从而使依托平台体的涉农产业集群中的功能和产业上的协同对接涉农组织的营收来源，进而发现营收增长的业务环节和领域，并能合理估算其营收的增长率[1]，同时还能对营收的质量进行有效的控制。

为分析影响涉农组织营收的主要因素所在，我们剔除了与农业无关的营收部分 $R_w$，保留了与农业直接相关的部分 $R_m$。根据对于农业各主体营收的影响因素的不同（对涉农组织营收的影响因素主要包括：国家宏观政策因素；农业生产产量结构面积等基于自然属性的因素以及非自然属性推动产量增加的成分，如农业科技；涉农组织在进行农业流通加工、初加工

---

① 李永发、焦勇：《中部六省农业投入产出效率和影响因素分析》，《统计与决策》2014 年第 11 期。

深加工中实现的价值增值因素；农业流通效能因素），有以下营收构成：首先，给一个基础营收 $R_0$，这一基础营收来源于以下几个部分——（农作物）单产、结构调整和面积的营收贡献；其次，在此之外的营收来源包括初加工和深加工产生的价值溢出所带来的营收贡献 $R_p$；最后，还有国家政策性补贴所带来的营收贡献 $R_n$。其中，流通成本在营收中是作为主要成本构成的，令流通成本为 $C$，设流通成本降低额为 $\Delta C$，有 $C_d = C - \Delta C$，基于流通费用在农产品营收中占据重要比重，这一成本的降低意味着营收的增加，增加量为 $\Delta C$。由此我们可以得到涉农组织营收构成（与农业直接相关的主体部分）：

$$R_m = R_0 + R_p + R_n + \Delta C$$

## 第三节　模型构建

本研究以柯布-道格拉斯生产函数来构建实证模型，其基本形式是 $Y = A(t)L^\alpha K^\beta M^\gamma \mu$。柯布-道格拉斯生产函数是物质在生产的过程中，生产要素所投入的部分与实际生产量之间的关系式，能够诠释流通效能的提升在涉农组织营收增长中起到的作用，利用标准化的方式，将各个因素逐步分离出来。

1. 模型假设

（1）模型可以较好地反映经济现象。

（2）各解释变量随着样本容量的无限增加，解释变量的方差趋于一个非零的有限常数。

（3）变量间不存在严格的线性相关性（无多重共线性）。

（4）解释变量是非随机的，且与随机误差项不相关。

（5）流通效能的提升在一定时期是相对固定的，可以通过综合市场和专业市场涉农成交额和农产品物流总额求得。

2. 模型设计

在假设条件下，认为涉农组织收入指标值是与其相关的影响因素在一定函数关系下的产出值，在本研究中影响因素主要以流通效能的提升，（农作物）单产、结构调整和面积（以下简称"单产结构面积"）的增量，初加工和深加工产生的价值溢出（加工价值增值），国家政策性补贴增量作为投入量。研究涉农组织收入、单产结构面积、初加工和深加工产生的价值溢出、国家政策性补贴增量指标之间的投入产出关系，运用产出程度指标的高低来分析某一影响因素的贡献大小，将所涉因素在具体数据基础上提取为综合变量值，可以在一定程度上减少数据的片面性，保证投入要素尽可能多地涵盖各个影响因素，提高结果的科学性。

$Y=A(t)L^{\alpha}K^{\beta}M^{\gamma}\mu$ 中，$Y$ 表示涉农组织总收入，$t$ 为时间变量，$L$ 是单产结构面积的增量，$K$ 是初加工和深加工产生的价值溢出，$M$ 是国家政策性补增量，$\alpha$、$\beta$、$\gamma$ 分别表示单产结构面积、初加工和深加工产生的价值溢出及国家政策性补贴的贡献弹性，$\mu$ 表示涉农产业集聚带来的流通效能的提升增比。

对这一函数两边取对数，然后对 $t$ 求导得：

$$\frac{1}{Y}\frac{dY}{dt} = \mu + \alpha\frac{1}{K}\frac{dK}{dt} + \beta\frac{1}{L}\frac{dL}{dt} + \gamma\frac{1}{M}\frac{dM}{dt} \qquad (5-1)$$

本研究以 2005～2020 年数据进行推演，可以令 $dt=1$，得到涉农产业集聚带来的流通效能的提升增率 $\mu$ 为：

$$\mu = \frac{dY}{Y} - \left(\alpha\frac{dK}{K} + \beta\frac{dL}{L} + \gamma\frac{dM}{M}\right) \qquad (5-2)$$

公式（5-2）中的比值 $\frac{dY}{Y}$、$\frac{dK}{K}$、$\frac{dL}{L}$、$\frac{dM}{M}$ 分别代表涉农组织营收变化率、初加工和深加工产生的价值溢出变化率、单产结构面积变化率及国家政策性补贴的产出变化率。

分别可求出涉农产业集聚带来的流通效能的提升增比对农业营收的贡献率 $E(A)$（5-3）、初加工和深加工产生的价值溢出变化率对营收的贡献率 $E(K)$（5-4）、单产结构面积变化率对营收的贡献率 $E(L)$（5-5）以及国家政策性补贴变化率对营收的贡献率 $E(M)$（5-6）。

$$E(A) = \mu / \frac{\mathrm{d}Y}{Y} \times 100\% \tag{5-3}$$

$$E(K) = \alpha \frac{\dfrac{\mathrm{d}K}{K}}{\dfrac{\mathrm{d}Y}{Y}} \times 100\% \tag{5-4}$$

$$E(L) = \beta \frac{\dfrac{\mathrm{d}L}{L}}{\dfrac{\mathrm{d}Y}{Y}} \times 100\% \tag{5-5}$$

$$E(M) = \gamma \frac{\dfrac{\mathrm{d}M}{M}}{\dfrac{\mathrm{d}Y}{Y}} \times 100\% \tag{5-6}$$

通常我们采用多元最小二乘回归的方法来对生产函数模型中的参数进行估计，不过现实情况中经常会出现数据变动大或者数据经过处理后失真的情况，这就会带来参数估计的偏差，或者得到难以解释或者明显不合理的结果。例如，国家政策性直接补贴过小或弹性系数的估计值超出了其合理的取值范围。我们可以考虑采用 $Y$、$K$、$L$、$M$ 的 GM（1，1）模拟值 $\hat{Y}$、$\hat{K}$、$\hat{L}$、$\hat{M}$ 作为最小二乘回归的原始数据，在一定程度上可以消除随机波动，由此可以得到更加合理的参数，而模型也能更为确切地反映涉农组织营收与单产结构面积、国家政策性补贴、加工价值增值、流通效能提升的关系。在这一思路下，灰色生产函数模型可变形为：

$$\hat{Y} / \hat{L} = A\,e^{\mu t}\left(\frac{\hat{K}}{\hat{L}}\right)^{\alpha} e^{\mu t}\left(\frac{\hat{M}}{\hat{L}}\right)^{\gamma} \tag{5-7}$$

对公式（5-7）两边取对数并利用最小二乘法得到参数估计值，则分别可求出涉农产业集聚带来的流通效能的提升增比对涉农组织营收的贡献率 $E$（$A$）（5-8）、初加工和深加工产生的价值溢出变化率对营收的贡献率 $E$（$K$）（5-9）、单产结构面积变化率对营收的贡献率 $E$（$L$）（5-10）以及国家政策性补贴变化率对营收的贡献率 $E$（$M$）（5-11）。

$$E(A) = \mu / \frac{\mathrm{d}\widehat{Y}}{\widehat{Y}} \times 100\% \qquad (5-8)$$

$$E(K) = \alpha \frac{\dfrac{\mathrm{d}\widehat{K}}{\widehat{K}}}{\dfrac{\mathrm{d}\widehat{Y}}{\widehat{Y}}} \times 100\% \qquad (5-9)$$

$$E(L) = \beta \frac{\dfrac{\mathrm{d}\widehat{L}}{L}}{\dfrac{\mathrm{d}\widehat{Y}}{Y}} \times 100\% \qquad (5-10)$$

$$E(M) = \gamma \frac{\dfrac{\mathrm{d}\widehat{M}}{\widehat{M}}}{\dfrac{\mathrm{d}\widehat{Y}}{\widehat{Y}}} \times 100\% \qquad (5-11)$$

## 第四节　实证分析

### 一　数据说明

就此，我们需要的数据以 2005 年为基期，根据农业主体营收所涉及的主体因素的变化进行贡献率测算，采用的数据来源于 2006～2020 年《中国统计年鉴》《中国农村统计年鉴》以及各省份统计年鉴等国家正式发布的统计资料。

同时，因为对于涉农产业集聚缺乏直接指标，所以对以下指标进行综合处理并将无量纲化后的数值作为模型运算的数值，指标选取如表 5-2 所示。

在对数据进行集取、标准化、模拟处理后，得到标准化数据，如表 5-3所示。

表 5-2　涉农产业集聚的影响因素和指标选取

| 影响因素 | 相关指标 |
| --- | --- |
| 我国物流基础设施设备、技术和农村物流的发展-$Y_1$ | 交通仓储和邮政业生产构成(占 GDP 比重)<br>农产品物流总额(亿元)<br>零售连锁企业食品统一配送商品总额(亿元) |
| 农业生产、流通等方面专业技术的发展-$Y_2$<br>我国农业产业链相关企业（涉农企业）的发展状况-$Y_3$<br>我国城乡一体化的进程-$Y_4$ | 农业机械总动力<br>涉农行业固定资产投资额<br>综合市场和专业市场涉农成交额 |

表 5-3　2006~2020 年涉农组织营收相关指标无量纲化标准数据

| 年份 | 涉农组织营收 | 单产结构面积 | 加工价值增值 | 国家政策性补贴 |
| --- | --- | --- | --- | --- |
| 2006 | 7.40132 | 5.2793 | 9.52700 | 5.894333 |
| 2007 | 7.71600 | 5.8183 | 9.39968 | 5.852000 |
| 2008 | 8.05400 | 6.4040 | 9.27432 | 5.811000 |
| 2009 | 8.41600 | 7.0433 | 9.15032 | 5.771000 |
| 2010 | 8.80532 | 7.7433 | 9.02832 | 5.731667 |
| 2011 | 9.22332 | 8.3063 | 9.41568 | 5.693667 |
| 2012 | 9.67200 | 9.1370 | 9.50632 | 5.622667 |
| 2013 | 10.15400 | 10.0470 | 9.59832 | 5.553333 |
| 2014 | 10.67068 | 11.0387 | 9.69232 | 5.484333 |
| 2015 | 11.22600 | 12.1213 | 9.78832 | 5.416667 |
| 2016 | 11.82200 | 13.2043 | 9.22768 | 5.382667 |
| 2017 | 12.46200 | 14.4947 | 9.10832 | 5.350000 |
| 2018 | 13.14932 | 15.9017 | 8.99100 | 5.318000 |
| 2019 | 13.88668 | 17.4393 | 8.80832 | 5.250000 |
| 2020 | 14.67800 | 19.1170 | 8.76032 | 5.256667 |

## 二　模型计算

根据所设计的模型，采用 $Y$、$K$、$L$、$M$ 的 GM（1，1）模拟值 $\widehat{Y}$、$\widehat{K}$、$\widehat{L}$、$\widehat{M}$ 作为最小二乘回归的原始数据（见表 5-4）。

表 5-4  2006~2020 年涉农组织营收指标的 GM（1，1）模拟数据

| 年份 | 涉农组织营收模拟值$\hat{Y}$ | 单产结构面积模拟值$\hat{L}$ | 加工价值增值模拟值$\hat{K}$ | 国家政策性补贴模拟值$\hat{M}$ |
|---|---|---|---|---|
| 2006 | 106.883 | 58.683 | 249.600 | 16.909 |
| 2007 | 114.750 | 64.073 | 246.417 | 16.782 |
| 2008 | 123.200 | 69.930 | 243.283 | 16.659 |
| 2009 | 132.250 | 76.323 | 240.183 | 16.539 |
| 2010 | 141.983 | 83.323 | 237.133 | 16.421 |
| 2011 | 152.433 | 88.953 | 246.817 | 16.307 |
| 2012 | 163.650 | 97.260 | 249.083 | 16.094 |
| 2013 | 175.700 | 106.360 | 251.383 | 15.886 |
| 2014 | 188.617 | 116.277 | 253.733 | 15.679 |
| 2015 | 202.500 | 127.103 | 256.133 | 15.476 |
| 2016 | 217.400 | 137.933 | 242.117 | 15.374 |
| 2017 | 233.400 | 150.837 | 239.133 | 15.276 |
| 2018 | 250.583 | 164.907 | 236.200 | 15.180 |
| 2019 | 269.017 | 180.283 | 231.633 | 14.976 |
| 2020 | 288.800 | 197.060 | 230.433 | 14.996 |

使用 Stata 软件，采用最小二乘回归方法进行估计。通过逐步回归过程得到最终的农业营收贡献的数据，如表 5-5 所示。

表 5-5  农业营收贡献系数变量结果值

| 变量 | 系数 | 变量 | 系数 |
|---|---|---|---|
| ln$A$ | 0.269 | ln$L$ | 0.457 |
| ln$K$ | 0.538 | ln$M$ | 0.005 |

## 三 实证结果分析

将柯布-道格拉斯生产函数线性化处理变换为：$\ln Y = \mu \ln A + \alpha \ln K + \beta \ln L + \gamma \ln M$，将表 5-5 中数据代入模型，得到公式（5-12）。

$$\hat{Y} = 1.237\, e^{0.269}\, \hat{K}^{0.538}\, \hat{L}^{0.457}\, \hat{M}^{0.005} \tag{5-12}$$

从整体来看，该模型的 $R^2$ 为 0.874，各投入要素都在 98% 的置信水平下显著，且作用方向与客观事实相符，说明模型的拟合效果较好，能够较好地模拟涉农组织营收状况。

从综合贡献率估算结果来看，近 15 年来，涉农组织营收主要依靠的是单产结构面积变化与营收、初加工和深加工产生的价值溢出，为了了解本书的研究对象——涉农产业集聚对农业营收贡献率的变化趋势，本书将整个研究时段以每 5 年为一个区间划分为 2006~2010 年、2011~2015 年、2016~2020 年 3 个时间段，并根据公式估算得到不同时间段各营收来源对涉农组织的营收贡献率及其变化趋势，从而掌握依托平台体的涉农产业集群所带来的流通效能提升在影响涉农组织营收上的比重，如果保持稳定，处于 0.27 的综合水平，则说明近 15 年流通效能的提升度也处于相对稳定的状态，如果参数变化处于逐步上升趋势，则说明近 15 年流通效能的提升度处于逐步上升的状态。

从数据上来看，3 个时间段各营收来源的贡献率存在一定差异。第一个阶段中单产结构面积的营收贡献系数与加工价值增值的贡献系数分别为 0.516 和 0.483，这一数据既符合这一时段我国农业产量上升势头较好的现实情况，也符合这一阶段农产品的初加工及深加工处于极度繁荣的状况。但是，这一阶段的涉农产业集聚带来的流通效能的提升增量的贡献系数在 0.1 左右，反映出农产品从农村到城市的流通的效能比较低，工业品下乡也都是停留在零散和低效用的阶段，虽然伴随着"物流热"的兴起，出现了农产品物流中心，全国新建的农业市场也有数量上的提升，但总体来说还不足以形成有效的涉农产业的集聚。

第二个阶段中，单产结构面积的营收贡献出现下降趋势，这与我国在这一时间段中农作物结构调整以及农作物产量增长速度放缓有关；而加工价值增值的贡献系数保持在 0.499 左右，这既是人民消费水平提高和需求多样化所带来的旺盛需求驱动的农产品加工产业的增长，也符合其时间段中大量的农业龙头企业成长起来的现实情况。而涉农产业集聚带来的流通效能的提升增量出现了较大的贡献率提升，达到 0.2 左右，这也符合其时间段大量农业合作社蓬勃发展的状态，大量龙头企业对农业生产和流通进行了集约化和规模化的运作，以及这一时期我国大型农业市场的新建及发展，同时市场上还出现了一定量的依托平台体的涉农产业集聚（综合农业物流园区）。

第三个阶段，单产结构面积的营收贡献略有下降，初加工和深加工的价值溢出贡献系数也呈现下降趋势，但是涉农产业集聚带来的流通效能的提升增量出现大幅上升，达到 0.41 以上，究其原因不外乎三个方面：农业集聚所带来的效能提升已为大量涉农企业或组织认同，因此大量企业或涉农组织已经自觉形成在产业链或区域小范围的涉农集聚；这些涉农集聚平台体不仅对农业生产流通进行集约化规模化，同时也对反向的工业品和农村消费品流通进行了集约化规模化运作，降低了农业成本，也提升了主体的效益；更多依托平台体的涉农产业集聚新建、发展、壮大，并进行区域化的小集聚、大集群。

## 第五节　涉农产业集群（农业物流园区）对农业产业体系中主体的营收作用分析结论

农业发展已经不限于基础农业的发展，而是农业产业链上的涉农产业的全面发展。这里从涉农产业营收的角度，通过柯布-道格拉斯生产函数度量涉农产业集聚对流通效能的贡献，度量依托平台体的涉农产业集聚对涉农产业的作用大小。结果显示，涉农组织营收的主要贡献来源正在由传统的营收来源——单产结构面积、初加工和深加工产生的价值溢出向新的发展形势下的涉农产业集聚带来的流通效能的提升增量的贡献转化，从实证角度证明了依托平台体的涉农产业集群（农业物流园区）的发展已经逐步成为影响涉农组织营收的重要因素，涉农产业集聚平台体的发展所带来的流通增量成为新的主流的营收贡献，也为涉农产业进一步带来更高层次的协同。

这里基于我国涉农产业及农业发展 15 年的宏观数据的计量分析，建立度量影响我国涉农产业营收的多个因素的分析模型，并从动态变化角度对多个因素的贡献率进行分析。通过横向剥离，打破了传统基于产业和行业研究营收的壁垒，从另一个角度对农业营收进行新的解构，与农业发展中宏观因素产生了营收来源的关联，从而形成复合形式的农业营收来源结构。① 不仅丰富了产业营收尤其是涉农产业营收的研究方法和角度，还对从不同角度研究营收与产业发展的关联关系打开了新的思路，从分析结果上也印证了传统营收贡献分析的合理性。

通过这一实证分析，可以发现影响涉农产业营收的因素已经不再限于农业本身，而是扩展到农业服务领域，并且伴随依托平台体的涉农产业集群的纵深发展进一步向更广阔的领域扩展，涉农产业发展不仅是涉农第一、第二产业的发展，还是全产业的发展，动态化的数据变化趋势也进一步佐证了影响涉农产业营收贡献的微妙变化。这一研究也印证了海峰、高悦凯②以农业综合物流园区为服务平台的农业产业链发展的思路，以及笔者对农业综合物流园区中的工农业双向互动的研究结论③。

涉农集群是以平台为依托的物质实体，在农村经济发展中扮演着农产品流通节点的角色，它不仅对城乡物质流的储存和分散发挥着重要作用，同时也是农村城市化发展的主导力量，为农业产业链的完整和有效运行、农工商企业物流的一体化和双轨制提供了可行的方案与手段。首先，依托平台体的涉农产业集群通过在空间上获得物流资源和服务资源的整合优势，使农业产业链中的农产品和农业物资按照其流量和流向的互补方式进行协作与整合，形成农产品和农业物资的规模化、网络化运作，实现物流功能的双向互动，从而大大降低农业流通的成本，实现农业生产组织收益的提高。其次，在功能协同的基础上，产业链上的涉农组织出于减少环节和壁垒的目的，将会自

---

① 卢军静、应银：《我国农户农业收入影响因素深层探究》，《商业时代》2014 年第 2 期。
② 海峰、高悦凯：《以农业综合物流园区为服务平台的农业产业链发展模式研究》，《黑龙江社会科学》2015 年第 5 期。
③ 胡晓兰：《农业物流园区产业链双向互动发展模式研究》，博士学位论文，武汉大学，2017。

觉地在组织间形成空间集聚，同时，随着功能协同的深入，将会对企业进行流程的双向（多向）重组，也会在此基础上，利用企业合作、合资、并购等方式，实现企业的双向融合，达到产业双向互动。因此，这一集聚不仅会带来流通效能上的提升，还会伴随其发展带来更大范围、更高层面上的协同发展，从而进一步影响涉农产业营收。至此，农业物流园区（涉农产业集群）对农业产业体系中经营主体的营收促进作用在 15 年间逐步提升，并呈现明显增势。

# 第六章　依托农业物流园区的农业产业体系的构建

我国现代农业产业体系在发展上经历了初级模式——以传统的农业市场为主要载体，通过市场交易将各主体较为松散地联系起来，中级模式——以农业龙头企业或农业合作社为核心，实现农产品在产供销上的联系，以及高级模式——以产业园为依托将农业流通所需的存储、运输、装卸、流通加工、配送等功能及其基础设施整合集成，同时吸纳农业生产资料生产或流通企业和农村生活资料流通企业、农业龙头企业、农产品企业、连锁商超企业、农业物流企业。再通过信息平台的作用使这些企业结成长期稳定的合作关系，实现农产品产地化、品牌化、规模化的生产和流通，并建立起"风险共担，利益共享"机制。

一般来说，产业园（农业物流园区）是指政府（或企业）为实现产业发展目标而创立的特殊区位环境，具有集群的经济功能。它的类型十分丰富，这里所提出的产业园模式是有其特别指向性的，它是指专门以农业为服务对象的区位环境，在这个区位中集聚了农业产前（农业生产资料）、产中（农业技术）和产后（市场和流通）的全产业链所涉及的组织，同时还可以囊括为农业产业提供服务的物流、科技、金融、政务、商贸、生态、文化、旅游的相关服务组织，总而言之，产业园（农业物流园区）是一个由涉农主体在地域区位上集聚的特殊区位环境，其中较为典型的是农业综合物流园区。

目前，这3种模式同时存在于我国农业发展过程中，其中以产业园为依托的高级模式是最年轻也是最具活力和整合能力的模式，本书正是基于这样的考量，将其作为农业产业体系的重要支撑来研究农业产业体系协同化发展的问题。

## 第一节　依托农业物流园区的农业产业体系的基本结构

农业产业体系存在于以农业物流园区为基础的平台上，农产品物流、农村生产资料物流和消费品物流及其产业链过程中所涉及的各类企业或组织（包括其分支机构、相关物流资源和市场资源等）等在空间上集中于农业物流园区内，彼此间基于具有关联的业务、资源和其他联系，相互作用、相互联系而构成一个有机整体（见图 6-1）。在功能层面上，物流主要包括两个方向的流动，一个方向是农产品从农户或农户合作企业流向城市市场消费者，与农产品的易腐性、廉价性、品质差异性、高损耗性密切关联；另一个方向是指农业生产和农村生活所需要的工业品和消费品流入农村消费品的物流链，主要涉及价格差异、商品质量、售后服务（技术指导）等问题。[①] 在产业层面上，在双向物流的基础上，产业链中的各级企业通过物流上的双向流动，借助现代化的物流技术手段，通过农业物流园区物流信息的收集和处理，运用组织化、平台化的服务方式，实现了规模的叠加、资源的共享、组织间的合作、流程的协同和在一体化农业物流园区内实现了上游企业到下游企业，以及反向的下游企业到上游企业间的整合与一体化运作，形成了多方向的动态的农业产业体系，进而降低了物流成本，提升了物流效率。

综合分析，依托于农业物流园区的农业产业体系的基本结构可以概括为：一个平台基础上的多个子平台、两个层面、两个方向、多种模式及多个流程。

一个平台。指将农业物流资源整合、区域农业物资分拨分销与集散、农业物流衍生性生产服务业的集聚与孵化等多种产业类型加以整合，集仓储运

---

① 任保平、任宗哲：《统筹城乡视角下城乡双向流通的路径研究》，中国经济出版社，2011。

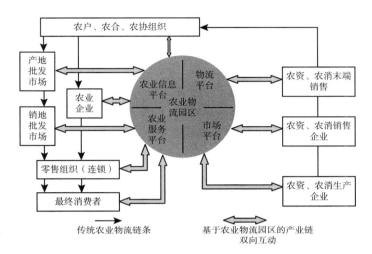

**图 6-1 基于农业物流园区的农业产业体系协同发展模式**

输、流通加工、城市配送、农产品流通、农资交易、农业物流社区等功能于一体的现代农业经济试验区——农业物流园区，同时这个平台还与其他物流节点实现网络化连接，起到农业经济和物流的节点作用。

而建立在农业物流园区基础上的多个子平台，包括市场平台，主要服务于农产品、农资和农业消费品市场交易的子平台；物流平台，主要提供园区内外物资的仓储、集散、运输、配送和农产品的流通加工[①]；农业服务平台，主要是服务于农业生产流通的金融、技术、社会化服务、环保、政务等方面的子平台；农业信息平台，这是将农业产业链上所涉及的各种企业、服务机构和组织、农户，以及农业物流园区作为节点的物流网络联结为一体的无形的网，以实现基于信息的一体化运营与管理。

两个层面和两个方向。两个层面即功能层面和产业层面，功能层面主要是物流功能上的双向互动，也就是双向物流；产业层面是指农业产业链中所涉及的各类企业和组织在双向物流的基础上实现关联企业彼此之间"你来

---

① 刘明菲、周梦华：《农业物流园服务能力的区域差异性与模式选择》，《华中农业大学学报》（社会科学版）2011 年第 6 期。

我往"形式的两个方向上的资源共享，组织间合作、流程的协同和一体化。两个方向是农产品从农户或农户合作企业流向城市市场消费者、农业生产和农村生活所需要的工业品及消费品从城市流入农村。

多种模式指的是相互协作和配合的多种农业物流模式，根据其运作的特点和需要，依托一个平台，由其所涵盖的不同企业的运作实现在物流园区平台上的既相互独立，又相互渗透和协同的运作。

多个流程主要是指农业物流园区的多种功能的运作流程和功能的规模叠加与资源共享及功能间的协作与一体化的运作过程。它包括从产前环节的信息指导、产品规划、种苗和饲料供应以及农户合作组织与金融服务，到产中环节的农用物资、肥料供应，田间管理及技术指导等，再到产后环节的品级分类、保鲜加工、储存加工、食品加工、包装加工、商品化加工，以及流通环节的批发、零售、运输、配送、信息、餐馆酒楼、农业度假服务，最后到废弃物回收，当然其中还包括农村消费品的生产和流通以及其他相关服务与功能。

## 第二节　协同组织依托与平台保障的农业物流园区的基础条件

农业物流的组织运作方式必须符合农业物流的要求，同时也要适应农业产业体系的发展，不断地调整和优化组织规模、组织机制和结构，提升平台服务保障能力。[①] 具体分析，作为农业物流的组织依托与平台保障有以下几个条件。

### 一　平台的多层次性和高组织化程度

与农业生产组织分散性相对应，农业生产和农业物流主体在现实中也呈现出分散化和多样化的特点，农业生产同时也是季节性和区域性的，而农产品的消费是长期的、规律化的，这就使得农业生产和农业物流与农产品消费产生了矛盾，必须通过高度组织化和一体化的农业物流平台

---

① 李晓锦：《农产品物流组织模式研究》，博士学位论文，西北农林科技大学，2007。

来缓解其至解决这一矛盾，通过完善的整体结构和功能化的系统实现农业物流的高效运转。

## 二　高综合度和多样化的物流活动

农产品生产是建立在区域化专业分工的基础上的，而农产品的多样化决定了农业物流的多样化，而这些多样化的农业物流不可能由单一类型的物流主体来集中承担，而必须由产品特性、经营规模相匹配的，具有多样化的物流专用资产、技术手段、通道、服务水平的主体来分别承担[1]，只有对多样化的物流技术手段、多样化的物流通道、多样化的服务水平进行整合，形成综合性的从运输、包装、储存，到流通加工、配送等多匹配度的物流活动，才能真正实现规模化、高效率的农业物流。

## 三　长期稳定的收益预期

农业物流园区的主要收益源于农产品生命周期的延长、农产品附加值的提高。农业物流园区通过获取农资和农村生活用品的流通功能，与农产品物流形成双向的、规模化的流通，来进一步提升园区的收益。但农产品物流过程增值能力弱，能否获得长期稳定的收益，还主要取决于物流的规模化水平，所以，提高物流组织的规模经济水平是推动农业物流体系现代化发展的关键。

## 四　抵御市场风险的能力

农产品除具有自然风险外，在物流过程中还会因为产消的分散性矛盾和信息不对称而产生较大的市场风险，同时，农产品因其对国计民生的关键作用，在政府干预下也会产生相应的政策风险，因此，需要农业物流组织具有较好的化解不确定性风险的机制和抵御风险的能力。

---

[1]　罗必良等：《农产品流通组织制度的效率决定：一个分析框架》，《农业经济问题》2000年第8期。

## 第三节 农业物流园区农业产业体系组织类型分析

以物流园区为组织依托和平台保障的农业产业体系所涉及的服务覆盖面非常广，从产前环节的信息指导、产品规划、种苗和饲料供应以及农户合作组织、金融服务，到产中环节的农用物资、肥料供应，田间管理及技术指导等，再到产后环节的品级分类、保鲜加工、储存加工、食品加工、包装加工、商品化加工，以及流通环节的批发、零售、运输、配送、信息、餐馆酒楼、农业度假服务，最后到废弃物回收，当然其中还包括农村消费品的生产和流通及其他相关服务与功能。这些服务则是由数量众多、规模参差的各种经营主体或组织来提供，这些企业或组织在农业物流园区平台上的互动与合作亦是一个复杂的过程。[①] 表 6-1 汇集了农业物流园区所涉企业的详细资料。

表 6-1 农业物流园区所涉企业（或组织）汇总

| 产业链环节 | 主营业务 | 所属农业物流园区服务板块 | 所属行业 |
|---|---|---|---|
| 产前 | 信息指导和产品规划 | 农业服务 | 信息咨询服务业 |
| | 种苗或饲料的生产和供应 | 农业生产资料服务 | 生产资料生产和流通业 |
| 产中 | 农用物资肥料的生产和供应 | 农业生产资料服务 | 生产资料生产和流通业 |
| | 技术指导及田间管理 | 信息服务 | 农业技术服务业 |
| 产后 | 品级分类和标准化产品 | 信息服务 | 农业技术服务业 |
| | 保鲜加工和储存加工 | 流通加工服务 | 农产品加工业 |
| | 食品加工和商品化加工 | 流通加工服务 | 农产品加工业 |
| | 包装加工 | 流通加工服务 | 农产品加工业 |
| 流通 | 批发和零售 | 农产品市场服务 | 农产品流通业 |
| | 运输、配送、信息服务 | 农产品物流服务 | 农产品物流业 |
| | 餐馆酒楼 | 农产品物流、园区商业化配套与经营 | 农产品流通业、餐饮业 |
| | 农业旅游度假 | | 农产品流通业、旅游业 |

---

① 贾兴洪:《基于产业集群理论的物流园区升级》,《经济论坛》2007 年第 16 期。

续表

| 产业链环节 | 主营业务 | 所属农业物流园区服务板块 | 所属行业 |
|---|---|---|---|
| 其他 | 农村消费品的生产与供应 | 农村消费品物流服务 | 消费品生产和流通业 |
| | 农业废弃物资回收再利用 | 农业回收物流服务 | 环保产业 |
| | 农业科研与技术推广 | 农业科技与信息服务 | 农业科技企业 |
| | 金融服务 | 农业金融服务 | 金融服务业 |
| | 农业合作 | 农业合作服务 | 农业社会化服务业 |
| | 园区政府行政服务 | 农业政务服务 | 政务平台 |
| | 农业园区地产运营 | 园区管理服务 | 房地产业 |
| | 园区管委会 | 园区管理服务 | 园区行政和运营管理机构 |
| | 园区物业管理 | 园区管理服务 | 房地产业 |

物流园区的服务功能板块主要有农业品（农产品、生产资料、消费品、回收物）市场；农业品（农产品、生产资料、消费品、回收物）的流通物流服务，包括仓储中心、运输配送中心、加工中心；农业服务板块，包括农业技术研发与推广中心、农产品标准化指导中心、农业金融服务中心、农业社会化服务中心；园区管理板块，包括园区地产运营、管委会和物流管理中心；信息化服务板块，这一板块是所有板块实现高效协同的基础，也是物流园区作为节点和平台的必备要素，主要包括各业务运作系统和对外信息交互系统、节点网络化信息系统。而物流园区内的各类企业或组织与物流园区的所属关系有整体进入的，有机构或服务部门进入的，也有部分功能进入的，但它们都在农业物流园区这一平台基础上实现双向互动。从表6-1我们可以得出以下结论。

（1）所属同服务类型和同行业的企业间的互动既可以基于功能上的整合实现规模化和双向物流，彼此之间也存在相互合作补充，共享资源的互动。

（2）属于不同服务类型和行业的企业间因为在产业链上的相互联系，彼此交互协同，实现更高效及短程的产业环节和物流环节。

（3）虽然企业类型、服务功能以及行业不同，但在物流园区基础上，其产业边界已逐渐模糊、重叠和融合，因此这些企业的类型实际上处于一个动态演化的平衡状态中，发展和变化是必然的。①

## 第四节　依托农业物流园区的农业产业体系的协同化基础条件

农业产业链中的各类企业围绕着农业经济活动相互发生联系，伴随着彼此之间联合的发生，甚至直接合并来调整产业链结构、增强彼此间的联系，进而实现产业链的整合，那么这种产业互动之所以发生在农业物流园区这一组织依托和平台保障基础上，是有其特定的原因和条件的。

### 一　地理位置的集聚带来产业的集聚

过去处于分散状态的农业产业链企业在物流园区内实现了地理上的集中，首先是作为基础的农业物流企业，它们的节点和网络实现了与物流园区的对接，实质上是其核心竞争力已经与园区实现了整合与一体化，而各级以农产品为供应源的加工和生产企业，也基于规模与减少物流环节的考虑而集中于园区中（起码是其加工和流通节点实现了集中）②，同时各级农用品供应商也借助农业物流园区的集货与辐射功能实现了物流的集中，出于紧密联系服务对象的考虑以及物流园区所享受的政府扶植政策，农技与金融机构也实现了集聚，这些企业在地理上的集聚也就直接带来了农业产业链条的集中与整合。

### 二　功能的集聚带来产业链企业间资源的共享

这些企业在实现了地理位置的集聚后，相同类型的企业在业务和功能上必然存在重合，而不同环节企业也必然存在着互补，和过去各自为政的经营

---

① 袁雪妃、徐洲：《物流产业组织理论述评》，《中国管理信息化》2014 年第 23 期。
② 王静：《基于产业集群的供应链组织与物流园区发展模式》，《西北农林科技大学学报》（社会科学版）2008 年第 3 期。

状态不同，企业间也意识到无论是竞争还是互补的企业关系，都可以基于合作基础之上。其中用于合作的最重要的因素则是企业所拥有的资源①，它不仅包括生产经营的设施设备，也包括这些企业所拥有的对这些设施设备的运营管理能力和对上下游产业链条的信息的收集、处理和运用能力，在合作基础上通过资源与功能的集中，不仅实现了资源利用率的提高，也实现了整体服务能力的提升。

### 三　服务和流程的重合与交叠带来流程的重组

随着资源和功能的不断集聚与合作，农业产业链的整合将进入一个更为复杂的过程，企业间流程必然出现大量的重合与交叠，而这会影响到整体效益的提升，这时就必须通过园区内部的管理机构和有实力的企业或组织，基于农业物流园区及其农业产业链的整体利益引导企业进入一个兼顾多方利益和整体利益、短期利益和长期利益的服务流程，根据不同企业的服务特点不同程度地融合于新的流程中，实现产业链的进一步整合。②

### 四　物流的协同带来产业的协同

农业产业链的主要目的是使产业链上的不同企业实现协同，而协同不仅意味着这些企业要在资源、功能和流程上进行整合，企业之间还应该有合作与竞争的基础，这个基础除了被称为组织依托和平台保障的农业物流园区外，还必须建立起一套各成员企业共同遵循的制度机制，这一机制我们在前文中已有讨论，主要包括动力机制、信任机制、协作机制、信息共享机制和保障管理机制。

---

① 吴文征：《物流园区网络协同研究》，博士学位论文，北京交通大学，2012。
② 舒辉、胡毅：《基于复合系统耦合的农业物流生态圈协同发展研究》，《统计与信息论坛》2020 年第 12 期。

### 五 信息管理技术和平台成为多向融通的物质保障

强大的信息管理技术和平台是农业物流园区的核心竞争力所在，因为农业物流园区要通过信息管理技术将成员企业真正联系成一个整体，只有运用信息管理技术才能实现功能的集成和流程的重组，各成员才能实现协同，并通过信息平台实现更大区域内的信息交互。

# 第七章 依托农业物流园区的农业产业体系协同发展机制

我们在前面内容中对农业产业体系的发展结构和模式进行了专门分析，并提出了农业产业体系发展模式的高级模式——产业园模式。这里我们先对农业产业园进行内涵和外延的分析。

## 第一节 农业产业园的内涵与外延

一般来说，产业园是指政府（或企业）为实现产业发展目标而创立的特殊区位环境，具有集群的经济功能。它的类型十分丰富，包括高新技术开发区、经济技术开发区、科技园、工业区、金融后台、文化创意产业园区、物流产业园区等，以及近年来各地陆续提出的产业新城、科技新城等。这里所提出的产业园模式是有其特殊指向性的，它是指专门以农业为服务对象的区位环境，在这个区位中集聚了农业产前（农业生产资料）、产中（农业技术）和产后（市场和流通）的全产业链所涉及的组织，同时还可以囊括为农业产业提供服务的物流、科技、金融、政务、商贸、生态、文化、旅游的相关服务组织，总而言之，产业园是一个在地域区位上涉农主体的集群。① 而且，这些主体并不仅仅是在地域上的简单聚集，它

---

① 宋婧等：《现代农业产业园规划创意——以盱马路现代农业产业园为例》，《江苏农业科学》2020 年第 12 期。

们在农业产业链的不同环节发挥各自的作用，实现不同的功能，获取相应的利益。既要通过商业契约与产业链上下游企业形成稳定长期的合作关系，还要同时服从产业园核心组织对产业园总体的规划和运营目标，并共享产业园的基础设施资源、市场资源、政策资源、技术资源、品牌资源；既有效地形成合力达到规模效应，也使得农业产业体系的网络化能够通过地域集中及彼此合作中的流程重组和再造达到更高级的模式。并且，在这个过程中，物流、商流、信息流、资金流、客流都伴随主体彼此合作关系的推进而有序发展。

那么，农业产业园主要包括哪些组织呢？目前，越来越多的产业界人士已经认识到涉农产业集群对农业产业体系的集成化、网络化、组织化发展的重要性，我国各地涌现出了大量类似的产业园。首先，大量传统农业市场在政府和市场的推动下纷纷在功能上循产业链上游和下游扩张，以开放式的运营模式和政策取向吸纳大量涉农组织，并提高现有的基础设施规格，逐步向综合性的以市场为主体的农业产业园过渡；其次，过去在市场上虽运营时间不太长，但已有一定市场影响力的以物流为主要功能的农产品物流中心在功能上扩张、设施上升级、业务上推陈出新，逐步向农业产业园靠拢；最后，目前市场上还有大量的由政府推动的农业产业园，这些产业园在立项时虽然各具特色，并不完全面向全产业链进行功能定位和运营，但在建设和运营中根据市场需求和自身的特色及优势从以某个或某些功能为主向更多功能延伸。在这些源头不一、发展情况各异的类农业产业园中有一种具有典型形式的产业园——农业物流园区，它在建设之初就将发展目标放了服务农业全产业链上，从园区的功能定位、运营模式、基础设施建设、主体合作模式以及与各类涉农组织关系上均以协同化的思路成为产业园与农业产业体系发展的基础支撑。基于物流对产业链的全覆盖和渗透特性，农业物流园区在提高涉农产业的组织化水平和集约化程度、转变农业及涉农产业的运营模式和经济发展方式、优化经济结构和促进区域经济发展等方面发挥了不可替代的作用。

# 第二节　依托农业物流园区的农业产业体系协同发展途径

## 一　基础设施

无论是从传统农业市场转型升级而来的，还是以物流为服务核心的农业物流园区（产业园），抑或目标各异的农业产业园，在现实建设上都具备农业市场的功能，有的是综合性的农产品市场，有的是以特色农产品为主的市场，这直接构成了农业产业体系中农产品产后环节的重要组成部分；除了市场条件外，大部分农业产业园为了辅助市场功能运作，配备了一定量的农产品物流服务基础设施和设备，既可以连接农业产区，又可以连接下一级的市场、商超等，还可以直接进行电商快递[①]，与此同时，还具备冷库、流通加工和深加工设备等基础设施，为提高农产品差异化和附加值提供必备条件；大部分的农业产业园还会设置展览中心，并辅以科技富农的政策推广，既是将农业特色产品推向市场的窗口，又是农民在产前产中获取技术支持的重要途径；同时，农业产业园还会引进面向农业产业的金融机构，为农业发展提供金融支持，一部分农业产业园还会引进农业政务窗口，缩短农民办事距离，简化农民办事流程；在调研中我们还发现，大部分农业产业园还有专门的消费品市场，基本可以提供农民日常生活消费品，还有各种农业生产资料的经营主体入驻；并且大部分的农业产业园都会有商业配套，如餐饮、住宿区域，作为园区生活的基础配套，有的园区还有司机中心，为司机提供运输中途和等待装载或卸货时的暂歇服务。

## 二　功能定位

农业产业园功能的发挥基于一定的建设模式和基础设施，其主要功能既

---

① 郑舒婷：《"互联网+"背景下特色农业市场营销创新模式研究》，《现代营销》（下旬刊）2020 年第 5 期。

有农业产前及产中的种子、农机、农具、技术咨询和指导，不仅解决了农业产业体系需要解决的分散化生产经营弊端，还通过开展集约化生产释放了农业潜力；还有产后的物流、市场、加工、销售等功能，实现了农业产业体系中游适度开展农产品深加工以提升附加价值、下游紧密联系消费市场实现产销对接的要求。①

现在我们以具有典型形式的农业产业园——农业综合物流园区为例分析农业产业园的功能。除了以上所述功能外，农业物流园区作为主导力量、平台及农业产业体系构建的核心组织，通过园区综合服务的创新功能、发展产地物流带动农业产业体系的全面变革，实现产业链价值增值，推动农业现代化、保障农产品质量与食品安全、衔接城乡、推进城镇化发展。农业物流园区成为统一运营、统一管理、统一品牌的品牌经营者，农产品生产标准化、设施化、工厂化（精致农业）的推行者，生态农业的倡导者，农产品质量安全体系的建立者，农产品新型营销模式的实践者，农业综合服务的提供者，新型农业物流社区的示范者。这些多角色的功能定位充分证明农业物流园区作为农业产业体系构建的平台依托，是实现农业产业体系协同化发展的组织保证。目前，这一功能定位及作用在我国的很多农业园区得到了产业实践的证实。

## 三　盈利模式

盈利模式是关乎园区、企业、农民生存发展的重要因素，也是农业产业体系健康发展的重要物质保障。

对于园区而言，初创期间的盈利主要来自场地租金和物业管理费，但伴随园区功能的逐步实现，盈利来源有了较大转变。对于农业产业园来说，后期会逐步增加物流收入、交易收入和其他增值服务收入（供应链、第三方物流、信息服务）。一般来说，伴随园区成熟度的不断提升，园区盈利也不

---

① 吴婷婷：《瓦房店市现代农业产业园建设调研报告》，硕士学位论文，大连海洋大学，2022。

断由基本功能收入向核心功能收入及延伸功能收入扩展。还可以通过与园区主体企业实现流程重组、功能整合获取业务回报。

企业在园区内所获取的盈利除主营业务收入外，还有基于园区的平台作用获取共享资源的成本节约收入、出租过剩产能收入、进入统一品牌收入、统一运营而获得的规模化经济收入，以及因平台信息功能而带来的额外收入。[①]

对于农户而言，除在园区的市场交易获取农产品收益外，还通过网络化、集约化的运配、收储体系实现流通成本的节约，进而带来收入的溢出；同时可以享受园区政策和科技中心给予的政策收入和较低甚至免费的农业技术服务等，还可以通过生活用品采购实现较为低廉的物流费用。[②] 此外，农业合作社纳入园区运营，实现了更为快速便捷的流通服务和价格更加低廉的交易费用，这些利益最终都体现在了合作社农户收入上。

## 四 合作关系

农业园区是典型的多主体合作形式，包括政府、园区经营管理方、农业龙头企业、农业流通企业、物流企业、农业合作社、农户及各类服务组织。彼此之间的合作关系是保证园区高速发展和农业产业体系整体化、网络化发展的重要保证。我们以农业物流园区为例分别对合作方式、利益分配和激励机制进行分析。

在合作方式上，园区的业主方作为园区运营管理的主要责任人，具有对园区各个区块的经营者进行招商和日常服务管理的职责，这是一种服务的出租与租用关系，但随着园区的发展，作为园区运营方会与相应的企业实现进一步的深入合作，比如与在冷藏仓储上有技术优势和市场资源的企

---

① 吴娟：《"互联网+"背景下特色农业市场营销创新模式研究》，《黑龙江粮食》2021年第5期。

② 徐灿琳：《我国小农户融入现代农业体系研究——基于"制度-组织-行为"的视角》，博士学位论文，西南财经大学，2021。

业进行园区冷藏设施的合资与合作，并吸纳具有冷链需求的企业组成园区冷链供需链条，这时，彼此间是合作伙伴的关系；为实现园区统一品牌、统一运营，园区运营方需要与农业技术部门、农业种苗企业、产地农户、加工企业、冷链物流企业、销售企业形成品牌化的合作组织，分别负责同一品牌的一部分功能，并共享利益，共担风险，这也是一种整合者和合作者的关系。

当然，园区内的合作关系多种多样，伴随园区发展和市场需要会出现更多的产权或非产权的合作形式。在利益分配上，一般按照多劳多得的原则来进行利益分配，在合资合作关系上彼此会根据各自的出资额及投入额签订商业契约，根据契约进行利益分配；当然在运营中也会有相应的约定来保障合作组织的利益，制定相应的奖惩措施来保障多方合作者的利益最大化。

## 第三节　以农业物流园区为依托的农业产业体系协同发展的动力

### 一　市场

农业是国民经济的基础，是事关民生的基础经济体系。自改革开放以来，发展始终绕不开农业资源要素的配置和农产品的供给效率这两大问题。农业资源要素的配置问题不仅关系到基础农业生产部门内部的合理化结构问题，还关系到涉农产业的发展问题。发展农业，不仅事关单纯的农业的问题，还事关第一、第二、第三产业融合。目前，我国农产品除基础农业外，还存在大量的涉农产业，以乡镇企业为主体的农村第二、第三产业发展迅速，农业要实现高效发展，需要农业龙头企业、农产品加工企业、农产品流通企业、农业物流企业等的带动和支撑，这是农业产品市场的迫切要求，也是农业产业的要求。

而农产品供给效率问题在很长一段时间内都是困扰我国的重要问题①，农产品质量与食品安全问题、农产品标准化问题始终是牵动国计民生的问题，我国农产品在供应上的这一短板使得这一问题也不时成为社会热点，已经成为我国农业发展的瓶颈。提高农产品的质量及品质，高效高质地提供农产品是整个社会对农业的期许。

以上农业产业体系的核心农业资源要素的配置和农产品供给效率都需要一个可以联通涉农的第一、第二、第三产业的平台，通过这个平台统一农产品的品质和品牌，实现农产品品质的提升和高效率的供给。

## 二　产业

我国传统的农业发展理论模式较为关注农业自身，缺乏大系统观点，滞后于现实，不能从整体上解决农业发展的问题。农村经济迫切需要提高商品流通的组织化程度，引入现代物流方式来促进农村流通服务的现代化。农业物流是维系农业生产、农民生活和农村发展的血脉系统，建立安全方便、畅通高效、与农业产业体系相互协同的农业物流服务体系，是发展现代农业、推进社会主义新农村建设的重要基础，也是农业产业体系整体化、高效化、集成化的实践平台。它打破了农业的界限，将与农业相关的一系列功能在集群中通过产权或非产权的合作模式、资源共享、统一品牌，实现农业产业整体效益的最大化，实现小农户向大农业的迈进。

我国现行的农业经营体制是建立在农村土地家庭承包的经营基础之上的小规模经营方式，这种农业生产的小规模分户经营模式在一定的时间内确实发挥了作用。但随着农村经济的发展和改革的深入，这一农业经营和产业体系与我国现有农业发展的矛盾越来越突出。这一矛盾不仅从客观上阻断了农业产业链的有效连接，降低了农业整体效率②，还阻碍

---

① 徐晓阳：《新时代背景下农业现代市场体系的构建》，《中国集体经济》2018 年第 32 期。

② 谭智心、张照新：《提升我国农业产业体系竞争力的思考与建议》，《农村金融研究》2021年第 6 期。

了农村土地的适度规模化流转，使得农业难以建立适度规模的农业产业体系。

现代农业产业体系是集食物保障、原料供给、资源开发、经济发展、市场服务等于一体的多层次、复合型综合系统，包含了农业生产资料和农产品的采购、生产、运输、流通加工、储存、配送、分销与信息等一系列功能和涉农产业及企业，同时，还涵盖农村社会化系统的经济、文化和社区发展体系，要构建新型的农业产业体系，就是要实现这样一个多层次复合型的协同过程。

## 三 政策

党的十九大报告指出，农业农村农民问题是关系国计民生的根本性问题，提出实施乡村振兴战略，并把构建现代农业"产业体系、生产体系、经营体系"作为乡村振兴战略的主要措施之一。结合我国农村目前的实际情况和条件，协调推进"现代农业三大体系"的建设工作，同时进一步完善农业支持保护制度，发展多种形式适度规模经营，培育新型农业经营主体，健全农业社会化服务体系，实现小农户和现代农业发展有机衔接，是当前农村经济改革与发展的重要环节。在这一宏观政策的指引下，我国农业进入高速发展阶段。

2018 年中央一号文件按照党的十九大提出的战略部署，遵循"远粗近细"的原则，对实施乡村振兴战略的三个阶段目标任务做了重要布局。到 2020 年，乡村振兴取得重要进展，制度框架和政策体系基本形成；到 2035 年，乡村振兴将取得决定性进展，农业农村现代化基本实现；到 2050 年，乡村全面振兴，农业强、农村美、农民富全面实现。

正是在这一系列支撑农业健康、可持续发展的政策的指引下，农业经济不断适应新的形势和情况，针对不同的农业产业部门，从农业多功能性出发，推动建立健全农业服务组织，为农民提供生产、技术、销售服务的平台（产业园），建立健全农业产业体系（见图 7-1）。

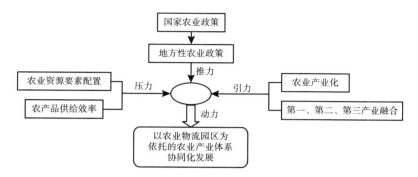

图 7-1　以农业物流园区为依托的农业产业体系协同化发展政策动力

# 第四节　以农业物流园区为依托的农业产业体系的协同发展机制

农业物流园区与农业产业体系协同发展机制包括多主体互动、资源整合、利益协调、空间协调、政策保障。

## 一　多主体互动

主体互动机制是农业物流园区与工业产业体系协同化的内生机理。从农业产业链条全景中我们会看到涉农企业的主体类型和数量众多，在产业园模式之前的初级和中级模式下，大量的主体作为市场上的独立利益主体存在，或在某些局部链条上实现联盟，所追求的无不是各自利益的最大化。那么在农业产业体系的高级模式下，农业物流园区（产业园）为这些主体提供了因地域上的集中所带来的便利性、可以实现共享的基础设施、可以通过流程重组形成的无缝产业过程以及产前产中所需的农业生产资料、农业技术等服务，还为农业产后流通提供了物流、分销、市场服务。园区所提供的这些功能和服务，使得地域接近的各主体首先实现了功能上的互动。

其最为明显的互动就是物流的双向性，一方面是网络化的收储配送系统所提供的各主体农产品的规模化，并通过分销配送系统实现高效经济的产后流程；另一方面是园区的农业生产资料、农村生活消费品等与农产品实现双向的循环的物流过程，大大提升了物流的经济性。同时，在产业上各主体之间也形成了互动的关系。各主体通过流程重组，将过去在地域上分散的产业链条在集群中实现真正的连接，各主体之间在实体和虚拟网络上实现集中，还有很多在业务上有关联的主体走上了产业融合的道路。各主体不但获得了优于从前的利益，更使得农业产业体系的整体利益得到了优化提升。可以说：协同既是互动的动因，也是互动的结果。

## 二　资源整合

从就业结构、人口结构角度来看，目前我国 60% 以上的城镇化率与我国农村户籍人口超过 55% 的比例是存在矛盾的，这也充分说明了我国在城镇化进程中社会转型慢于经济转型。同时在市场结构上，我国的产权市场、劳动力市场、土地市场、要素市场呈现出二元化特征，这也成为农村产业体系整体发展的瓶颈。

要建立起协同化的农业产业体系，就需要打破这一瓶颈，而产业园（农业物流园区）模式正是解决这一矛盾的重要手段。产业园一般处于城市边缘，与乡村距离近，在地域上是连接城乡的纽带，同时也是吸纳大量农村就业人口的经济体，将农民转化为农业产业工人，并伴随城市的逐步扩张，建立起以县城为龙头、乡镇为中心、村庄为基础的城乡融合发展格局。[①] 作为起桥梁作用的农业物流园区（产业园）通过多主体的合作，实现城乡之间产权市场、劳动力市场、土地市场、要素市场的统一，并按照合理的农业产业体系发展目标战略和市场需求进行配置、激活和有机融合，使其具有柔性、系统性和价值性[②]，成为一体化的资源整合系统。

资源整合系统从农业物流园区（产业园）层面对农业产业体系各个主体的功能优势进行重组，以实现农业产业体系效益的最大化。组织是资源整

---

① 郭碧銮：《基于资源观的闽台农业产业链整合分析》，《石家庄经济学院学报》2009 年第 6 期。

② 李腾飞等：《美国现代农业产业体系的发展趋势及其政策启示》，《世界农业》2018 年第 7 期。

合的平台，作为组织形态存在的农业产业体系的各个主体在入驻农业物流园区（产业园）之前已经进行了内部资源整合。

### 三　利益协调

利益协调机制着眼于农业产业体系各主体（即农业物流园区的入驻企业）之间复杂的博弈关系，农业物流园区（产业园）中的各主体大部分是以自身利益最大化为主要目标的涉农企业，它们进入这个集群中所追求的就是由共享、便利、融合所带来的超出单独运营的价值溢出。因此，通过重构多元主体的共同利益推动协同化运营，才是这一多元主体集群得以长期持续健康发展壮大的必经之路。

从经济学角度来看，互惠互利是双方公平交易的起点。从理性人角度而言，农业产业体系和农业物流园区（产业园）的各个主体都有各自的利益诉求，协同的起点必然来自利益相容，利益冲突则是导致协同合作失效的根源。实际上农业物流园区（产业园）中的主体如果从个体角度来看，彼此之间不管是同类型企业还是产业链上下游企业，都是具有竞争性的，作为个体发展彼此之间的利益是存在矛盾的。只有集群成员在共享、便利、融合中能获取相当于竞争中可能获得的利益，各主体才有进入集群的意愿。与此同时，集群构建的科学合理的利益协调机制，用于平衡多主体间的激励相容点，用根本、长期持续和整体利益来化解个体、局部、短期利益。

在这一利益协调机制下，各主体以长期的商业契约和对集群的归属感为基础，借助科学的资源配置或合理的经济分配方案，实现多主体利益的协调，同时，针对协同过程中可能发生的利益冲突，构建相应的冲突调停机制，保证协同的稳定性。这一利益协调正是以农业物流园区（产业园）为依托的农业产业体系协同化的利益保障机制。

### 四　空间协调

伴随城镇化进程的不断深入，我国的城乡二元结构已经在逐步改善。城乡空间协调机制一方面是对农村自然资源的完善，重点关注乡村自然生态整体性和系统性，严格保护乡村地形地貌、水体山体，严格保护库塘、沟渠等具有历史价值和仍能发挥作用的生产生活设施，发展绿色村庄建筑，推动绿色乡村建设，建成四季有景、处处是景的美丽乡村，提高乡村人居环境质量；另一方面是建立起可与城市媲美的交通、商业、供电供水、学校、医院、文化设施等全方位的配套设施。

通过统筹处理好生产、生活、生态三大空间布局，保护乡村自然生态系统，统筹布局生态保护、基本农田、城镇开发等功能空间①，科学划定各类空间管控边界，严格实行土地用途管制，减少人类活动对自然空间的占用，守住自然生态安全边界。将城市和乡村从生态、文态、业态、形态方面，打造成一座集生态、文化、产业、宜居功能于一体的现代城乡一体化空间。②构建以"城市为龙头、乡镇为中心、村庄为基础"的城乡融合发展新格局，在城乡两地深入宣传贯彻落实习近平生态文明思想，传承创新优秀农耕文明中的乡土生态文化，推广绿色消费模式和生活方式，培育新时代乡村生态文明新风。

城乡空间协调的大背景大格局不仅是以农业物流园区（产业园）为依托的农业产业体系协同化发展的基础，也是农业产业体系协同化的客体机制。

## 五　政策保障

在农业物流园区与农业产业体系协同中，不仅要有"自下而上"的来自市场、产业中为了追求更大的农业产业利益和更优的农业综合效益（产品效益、市场效益、品牌效益、生态效益）而形成的多主体的合作以及所产生的涉农集群，而且需要有"自上而下"的政府政策的支持与推动。

政策和制度保障机制在以农业物流园区（产业园）为依托的农业产

---

① 张柯：《新时代推动城乡融合高质量发展的逻辑理路及路径选择》，《农业经济》2022 年第 11 期。

② 田野等：《数字经济驱动乡村产业振兴的内在机理及实证检验——基于城乡融合发展的中介效应》，《农业经济问题》2022 年第 10 期。

业体系协同化发展中既可以起到推动和引导的作用，也可以起到调控、规范的作用，如图 7-2 所示。自改革开放以来，我国出台了一系列农业发展的政策，并根据农业经济的实际发展情况不断调整和细化相应的农业政策，各级政府也根据各地的实际情况和产业需要对国家农业政策做了落地化的处理。从四十余年的发展历程来看，农业政策对于农业发展的保障作用功不可没。

对于农业物流园区（产业园）这一新兴的发展模式和经济体，国家政策是积极推动的。目前，我国各地规划和建设的农业物流园区（产业园）较多，但对于如何有效推动农业物流园区（产业园）正常运转和持续发展，达到推动粮、经、饲统筹，农、林、牧、渔结合，种、养、加一体、延伸农业产业链、拓展农业多功能、构建农业与第二产业和第三产业交叉融合的现代产业体系的目标，还需发挥政策的适应性特长，根据各地农业产业体系及农业产业集群的不断发展变化以及执行和遵守的可行性问题，调整和完善相应的农业政策，使之形成具有可调整性和可操作性的行动指南。

在宏观层面上，要建立起以农业物流园区（产业园）为依托的农业产业体系协同化发展模式，需要国家和各级政府政策制度的规范和可操作性规则的设计，这也是国家对于新形势下推动农业发展的最重要的保障机制。

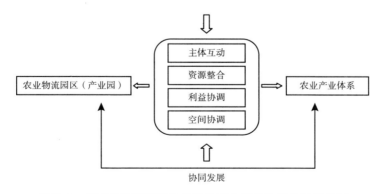

图 7-2　以农业物流园区为依托的农业产业体系协同化机制

# 第八章　依托农业物流园区的农业产业体系协同化发展的影响因素分析

我国的农业在经历了 20 世纪 80 年代前的两次停滞后，经过四十余年的恢复和发展，农业产业体系从粗具雏形转变为全方位、复合化、一体化的发展。我国农业三大支撑体系包括现代农业的生产体系、经营体系、产业体系。其中，我国现代农业产业体系旨在解决好农业资源要素的配置和农产品的供给效率。农业产业体系是由涉农产品的经营、生产、技术和服务的主体所形成的有机整体，在农业产业链上完成涉农产业的各项功能，并形成各主体间的或紧密，或松散的关联。这些关联一般存在于一定的上下游关系和商业交易中，其实质内容呈现出分散、断续、偶发性的特征，那么很自然我们需要对其的要素配置与产品供给效率功能的实现有一定的协同化的要求。

## 第一节　基于前行研究的因素选取

20 世纪初，国际上就已经开始了对现代农业产业体系的探索和研究，这一时期的学者，比如舒尔茨、梅勒等的研究内容主要是农业的内涵、地位以及农业发展的出路问题。到八九十年代，众多研究者从就业增收、收入分配方式、农业政策制度等多维度对农业产业化相关领域进行研究，并且围绕发展方式提出了多种新型农业概念，并在农业功能领域不断纳入新的内容。例如，1999 年，联合国粮农组织对农业功能的内涵进行拓展，将农业文化、农业休闲纳入其中；学者们将生产关系变革、技术创新、制度改革、工业化发展与现代农业发展联系起来，现代农业发展离不开通信、物流、育种等多学科先进技术的支持。在这一阶段，学者们根据各区域农业特点探讨提出了四种典型发展模式。学者们从生产方式和发展模式两个视角对农业产业园区进行了更进一步的研究，形成了农业科技园模式（如美国康奈尔大学农业与食品科技园）、休闲观光农业园模式（以日本、新加坡等国为代表）、示范农场模式（以以色列等国为代表）、面向青少年教育的教育实践农场模式。这一国际上的相关研究虽然没有明确现代农业产业体系的产业园模式，但已经较早地认识到农业产业发展中产业园所起的重要作用，并且在现实中进行了重要的实践。

在国内，关于现代农业产业体系的研究在 20 世纪 90 年代成为关注热点，其中主要有关于现代农业产业体系内涵的理论探索，比如刘涛[1]认为农业产业体系是实现农业产前、产中和产后协调发展的有机整体，其核心是低能耗、低污染、高科技含量、高附加值的绿色农产品，其支撑体系包括人才、信息、技术、资本等，其特征是可持续发展性、调控高效性、功能多元性、技术创新性、产业高端性、生产设施性等。有关于现代农业产业体系的实现路径的探讨，比如张克俊、张泽梅[2]提出：建设区域特色生产基地、延伸农产品加工链、完善投入体系、上下游产业紧密承接、提高社会化服务水平、提高适度规模经营水平等措施能完善产业体系；农业大省产业体系发展需要完善服务流通系统、延伸产业链、建立产业布局。还有关于现代农业产业体系发展的评价指标体系和模型研究，并且在 2015 年前后，有一批研究者立足于已有经验，探索建设了普适性指标体系，对国家现代农业示范区、国内中部地区等特定地区的农业发展模式进行了系统评价。

与此同时，有一批学者将研究视角放在国家现代农业示范区、产业园等平台载体，研究主要涉及类型分类、功能定位、发展模式、管理机制等

---

① 刘涛：《中国现代农业产业体系建设：现状、问题及对策》，《当代经济管理》2013 年第 4 期。
② 张克俊、张泽梅：《农业大省加快构建现代农业产业体系的研究》，《华中农业大学学报》（社会科学版）2015 年第 2 期。

维度。学者们重点关注农业园区的运行体系、技术体系等领域的研究。在这些研究中，有不少学者已经认识到农业产业园对于农业产业体系发展的重要作用，郑燕伟、盛世豪①结合东部沿海地区特点，分析了农业发展方式和相关产业的选择，提出培育农业产业集群、扩大产业规模等措施。海峰、高悦凯②研究了以农业综合物流园区为服务平台的农业产业链发展模式。笔者也以农业产业园的典型——农业综合物流园区（产业园）为研究对象，提出在农业产业园（涉农集群）通过流通功能和产业层面的双向互动，通过农业物流园区物流信息的收集和处理，通过组织化、平台化的服务，实现规模叠加、资源共享、机构间合作、流程协同、一体化等混合整合过程，从而达到从上游到下游、从下游到上游的整合和一体化运作，实现现代农业产业体系的网络化发展。③ 在现实的产业界，出现了大量通过打造农业产业园带动农业及农业产业体系良性发展的成功案例，如四川威远通过建立多层次的农业产业园，立足精深加工，打造现代农业产业链，采取在园区内引入或培育新型经营主体等措施来增加园区加工主体类型或数量，农产品精加工能不断延长农业产业的价值链。现代农业产业园是农业产业变革的重要趋势，能促进经济增长和组织创新，提高经营效率，降低经营成本，打破地方资源的约束性，加强企业分布的自由性，增强企业竞争力。

虽然明确将产业园作为农业产业体系的发展模式的理论研究还处于探索阶段，但也在不同程度上引起了很多学者的关注，比如一些学者在农业产业体系发展模式中的出口创汇牵引型现代农业产业体系和主导产业带动型现代农业产业体系中提到的"众多中小企业集聚而形成的庞大的农产品生产、加工与销售群体"，还有不少学者提出的将农业产业园与农业产业链有机结合起来的观点，都是对这一研究方向的探索。正是基于这样的研究基础和现

① 郑燕伟、盛世豪：《产业集群成长与经济发展阶段相关性初探——基于世界经济论坛〈全球竞争力报告〉的分析》，《商业经济与管理》2005年第9期。

② 海峰、高悦凯：《以农业综合物流园区为服务平台的农业产业链发展模式研究》，《黑龙江社会科学》2015年第5期。

③ 胡晓兰：《农业物流园区产业链双向互动发展模式研究》，博士学位论文，武汉大学，2016。

实的发展，本书将农业产业体系放在农业产业园的框架中进行研究，利用解释结构模型分析其协同化发展的影响因素。

## 第二节　因素的确定

农业产业体系是农业产前、产中和产后协调发展的有机整体，所涉要素和层次多，构成复杂，内部关联多样，并且伴随经济发展处于不断运动变化的状态。因而，其影响因素所能涵盖的内容同时涉及第一、第二、第三产业，包含农业整个经营过程中的方方面面。本研究在指标选取上主要来源于两个方面：一是与选题有关的文献，对其中的内涵、途径、影响因素的提炼与综合[①]；二是通过研究团队近年来对农业产业园（以农业物流园区为代表）和相关的农业产业、农户、农业流通企业等所进行的调研，围绕农业产业体系的实践发展经过提炼加工所得到的。

通过以上前行研究的分析不难发现，学术界对于农业产业体系发展的影响因素的研究比较少，研究多集中于内涵、路径、评价指标和模型上。通过对农业产业体系的定义进行提炼，可以了解到资本、技术、人才、信息是农业产业体系的重要支撑，对其影响作用不言而喻，笔者在博士期间的研究成果中也明确提到了农业物流及农业产业体系的影响因素既包括社会需求因素，又包括政府相关政策、企业家逐利行为、农业多功能性等。现代农业产业体系的建设会不同程度受到这些因素的影响。

农业多功能性是现代农业产业体系建设的重要外在影响因素之一，影响着现代农业产业体系的整体框架和大致内容。农业多功能性与现代农业产业体系的协调性相关。协调性是由多功能性的多维协调而确定的，并依据不同类型标准将农业功能划分为不同部分，这导致了目前现代农业产业体系建设存在区域差异，事实上现代农业产业体系的本质就是多功能农业产业体系，而多功能农业产业体系是在实现多功能农业产业化后凝聚而成的体系，实际

---

① 张军等：《我国农业发展的影响因素和策略探究》，《农业开发与装备》2020年第10期。

上，局部实现农业多功能性也是形成现代农业产业体系的表征之一，在现代农业产业体系建设中国家政策的支持力度与其引起的外部性所需的补贴力度形成了反比。

在现代农业产业体系建设过程中，政府本身、企业和消费者是支持现代农业产业体系建设的主体，而现代农业产业体系建设的内因主要由政府相关政策、各企业家的趋利行为和消费者需求因素三部分构成。企业家的趋利行为和消费者的需求因素作为现代农业产业体系的主要驱动力在促进现代农业产业体系的建设过程中起到了很大的作用。[1] 消费者的需求数量和需求结构的不断变化是现代农业产业体系建设过程中的牵引者，这两方面的变化促使现代农业产业体系建设必须实现农业服务产业、农业物质产业、农业生态产业和农业创意产业的全面融合互动及发展，而企业家的趋利行为和生产模式的变化作为现代农业产业体系建设的推动者，一方面不断促进现代农业产业体系的建设，另一方面还确立了现代农业产业体系建设的完善程度，在这两方面因素的相互运作下，现代农业产业体系的延展空间受到其影响。

在现代农业产业体系建设过程中，政府不仅是主体，还是后勤保障处，但政府的保障作用是在市场机制的调控边界基础上进行的，即在市场可能无法及时通过自身恢复正常运转的情况下，通过实行各种产业扶持政策，填补市场机制的不足，充分保障现代农业产业体系运转正常。完善农业产业方面的政策方针是现代农业产业体系建设过程中一个不可或缺的重要组成部分。

而近五年时间，通过对全国以及省内的平台（农业物流园区）、相关行业的主管部门和农业龙头企业、农户或农协等主体的发展基础、发展现状、发展方向和趋势、政策环境、产业发展动力及与之相关联的交叉性链条节点的定量和定性的描述情况的调研，不难发现，我国现代农业产业体系所涉及的影响因素主要包括由农业多功能性所带来的地区、行业的差异而形成的农业流通的多主体多层次多模式的情况，同时还有与消费者需求因素、企业家的逐利行为有直接联系的产业聚集度、农业产业园（农业物流园区）发展

---

① 熊嘉芝等：《湘西州农业发展影响因素研究》，《知识经济》2018 年第 24 期。

情况，以及农户组织化程度，而政策环境则是对农业产业体系构建与发展的重要保障，它通过实施各项产业政策，对市场机制实现补充。①

对以上因素进行内部层次化分析和聚类，可以初步确定影响产业园模式下农业产业体系发展的因素有农业流通因素、产业聚集度因素、农业产业园（农业物流园区）因素、农户组织化程度因素和政策环境因素 5 类，共 27 个具体因素。

最终再通过专家调查法确定影响产业园模式下农业产业体系协同化发展因素。由于上述影响因素较多，且抽象程度较高，需要有农业经济学方面的理论功底和专业知识，以及对农业产业体系发展的现实有一定深入认识的专业人士才能做出正确的判断，故采用专家调查法来确定产业园模式下农业产业体系协同化发展的影响因素。本研究选取了 20 名专家，其中包括农业经济的学者专家、农业经济发展部门的管理人员以及在农村从事相关农业产业实践的企业家。将各因素对产业园模式下农业产业体系协同化发展的影响程度分为影响很大、影响较大、影响一般、影响较小、没有影响 5 个等级，就 5 类 27 个影响因素设计问卷，征求 20 位专家的意见最终确定 5 个类别 20 个因素作为产业园模式下农业产业体系协同化发展的影响因素，如表 8-1 所示。

表 8-1　产业园模式下农业产业体系协同化发展影响因素

| 影响因素类型 | 具体影响因素 | 代码 | 影响因素描述 |
|---|---|---|---|
| 农业流通因素 | 农业流通基础设施状况 | A1 | 农业流通的主要工具和场所以及与流通场所的关系 |
| | 社会化农业流通服务 | A2 | 为流通提供服务的社会化服务的发展状况（低端短期或协议长期） |
| | 农产品流通主要模式 | A3 | 流通主要方式：传统农产品市场、产销联盟、农业产业园会员式 |
| | 农业流通效率 | A4 | 农产品进城和农产品下乡的效率（腐损率、价格、速度） |

① 陈楠：《都市农业综合发展水平评价及影响因素分析——以吉林省长春市为例》，《特区经济》2010 年第 10 期。

| 影响因素<br>类型 | 具体影响因素 | 代码 | 影响因素描述 |
|---|---|---|---|
| 产业聚集<br>度因素 | 地域接近程度 | B1 | 各地区农业产区与上游下游涉农企业的地域距离 |
| | 产业关联程度 | B2 | 农业产业与相关产业的前向关联和后向关联的感应度<br>与影响力 |
| | 产业合作关系 | B3 | 农业产业链中各主体之间的合作状况(信任、利益、保障) |
| | 相关产业信息平台共<br>享程度 | B4 | 社会性的农业信息平台,农业流通平台共享情况 |
| 农业<br>产业园<br>因素 | 产业园功能定位 | C1 | 当地农业产业园主要服务功能和在农业发展中的作用<br>设计 |
| | 产业园辐射吸纳能力 | C2 | 农业产业园所能辐射的地域范围和入驻政策 |
| | 产业园信息共享能力 | C3 | 园区信息平台信息涵盖范围和信息共享范围 |
| | 园区主体协同基础 | C4 | 园区中是否建立了主体协同机制以及已有成型的协同<br>主体存在 |
| 农户<br>组织化<br>程度 | 农村合作组织发展 | D1 | 农业协会、农业合作社、产销联盟的发展情况 |
| | 农村个体、民营企业<br>发展 | D2 | 农业大户、农业合作社、乡镇企业发展情况 |
| | 农户参与产销联合<br>情况 | D3 | 小规模农户参与合作社、产销联盟的情况 |
| | 农户当地治理参与度 | D4 | 农户对当地经济、政治、社会等治理体系的感应度与参<br>与度 |
| 政策环境 | 土地政策 | E1 | 国家和地方政府在园区用地、农业经营性用地的政策 |
| | 金融服务与优惠补贴 | E2 | 国家和金融机构对农民经营及对于园区、企业的金融<br>服务和优惠 |
| | 税收政策与优惠补贴 | E3 | 国家和地方政府对园区、企业、农户的税收政策和各项<br>优惠减免等 |
| | 政府补贴 | E4 | 国家和地方政府对于扶植农户、农业企业、农业园区等<br>主体的经济性补贴和其他补贴 |

# 第三节　模型构建与运算

解释结构模型是结合矩阵结构与有向图相关理论,利用实践经验与知识,对复杂系统进行分解,研究影响因素之间的直接关系或间接关系,并将影响因素分解成不同层次，形成一个多级递阶的层次结构模型。通过解释结构模型可以将产业园模式下农业产业体系协同化发展影响因素区分为深层影响因素、中层影响因素及表层影响因素，进而体现影响因素之间的层级关系，有利于厘清产业园模式下农业产业体系协同化发展影响因素之间的关系，为深入分析产业园模式下农业产业体系协同化发展影响因素关联机理以及产业园模式下农业产业体系协同化发展的作用机制提供依据。[①]

将表 8-1 中的 20 个影响产业园模式下农业产业体系协同化发展的因素的相互关系用矩阵问卷的形式征求 20 位专家（通过随机性原则选取的专家，来源与上文相同，但选择面更广）的意见。"1"表示矩阵中的行元素对相关联的列元素产生影响，"0"表示矩阵中的行元素对相关联的列元素不产生影响。综合专家意见，若有 2/3 的专家认为行元素直接影响其对应的列元素，综合结果为 1，否则为 0。据此，得到产业园模式下农业产业体系协同化发展影响因素的邻接矩阵（见图 8-1）。

|    | A1 | A2 | A3 | A4 | B1 | B2 | B3 | B4 | C1 | C2 | C3 | C4 | D1 | D2 | D3 | D4 | E1 | E2 | E3 | E4 |
|----|----|----|----|----|----|----|----|----|----|----|----|----|----|----|----|----|----|----|----|----|
| A1 | 0 | 0 | 1 | 1 | 1 | 0 | 0 | 0 | 1 | 1 | 1 | 1 | 1 | 1 | 1 | 0 | 1 | 0 | 1 | 0 |
| A2 | 0 | 0 | 0 | 1 | 0 | 1 | 0 | 1 | 1 | 1 | 0 | 1 | 1 | 1 | 1 | 0 | 1 | 0 | 0 | 0 |
| A3 | 0 | 0 | 0 | 1 | 0 | 1 | 1 | 1 | 1 | 1 | 0 | 1 | 1 | 1 | 1 | 0 | 0 | 0 | 1 | 0 |
| A4 | 0 | 0 | 1 | 0 | 1 | 0 | 0 | 0 | 0 | 0 | 0 | 1 | 0 | 0 | 0 | 0 | 0 | 0 | 0 | 0 |
| B1 | 0 | 0 | 1 | 1 | 0 | 0 | 1 | 1 | 1 | 1 | 0 | 0 | 0 | 0 | 0 | 0 | 0 | 0 | 0 | 0 |
| B2 | 0 | 0 | 0 | 0 | 0 | 0 | 1 | 0 | 1 | 1 | 1 | 1 | 0 | 0 | 0 | 0 | 0 | 0 | 0 | 0 |
| B3 | 0 | 0 | 0 | 0 | 0 | 0 | 0 | 1 | 1 | 1 | 1 | 0 | 0 | 0 | 0 | 0 | 0 | 0 | 0 | 0 |
| B4 | 0 | 0 | 0 | 0 | 0 | 0 | 1 | 0 | 1 | 1 | 0 | 1 | 0 | 0 | 0 | 0 | 0 | 0 | 0 | 0 |
| C1 | 1 | 0 | 1 | 0 | 0 | 0 | 0 | 0 | 0 | 1 | 0 | 0 | 0 | 0 | 0 | 0 | 0 | 0 | 0 | 0 |
| C2 | 0 | 0 | 0 | 0 | 0 | 0 | 0 | 0 | 1 | 0 | 1 | 1 | 1 | 1 | 0 | 0 | 0 | 0 | 0 | 0 |
| C3 | 0 | 0 | 1 | 1 | 0 | 0 | 0 | 0 | 1 | 1 | 0 | 1 | 0 | 0 | 0 | 0 | 0 | 0 | 0 | 0 |
| C4 | 0 | 0 | 0 | 1 | 0 | 0 | 0 | 0 | 1 | 1 | 0 | 0 | 0 | 0 | 0 | 0 | 0 | 0 | 0 | 0 |
| D1 | 0 | 0 | 0 | 1 | 0 | 0 | 0 | 0 | 0 | 0 | 0 | 1 | 0 | 1 | 0 | 0 | 0 | 0 | 0 | 0 |
| D2 | 0 | 0 | 0 | 0 | 0 | 0 | 0 | 0 | 0 | 0 | 0 | 1 | 0 | 0 | 1 | 0 | 0 | 0 | 0 | 0 |
| D3 | 0 | 0 | 0 | 0 | 0 | 0 | 0 | 0 | 0 | 0 | 0 | 0 | 1 | 0 | 0 | 0 | 0 | 0 | 0 | 0 |
| D4 | 0 | 0 | 0 | 0 | 0 | 0 | 0 | 1 | 1 | 1 | 1 | 1 | 1 | 0 | 1 | 0 | 0 | 1 | 1 | 1 |
| E1 | 0 | 0 | 0 | 0 | 0 | 0 | 0 | 0 | 0 | 0 | 0 | 0 | 0 | 0 | 0 | 0 | 0 | 0 | 0 | 0 |
| E2 | 1 | 0 | 0 | 0 | 0 | 0 | 0 | 0 | 0 | 0 | 0 | 0 | 0 | 1 | 1 | 0 | 0 | 0 | 0 | 0 |
| E3 | 0 | 0 | 0 | 0 | 0 | 0 | 0 | 0 | 0 | 0 | 0 | 1 | 0 | 0 | 1 | 0 | 0 | 1 | 0 | 0 |
| E4 | 1 | 0 | 0 | 0 | 0 | 0 | 0 | 0 | 0 | 0 | 1 | 1 | 0 | 0 | 1 | 0 | 0 | 1 | 1 | 0 |

**图 8-1　产业园模式下农业产业体系协同化发展影响因素邻接矩阵**

①　潘永昕、胡之睿：《农业供应链金融风险生成因素探究——基于解释结构模型》，《农村经济》2020 年第 7 期。

经过数据的统计整合得到的影响因素的可达矩阵，能够体现影响因素之间是否存在相互影响关系。可达矩阵通过邻接矩阵 $N$ 加上单位矩阵 $I$，经过一定的布尔运算［当 $(N+I)^{k-1} \neq (N+I)^{k} = (N+I)^{k+1}$ 时，即得到矩阵 $M = (N+I)^{k}$］求得。通过运算，得到产业园模式下农业产业体系协同化发展影响因素的可达矩阵，如图 8-2 所示。

|     | A1 | A2 | A3 | A4 | B1 | B2 | B3 | B4 | C1 | C2 | C3 | C4 | D1 | D2 | D3 | D4 | E1 | E2 | E3 | E4 |
|-----|----|----|----|----|----|----|----|----|----|----|----|----|----|----|----|----|----|----|----|----|
| A1  | 1  | 0  | 1  | 1  | 1  | 1  | 1  | 1  | 1  | 1  | 1  | 1  | 1  | 1  | 1  | 0  | 1  | 0  | 1  | 0  |
| A2  | 1  | 1  | 1  | 1  | 1  | 1  | 1  | 1  | 1  | 1  | 1  | 1  | 1  | 1  | 1  | 0  | 1  | 0  | 1  | 0  |
| A3  | 1  | 0  | 1  | 1  | 1  | 1  | 1  | 1  | 1  | 1  | 1  | 1  | 1  | 1  | 1  | 0  | 1  | 0  | 1  | 0  |
| A4  | 1  | 0  | 1  | 1  | 1  | 1  | 1  | 1  | 1  | 1  | 1  | 1  | 1  | 1  | 1  | 0  | 1  | 0  | 1  | 0  |
| B1  | 1  | 0  | 1  | 1  | 1  | 1  | 1  | 1  | 1  | 1  | 1  | 1  | 1  | 1  | 1  | 0  | 1  | 0  | 1  | 0  |
| B2  | 1  | 0  | 1  | 1  | 1  | 1  | 1  | 1  | 1  | 1  | 1  | 1  | 1  | 1  | 1  | 0  | 1  | 0  | 1  | 0  |
| B3  | 1  | 0  | 1  | 1  | 1  | 1  | 1  | 1  | 1  | 1  | 1  | 1  | 1  | 1  | 1  | 0  | 1  | 0  | 1  | 0  |
| B4  | 1  | 0  | 1  | 1  | 1  | 1  | 1  | 1  | 1  | 1  | 1  | 1  | 1  | 1  | 1  | 0  | 1  | 0  | 1  | 0  |
| C1  | 1  | 0  | 1  | 1  | 1  | 1  | 1  | 1  | 1  | 1  | 1  | 1  | 1  | 1  | 1  | 0  | 1  | 0  | 1  | 0  |
| C2  | 1  | 0  | 1  | 1  | 1  | 1  | 1  | 1  | 1  | 1  | 1  | 1  | 1  | 1  | 1  | 0  | 1  | 0  | 0  | 0  |
| C3  | 1  | 0  | 1  | 1  | 1  | 1  | 1  | 1  | 1  | 1  | 1  | 1  | 1  | 1  | 1  | 0  | 1  | 0  | 1  | 0  |
| C4  | 1  | 0  | 1  | 1  | 1  | 1  | 1  | 1  | 1  | 1  | 1  | 1  | 1  | 1  | 1  | 0  | 1  | 0  | 0  | 0  |
| D1  | 1  | 0  | 1  | 1  | 1  | 1  | 1  | 1  | 1  | 1  | 1  | 1  | 1  | 1  | 1  | 0  | 1  | 0  | 0  | 0  |
| D2  | 1  | 0  | 1  | 1  | 1  | 1  | 1  | 1  | 1  | 1  | 1  | 1  | 1  | 1  | 1  | 0  | 1  | 0  | 0  | 0  |
| D3  | 1  | 0  | 1  | 1  | 1  | 1  | 1  | 1  | 1  | 1  | 1  | 1  | 1  | 1  | 1  | 0  | 1  | 0  | 1  | 0  |
| D4  | 1  | 0  | 1  | 1  | 1  | 1  | 1  | 1  | 1  | 1  | 1  | 1  | 1  | 1  | 1  | 1  | 1  | 0  | 1  | 0  |
| E1  | 1  | 0  | 1  | 1  | 1  | 1  | 1  | 1  | 1  | 1  | 1  | 1  | 1  | 1  | 1  | 0  | 1  | 0  | 1  | 0  |
| E2  | 1  | 0  | 1  | 1  | 1  | 1  | 1  | 1  | 1  | 1  | 1  | 1  | 1  | 1  | 1  | 1  | 1  | 1  | 1  | 0  |
| E3  | 1  | 0  | 1  | 1  | 1  | 1  | 1  | 1  | 1  | 1  | 1  | 1  | 1  | 1  | 1  | 0  | 1  | 0  | 1  | 0  |
| E4  | 1  | 0  | 1  | 1  | 1  | 1  | 1  | 1  | 1  | 1  | 1  | 1  | 1  | 1  | 1  | 0  | 1  | 0  | 1  | 1  |

图 8-2　产业园模式下农业产业体系协同化发展影响因素可达矩阵

在可达矩阵中，$A1$、$A3$、$A4$ 和 $B1$、$B2$、$B3$、$B4$、$C1$、$C2$、$C3$、$C4$、$D1$、$D2$、$D3$、$E1$、$E3$ 的行与列的值完全相等，可用 $A1$ 代替，得到简化的可达矩阵，如图 8-3 所示。

|     | A1 | A2 | D4 | E2 | E4 |
|-----|----|----|----|----|----|
| A1  | 1  | 0  | 0  | 0  | 0  |
| A2  | 1  | 1  | 0  | 0  | 0  |
| D4  | 1  | 0  | 1  | 0  | 0  |
| E2  | 1  | 0  | 1  | 1  | 0  |
| E4  | 1  | 0  | 0  | 0  | 1  |

图 8-3　产业园模式下农业产业体系协同化
发展影响因素简化可达矩阵

从因素 $si$ 出发可以到达的所有因素集合，即 $si$ 所在行为 1 的因素为各个因素的可达集 $R(si)$，所有到达因素 $sj$ 的因素，即 $sj$ 所在列为 1 的因素为先行集 $A(sj)$，然后通过 $R(si) \cap A(sj)$ 求出底层因素集合，即满足 $A(sj)=R(si) \cap A(sj)$ 的因素集合；满足 $R(si)=R(si) \cap A(sj)$ 为最高一级因素集合，并将其从可达矩阵中划去相应的行和列，再从剩下的可达矩阵中寻找新的最高级要素集合。根据产业园模式下农业产业体系协同化发展影响因素简化可达矩阵，进行第一层级结构的划分，得到相应的可达集与先行集，如表 8-2 所示。

**表 8-2　第一级划分的可达集与先行集**

|  | $R(si)$ | $A(sj)$ | $R(si) \cap A(sj)$ |
|---|---|---|---|
| $A1$ | $A1$ | $A1$、$A2$、$D4$、$E2$、$E4$ | $A1$ |
| $A2$ | $A1$、$A2$ | $A2$ | $A2$ |
| $D4$ | $A1$、$D4$ | $D4$、$E2$ | $D4$ |
| $E2$ | $A1$、$D4$、$E2$ | $E2$ | $E2$ |
| $E4$ | $A1$、$E4$ | $E4$ | $E4$ |

由表 8-2 可以确定，最高一级因素为 $A1$。

从简化可达矩阵中去掉 $A1$ 对应的行与列，进行第二级划分，得到图 8-4。

$$\begin{bmatrix} & A2 & D4 & E2 & E4 \\ A2 & 1 & 0 & 0 & 0 \\ D4 & 0 & 1 & 0 & 0 \\ E2 & 0 & 1 & 1 & 0 \\ E4 & 0 & 0 & 0 & 1 \end{bmatrix}$$

**图 8-4　第二级可达矩阵**

简化第二级可达矩阵，然后得到第二级划分的可达集与先行集（见表 8-3）。

表 8-3　第二级划分的可达集与先行集

| | $R(sj)$ | $A(sj)$ | $R(sj) \cap A(sj)$ |
|---|---|---|---|
| $A2$ | $A2$ | $A2$ | $A2$ |
| $D4$ | $D4$ | $D4$、$E2$ | $D4$ |
| $E2$ | $D4$、$E2$ | $E2$ | $E2$ |
| $E4$ | $E4$ | $E4$ | $E4$ |

由此可以确定第二级要素 $A2$、$D4$、$E4$，底层因素为 $E2$。

最后，将简化后的可达矩阵划分重排，得到重排可达矩阵，如图 8-5 所示。

$$\begin{bmatrix} & A1 & A2 & D4 & E2 & E4 \\ A1 & 0 & 0 & 0 & 0 & 0 \\ A2 & 1 & 0 & 0 & 0 & 0 \\ D4 & 1 & 0 & 0 & 0 & 0 \\ E4 & 1 & 0 & 0 & 0 & 0 \\ E2 & 1 & 0 & 1 & 0 & 0 \end{bmatrix}$$

图 8-5　产业园模式下农业产业体系协同化发展
影响因素重排后的可达矩阵

去掉因素自身的影响关系和传递关系，并将因素还原，可构建如图 8-6 所示的产业园模式下农业产业体系协同化发展影响因素解释结构模型。

## 第四节　农业产业体系协同化发展影响因素层级分析

由图 8-6 影响因素的解释结构模型可以将影响因素划分为表层因素、中层因素和深层因素三个层次。

### 一　表层因素

作为影响产业园模式下农业产业体系协同化发展最高一级的因素，它们会对农业产业体系的协同化产生较为直接的影响。这里所涉及的因素较多，

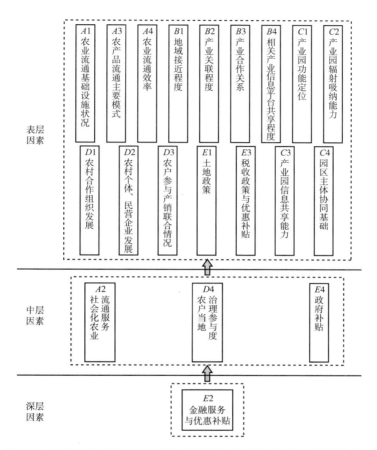

**图 8-6　产业园模式下农业产业体系协同化发展影响因素解释结构模型**

既有农业流通基础设施状况、农产品流通主要模式及农业流通效率，又有集聚所涉及的地域接近程度、产业关联程度、相关产业信息平台共享程度，也包括能为产业体系协同提供载体的产业园功能定位、产业园辐射吸纳能力和现有的园区主体协同基础，还包括在协同中灵活性较强起到基层组织作用的农村合作组织、个体农户企业、集体企业及已形成的产业联合体等因素，当然还包括对产业园规划、建设、运营有很强影响作用的土地政策和税收政策。

　　我们在前文中已经对涉农产业园基于农业流通效率的提升所带来的涉农

企业营收的贡献做了详细分析，从中我们也可以清晰地认知到产业园在集聚涉农产业的基础上，既实现了农产品的集中运输带来物流效率的提升，还通过园区市场的作用成为农产品的集散平台，提高了大宗采购和农产品大规模一体化供应的能力，并且在吸纳农户规模达到一定的程度后向下延伸，整合零散的农业物流基础设施，对农业产区进行农产品和农村生活用品及生产资料的规模化网络化流通，进一步降低园区企业成本，提高农户收入，应该说，这些因素是产业园建立的功能性原因，也是农业产业体系协同化发展的基础。

而作为农业产业体系协同化载体的产业园，其对自身的规划目标和动因有清晰的认识，从而形成园区的主要功能和定位，并考虑服务对象的区位因素，合理选取符合功能定位的园区位置，并根据当地农业发展状况及相关涉农企业、龙头企业对标合理的农产品市场化、品牌化、集约化的发展模式，来服务辐射范围内的涉农产业，并积极建立协同范式，成为吸纳农户和企业的重要引力源。同时，作为协同重要场所的园区必然会与灵活性较强的基层组织如农村合作组织、个体农户企业、集体企业及已形成的产业联合体产生关联，结合已有的协同基础和园区所提供的更为长期的、有效的协同机制与物质条件，形成更大范围内更高层次的合作。而且，在流通效率提升的基础上，进一步在产业层面上促成再造、重组和融合，打破企业界限，建立合理的利益分配机制，利用园区的信息平台服务更多的农户，形成产业层面的协同。

我们在调研中发现，这样的产业园的规划大部分是由政府牵头的，委托合资公司（农业龙头企业和有优势的物流企业、投资企业建立的合资企业）进行建设和运营，政府进行监管。土地政策和税收政策对产业园规划、建设、运营有很强的影响作用，一般在规划初期当地政府就会给予产业园一定优惠的土地政策，并在投资初期给予税收的支持，为产业园的顺利规划建设提供了有利条件，也增强了对企业的吸纳能力，因此这些因素为以产业园为依托的农业产业体系的协同化发展提供了重要的政策保障。

## 二　中层因素

作为影响产业园模式下农业产业体系协同化发展的中层因素，它们会对农业产业体系的协同化产生较为直接的影响。这里所涉及的因素包括社会化农业流通服务、农户当地治理参与度以及政府补贴。

农业社会化服务体系是为农业生产提供社会化服务的一整套组织和方法的总称。它是一种社会化的农业经济组织形式，它可以使我国大量存在的经营规模相对较小的农业生产单位适应市场经济的要求，克服自身规模小的缺点，利用各种社会力量获得规模经济效益。它包括物资供应、生产服务、技术服务、信息服务、金融服务、保险服务以及农产品的运输、加工、仓储、销售等方面。虽然改革开放四十多年来我国农业社会化服务已经有了高速的发展，基本形成了多元化、社会化的农业社会化服务体系，但在供需上仍然存在较大矛盾，分散型个体经营的农户在社会化服务上基本处于短期、零散的市场行为状态，没有形成长期的持续的服务与被服务关系，尤其是在流通方面。这就导致农业成本高、农业产业体系协同度较低，因此产业园有必要对农业社会化服务进行有效整合，并与农户对接，基于产业园形成有效性和长期性的服务关系，进一步促进产业园模式下农业产业体系协同化发展。

农户当地治理主要包括村民自治、民主管理、民主评议、民主决策，虽然从表面上看这种影响并不明显，但这一参与程度会为园区发展带来新鲜血液。应该说，农户是农业生产的主体，产业园除了吸纳大量涉农企业外，还需要吸纳农户进入产业园，让农户作为生产主体参与到农业产业体系中，进而形成更高层次的农业生产体系。政府补贴则是在园区进入运营后，国家和当地政府为了带动园区发展和促进农业发展为园区企业和农户会员进行的经济型补偿，这一因素对于园区吸纳更多成员，提高吸纳能力作用明显。

## 三　深层因素

这里的深层因素是金融服务与优惠补贴，这一因素之所以作为深层原因与农业产业园投资建设运营的特点有关，农业作为基础产业，发展虽然迅速，但在经济带动性上的作用较慢，即投资农业或者说投资农业产业园是一个见效慢、回报慢的长期过程，正因为如此，在建设运营中金融机构的支持和优惠补贴为园区发挥作用提供了更长的时间和更大的发展空间，这也是吸引农业企业入驻和投资产业园的重要因素。

通过对以上各个层次影响因素的分析，既可以对产业园模式下农业产业体系协同化发展有关联关系的因素有清晰的认知，也可以认识到各影响因素是如何对产业园模式下农业产业体系协同化发展产生正向或负向的作用，还能从中捕捉到产业园模式下农业产业体系协同化发展的主要特点和必须经历的过程，这对于产业园模式下农业产业体系协同化发展具有重要意义。

# 第九章　依托农业物流园区的农业产业体系协同化发展功能层面的实现

伴随着国民经济的快速发展和我国乡村振兴战略的进一步推进，2021年中央一号文件将推进乡村产业振兴作为乡村振兴战略的首要任务。而在发展现实中，农村经济的发展承受着结构失衡问题的困扰，其中就包括农业产业体系发展不协调的问题，如何建设农业与涉农工商业联动机制、促进农业与涉农工商业的协同发展对全面实现乡村振兴战略具有重要意义。[①]

通过上文分析不难得到这样的结论，农业产业体系作为农业经济发展的重要基础，所涵盖的各类农业和涉农主体在农业物流园区（集群）的基础上经历初期的集聚、竞争、浅层次合作、少量规模化，不断向更高层次的合作与互动发展，而伴随着一系列的扩张与可见效益的溢出，越来越多的农业产业主体被吸纳进入集群，从而为农业产业体系更大范围、更高规模、更深层次的协同带来了可行性和可行"地"。综合来看，这种协同主要发生于两个层面。首先，在功能层面上，农业物流园区内的经营性主体不断增加，这些主体间的合作也进一步加强，因而在农业流通上可以实现更大规模的集聚，主要表现为基于物流体系的多主体物流合作。同时，在发展过程中，农业物流园区（集群）中的主体已经超出了农业产业的范畴，除了经营性涉农主体外，如合作组织、龙头企业、其他民间主体，还引入了政府、农业科

---

①　钟钰、蓝海涛：《我国工农业互动现状、协同问题及政策研究》，《农业经济问题》2008年第9期。

研单位、农资企业、农村消费品企业、金融机构等，这样的集聚进一步提升了农业物流园区（集群）的服务功能和能力，为农业产业体系协同发展提供了全面的解决方案。[①] 其次，在产业层面上，物流的集聚带来了产业的集聚，伴随协同的实现，过去分割的、片段化的农业产业链条被整合与打通，企业边界、产业边界进一步虚化，整个物流园区则不断进行着战略、组织的优化，各主体企业进入更高的发展阶段——产业链互动阶段，各主体彼此间通过产业渗透、产业交叉、产业重组等方式实现产业融合与升级。本章我们将探讨依托农业物流园区的农业产业体系协同化发展功能层面的实现。

## 第一节　物流协同的物质基础

完全意义上的农业物流园区具有综合性、服务性特点，兼具物流、市场交易、流通加工、农业服务、信息收集和处理等功能，而物流作为整个园区整体基础物质运作的功能负荷环节，将担负起这些功能所匹配的所有物资的吞吐，现在先对物流园区的所有物流对象做一个分类汇总。[②]

农产品：按用于市场交易的、用于配货中转的、用于流通加工的进行分类。

农业生产资料：包括种子、农药、肥料、饲料、种畜禽、牧草种子、食用菌菌种、兽药、农机及零配件、水产苗种、渔药、渔机渔具等。

农村消费品的种类比较多，基本包括农民衣、食两大类。根据以上所列举的农业物流园区的物流对象，进行以下分析。

### 一　物资的集散分析

农业物流园区进出物资的集散特点与园区的地域关系紧密，一般农业物流园区处在城市的郊区，与农村地区距离比较近，有利于农村分散性的物资

---

① 田文楠等：《现代农业产业技术体系服务乡村振兴战略的实践与思考——以安徽省农业科学院为例》，《农业科技管理》2022 年第 3 期。
② 李江涛：《乡村振兴下的农产品物流运作模式》，《当代县域经济》2022 年第 9 期。

流动。农产品进出园区具有分散中有集中，集中里有分散的特征。[①] 具体来说，用于市场交易的农产品是以分散形式进入园区的，在农业合作社和品牌化较好的乡村也可以实现较为集中的入园规模，特别是当这些农业合作社和相关企业已经成为园区入驻企业时。市场交易的农产品在流出园区时也会有一大部分以分散形式实现流通，比如说遍布城市的社区农产品市场就是农产品流通的重要"毛细血管"。

除此之外，还有一部分农产品将以集中形式转运到关联的批发市场，或者直接进入园区内的流通加工；用于配货集运的农产品基本上以集中形式入园，当然，其规模一般有限，会直接以站台对站台的形式快进快出，实现满载的集中式流出。而用于流通加工的农产品一部分来自园区市场交易中的农产品，另一部分是以集中形式流入的，至于流出则基本是以集中形式流动到大型超市和批发市场的。而农资与农村生活消费品在流入阶段都是以集中形式为主，但在流出上基本是以分散形式为主，其中包括有一部分针对农村末端销售网点的小规模集中流动。[②] 根据物资进出园区的集散特点，可以得到以下矩阵（见图 9-1）。

因而，对于农业物流园区的大部分物资来说，是以集中形式进出园区的，而且随着入驻企业的增多和园区运作层次和网络化的提升，这个比例会越来越大，这也使得园区双向物流模式进入快速发展阶段。

|  | 集中 | 分散 |
|---|---|---|
| 流入 | 农业合作社和品牌化发展较好地区用于市场交易的农产品<br>用于配货集运的农产品<br>用于流通加工的农产品<br>农业生产资料<br>农村生活消费品 | 大部分用于市场交易的农产品 |
| 流出 | 一部分用于市场交易的农产品（关联批发市场）<br>用于配货集运的农产品<br>用于流通加工的农产品（大型超市和批发市场） | 大部分用于市场交易的农产品（针对农贸市场）<br>农业生产资料<br>农村生活消费品 |

**图 9-1　农业物流园区物资吞吐矩阵**

---

① 张春燕：《山西省果蔬农产品物流模式优化研究》，《中国商论》2021 年第 12 期。
② 王剑：《生鲜农产品物流模式优化研究》，《物流工程与管理》2020 年第 12 期。

## 二 物资流动的方向性

农业物流园区流动的物资主要是农产品、农业生产资料、农村生活消费品。农产品的产地是广大农村，而它的消费地主要集中于城市，它的流动方向是由农村流向城市。而农业生产资料的生产地则主要分布在以城市为中心的各个生产基地（也就是大城市的远城区或中小城市），它的消费地是广大的农业地区，它的流动方向是从城市到农村。农村生活消费品的产地也主要分布于以城市为中心的各个生产基地（也就是大城市的远城区或中小城市），消费地是农村，农村生活消费品的流动方向是从城市到农村。

因此从总体上来看，农业物流园区物资的物流流向主要是两种——从农村到城市的农产品物流以及从城市到农村的农业生产资料和农村生活消费品物流，这种在方向上的互补性使得农业物流园区的双向物流具备了现实的可行性。

## 三 物资的流通成本分析

根据流向的不同，对由农村到城市的各类农产品和由城市向农村流动的农业生产资料、农村生活消费品分别进行流通成本的分析。农产品是关系国计民生和社会稳定的重要基础，也是农村经济发展的主要物质载体。[①] 农产品流通包括生产、收购、运输、储存、装卸、搬运、包装、配送、流通、加工、分销、信息等一系列功能的实现。通过前文中对农产品物流的分析可知，我国目前农产品的流通尚处于多种模式共存的状态，且传统模式在城镇居民农产品消费中占据主导地位，还存在较大供需维稳的风险。从构成上看，其成本除了显见的市场管理费、摊位费用、中间商利润外，还包括这一过程中各物流环节的费用以及农产品腐损带来的成本。[②] 而物流园区所具备

① 张学会等：《中国农产品物流研究动态、热点与趋势——基于 CiteSpace 知识图谱可视化分析》，《供应链管理》2022 年第 6 期。

② Huang, S., Gale, F., "China's Rising Fruit and Vegetable Exports Challenge U. S. Industries", *Electronic Outlook Report from the Economic Research Service*, *LI. S. Department of Agriculture*, *Washington*, *DC*, 2006.

的强大市场功能可以有效集中辐射区内的农产品，并通过园区内的物流功能实现农产品物流的规模化，并通过物流网络和信息实现农产品供需的有效调节。而且，基于农业物流园区的自身吸纳能力、加工功能，以及大宗供应、电子商务等可以实现农产品市场费用和物流费用的经济性，有效降低农产品的腐损率，实现更低成本的农产品流通[①]，并通过统一的农产品质量管理体系的建立，进一步提高农产品的流通效率。

而由城市向农村流动的农业生产资料、农村生活消费品，属于多头对单头的流通模式，目前农村对于农业生产资料和农村生活消费品的需求满足，一部分由供应商直接下乡设点，一部分由各级分销商分销，还有一部分处于农民自由采购的状态，这种流通形式既增加了流通中的市场成本和中间商成本，还会因为信息不对称增加市场交易成本和交易风险，从而带来成本高、质量差等结果。正是基于此原因，建立统一的流通载体、创新体制、减少中间环节，形成多渠道、多途径的流通格局对于这类物质的流通尤为重要。而物流园区可以通过吸纳供应商入驻的方法帮助农民实现一站式的需求满足，也可以通过园区对辐射区的网络覆盖和农户的园区会员制管理机制实现农业生产的过程管理和维护。[②] 对于供应商集中式的物资入园可以有效地节省物流成本，同时也压缩了中间环节，节省了流通成本。

## 第二节　物流协同的实现

农业物流园区农业产业体系协同的功能层面就是指物流功能上的协同。要实现农业物流园区物流协同模式必须依靠相应的农业物流园区运作流程，基于农业物流园区的综合性和业务的复杂性，我们将按不同的功能进行相应的分析。

---

① World Economic Forum, "Outlook on the Logistics & Supply Chain Industry 2012", *Global Agenda Council on Logistics & Supply Chain 2011-2012*, 2012.

② Bovel, D., Martha, J., "From Supply Chain to Value Net", *Journal of Business*, 2000, 21 (4): 219-221.

## 一　农业物流园区双向物流配送

我国农村生产和农村末端物流的分散性制约了农业双向物流的发展。[①]
要解决这一问题，农业物流园区要具备以下三个方面的基础性服务功能。

### （一）分散农户会员化

我国农业生产主要是以分散化为特征的，农业物流园区的地域优势
（城市边缘，接近农村），以及它所具备的大型市场服务功能，必然会吸引
大批的散户农民和活跃于农村地域的农村合作组织，基于市场功能将园区辐
射区域内的散户农民和农村合作组织全部纳入园区会员化管理体系中[②]，以
简单实用的会员化信息操作平台将所有的辐射区农户组织起来，既可以即时
了解农户生产状况和服务需求，也可以将对农产品的需求及时发布给产品生
产者。

### （二）乡村物流节点化

要解决末端物流的分散化，还需要将农村地区真正纳入农业物流园区的
网络中来，这就需要采取各种形式实现物流末端节点的建设。目前，为解决
农业物流问题，在农村地区建设节点已经成为政府物流发展规划的一项重要
内容，而农村合作社也在积极参与这项工作，虽然它的落实和全面推进还需
要时间，但这些节点完全可以善加利用；农村现有的乡村日用消费品零售网
点也可以通过相应的政策和服务配套发展为农业物流园区终端节点；同时，
还可以利用农业大户作为农业物流园区的依托节点，进行相应的培训和补
贴，行使节点功能。通过这一终端节点，实现信息的上传下达和分散物资的
集聚。

### （三）物流设备园区化

在广大农村地区长期存在着大量为邻接农户提供各种物流服务的农

---

①　胡云涛等：《基于双向流通的西南地区特色农产品物流模式构建研究——以"盐源苹果"
为例》，《农村经济》2014 年第 11 期。

②　杨艳：《广东省欠发达地区农业经营主体营收结构分析》，《中国农业资源与区划》2016 年
第 9 期。

村个体户，也有一部分农村合作组织具备相应的农业物流服务设备，这些物流工具总量较大，而且在地域接近性和黏合力上具有明显的优势，可以说是园区整合农户农产品的"毛细血管"。但过去这些物流设施与农户的合作方式属于松散式的合作，缺乏整体协作性，园区通过整合这些分散的物流服务能力，一方面将这些物流服务能力整合进园区现有的双向物流配送网络中，进行长期合作，减少园区固定资产的投资，另一方面可以利用园区的信息功能为这些物流服务提供者提供货源信息，增强其与园区的协同性。

具备以上服务功能后，乡村物流节点作为农业物流园区的信息化平台的节点平台，可以储存少量的农业生产资料和农村日用品（并实现流通），同时在网上和实际运作中（针对不具备网上操作能力的农户）统一向农业物流园区订购农需品，由农业物流园区服务平台进行订单的统一处理和后续工作。与此同时，乡村物流节点可随时了解农产品的生产状况，并适时提供农业生产技术服务，同时将相关信息反馈到物流园区。在农产品收获阶段，可以由园区统一实现收购，农户亦可与园区农需企业通过信息平台，以园区散户会员身份与其达成交易，或者与其他非会员企业达成交易，也可以在园区信息平台上发布农产品信息，当交易达成后，园区物流中心则通过信息平台将各级订单汇总，适时安排运输车辆，将节点所需农业生产资料和农村消费品运至节点，同时将已达成交易需要运输的农产品装车后运往园区，按订单要求进行分拣、加工，再配送到相应的超市、酒店和农贸市场及其他农需企业或运输节点（针对远程干线）。

在这一过程中，园区的物流信息平台不仅保障了农产品、农业生产资料和消费品在流通过程中的实时监控，同时还可以将超市、酒店、农贸市场和其他农需企业农产品的需求状况信息、城市消费需求变化的信息及时反馈到乡村物流节点，以便于指导农户种植和生产；乡村物流节点也可将农户的需求信息通过园区信息平台共享给农业生产资料供应商，解决生产和消费需求信息不顺畅的问题，如图9-2所示。

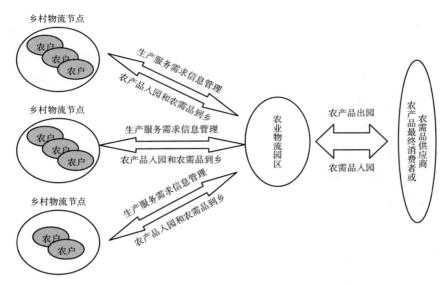

**图 9-2　农业物流园区双向物流配送**

## 二　农业物流园区物流协同的库存

农业物流园区作为集市场、配送、仓储、流通加工、信息功能为一体的农业流通服务平台，实际上是可以作为所有成员企业的联合库存中心存在的。无论作为园区成员的是超市、酒店、农产品加工企业、农业企业，还是农业生产资料企业和农村消费品企业，在生产经营中都必须保有大量的库存，而根据联合库存的思路，物流园区既可以为这些企业提供各项物流服务，同时还可作为这些成员企业的"地区分销中心库"，各企业只需要少量库存，大量库存则由农业物流园区来实现。① 首先，农业物流园区的农产品市场是实现大量库存的基础，当需求波动时这些在销或待销的农产品是成员企业实现销售的基础保障；其次，农业物流园区内的库存农产品和流通加工中的农产品在流通过程中可以为成员企业需求波动时实现短期库存缓冲，有

---

　　①　卢静：《生鲜农产品的库存控制及动态定价研究》，博士学位论文，天津大学，2019。

效减少因需求波动带来的销售机会的损失；最后，建立于完善信息平台和乡村物流节点基础上的农产品体系是园区成员企业最强大的后备库存保障，只要出现需求波动，各节点就可通过信息平台和配送体系实现快速的农产品供应。而作为工业品的农业生产资料和农村消费品，农业物流园区亦是辐射区的重要"联合库存中心"，如图9-3所示，其可以减少区域内各园区成员农业生产资料和农村消费品流通企业的库存成本。

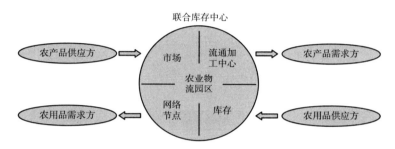

**图9-3 农业物流园区双向物流联合库存**

综合来看，农业物流园区作为联合库存中心的优势主要基于以下几点：

（1）本身就是农产品、农业生产资料和农村消费品的流通市场；

（2）既管理需方也管理供方库存，甚至可以说是一定区域内农业全产业链的库存管理者；

（3）强大而完善的信息功能；

（4）节点网络化。

综上，农业物流园区的联合库存中心既是农业产业体系上下游的库存核心，又是一个具有多层级的灵活库存系统，它起码有三个层级的库存。第一层级也是基础层库存，基于园区辐射区内农户对园区的融合度，比如有农户自产的产品，也会有园区主导的统一品牌的农产品，基于彼此的会员化合作方式，农地上的农业产品（农林牧副渔产品）可以作为园区的潜在库存，当市场出现某种产品的供需矛盾时，园区既可以通过尽快增加供应来弥补供不应求，也可以将供过于求的产品延长收取周期或向关联地域的物流园区进行输送；第二层级是乡村节点的基层物流点的少量库存，可以进行灵活调配，以缓和供需矛盾；第三层级是园区内的库存，一方面可以通过冷藏库进行农产品的储备以应对供需矛盾，另一方面还可以利用流通加工的功能对农产品进行初加工或精加工，延长其保质期，降低腐损率。

## 三　农业物流园区物流协同的流通加工

流通加工是农业物流园区中最具有活力的功能，也是农业产业体系中提升农产品价值链的重要手段。它既可以根据市场需求对农产品进行流通加工、初加工甚至深加工，提高农产品附加值，也可以在农业物流园区运作中起到平衡供需矛盾的作用，如图9-4所示。

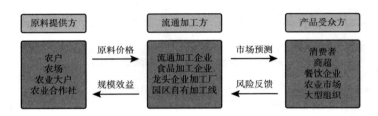

**图9-4　农业物流园区流通加工中的协同**

我们根据流通加工的过程来探讨其中所涉主体的价值协同关系。

首先，农业流通加工的对象是农产品，而农产品的来源包括普通分散生产的农户、农业大户、农业合作社、农场，这些来源不一的初级农产品集中到流通加工中心进行加工，而流通加工功能的实现企业包括园区内龙头企业的加工厂、流通加工企业、食品加工企业、园区自有加工线，进行包装、初加工、深加工；其次，到达最终消费者、商超和餐饮企业、农业市场中，或为大型组织提供食材。在这一功能线上，存在三种价值体现：一是原料价格；二是加工成本；三是供应价格。

原料价格与其生产成本相关，同时通过园区的市场功能实现其价值；而作为加工企业按照市场价格购入并进行加工，根据市场需求进行不同程度的加工，不同的加工方式带来不同的加工成本价格，也即实现了不同的附加值，最后消费者各自以其认可的价格购入。[①]

在这一价值转变的过程中，每一个相关主体都牵涉其中。通过园区内的市场和内部功能以及连接的受众，每个主体会根据自身所具备的价格、加工工艺和客户特征进行决策，以便于最大限度地实现产品价值。同时，基于园区的综合规模效益，各主体均获得较独立流通加工更低的成本、更高的收益。而且，对于整个功能流程的实现，不管是原料提供到流通加工方，还是从流通加工方到产品受众，都是多头对多头的关系，彼此间互有交叉，既实现了成本的节约，也实现了良性的有效竞争。

综合来看，农业物流园区作为流通加工中心的优势如下：

（1）本身具备原材料供应能力；

（2）下连各类农产品受众，可以为流通加工提供市场预测和反馈；

（3）能够根据市场需求情况确定加工量和加工方式，以规避市场供需风险。

## 第三节　农业产业体系保障服务功能的实现

正如前面所提到的，物流园区内的主体已经超出了农业产业的范畴，除了经营性涉农主体外，还引入了政府、农业科研单位、金融机构等，这些机构组织属于农业产业的服务组织，在现实中对农业产业体系起到了整合作用，以上主要功能协同形成农业产业体系生态圈层，如图9-5所示。

1. 政务服务

政府部门能起到区域性的农业政务中心的作用，是三农服务的前沿，它主要集中办理本级政府权限范围内的行政许可、行政给付、行政确认、行政征收以及其他服务项目，是综合性农业农村管理服务机构，是农业物流园区吸纳能力的强有力推手，也将成为全面推动城镇化进程的重要窗口。

---

① 潘世凌：《电子商务环境下农产品物流成本核算与控制分析——以苍溪猕猴桃交易中心为例》，硕士学位论文，西南交通大学，2018。

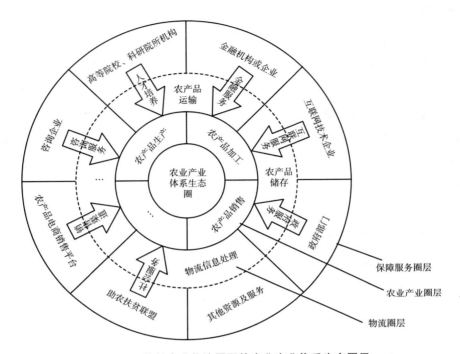

**图 9-5　依托农业物流园区的农业产业体系生态圈层**

2. 金融服务

除了为经营性主体提供日常金融服务外，金融机构还是金融扶贫的窗口。农业物流园区是信息对称政策的实施方和农业产业链及供应链金融的协同方。金融机构在物流园区信息和实体运作基础上对金融扶贫对象提供不同层次和范围的金融服务及资信管理，农户既是物流园区流通服务的使用者，也是其金融扶贫服务的使用者，同时政府利用农业物流园区流通功能的信息平台对减贫效果和金融扶贫情况进行监测，并伴随农业物流园区及金融扶贫工作的深入，实现以上功能的动态化运作。

3. 农业技术服务

园区内的农业技术组织可以承担起乡镇农业服务中心职责，也是其职责落地性的保证。它不但可以负责涉农法规的宣传、贯彻、执行，还能在第一线进行各项农业新技术的推广应用，并对辖区内粮食、蔬菜、水果等作物病、虫、草、鼠害进行预测、预报，并组织防治工作，同时进行田间技术指导。还可在园区和园区企业配合下进行农业新技术的引进及新品种的引种实验、示范、推广、培训和宣传工作，为园区农产品良种良育和统一的品牌化运作提供服务。

同时园区还会提供电子商务、人力资源培训、农业咨询等多方位的服务，以此对农业产业体系进行有效的补充。

# 第十章　依托农业物流园区的农业产业体系协同化发展产业层面的实现

当农业产业体系以农业物流园区为依托的物质基础得以实现，也就意味着产业体系中各主体的经济利益通道已经打通，当然这一通道主要是以物流的规模化效益给予的各主体利益为主要驱动力，这一通道的打通已经为下一步农业产业体系产业层面的协同打下了基础。这时，农业物流园区已经不仅仅是作为物流和保障平台的单一角色存在，它还在产业体系各主体间的不断利益共享中逐步向产业交互、利益交互的阶段发展，从而角色也将逐步过渡到组织依托，农业产业体系逐步按照自组织、产业化、集群化的形式由多边主体利益向整合利益转化，在相应的产业协同的政策机制的推动下，形成功能、资源、流程的整合与协同，最终带来农业产业体系的产业协同，这一协同在现实发展中会以多种形式存在，包括双向互动、产业渗透、产业交叉、产业重组。

## 第一节　工农业互动

从本质上来看，工农业互动是按照现代化大生产的要求，将农业和与其相关的工商业企业或部门通过组织、技术、流程等实现经济上的联系，形成高度协作的相互依赖、相互促进的有机结合体的过程，是一种复杂的社会经济过程，并伴随着双方关系的深入演进。这种工农业的互动也经常被解释为工农业协调或者协同，它强调整体性、综合性和内在性的统一，通过对两者之间出现的不协调进行持续性的矫正来实现。

## 一　工农业互动的现状

在过去相当一段时间里，我国采取的是农业支持工业的经济发展模式。近几十年来，工商业的繁荣也推动了农业现代化的发展。目前，随着农业补贴力度的不断加大、农民工待遇的提升和工业用地补偿的提高，我国的经济呈现出工业反哺农业的特征。[①] 追求的是整体提高、全局优化、共同发展。但是在现实的工农业互动中，伴随农业产业链的逐步形成，农业和相关的工商业之间联系不断加强，基于农业"产-加-销"的链条农业和工商业企业间交互与合作不断增强，在农业产业链的很多环节上进行整合与协作。但是，这种工农业的互动仅仅局限于少数产业链条上，功能比较单一、互动深度有限，整体性的工农业互动尚未形成，互动中农业多数还是处于被动的状态，并没有根本改变工农业的关系。并且，这种互动在中西部和东部地区呈现不均衡状态，也影响了农业产业体系的全局性发展。正是基于这样的原因，我国工农业互动还需要在更高程度上、更宽领域内进行拓宽和深入。

## 二　工农业互动的基础

工农业要实现有效互动，协同发展，还要具备一定的基础。

### （一）一体化的市场

工农业要实现互动，实现要素市场和产品市场的一体化是先决条件，只有消除城乡市场壁垒，实现了一体化的工商业和农业市场，双方才能在统一的市场基础上实现更公平的交易关系，产业链才不会出现城乡间的中断，也就意味着工农业互动不会因为市场的分离而导致互动减弱或中断。[②]

---

① 方湖柳：《新中国60年：一个村域（泰西）工农业互动发展的典型案例》，《现代经济探讨》2009年第5期。

② 薛艳杰：《从乡村农业到都市农业——上海农业的发展与演变》，上海社会科学院出版社，2011。

## （二）趋同化的产业结构和产业布局

不同地区的农业因其区域和历史因素各有特色，伴随农业经济的发展，农业产业链中企业间的相互关系和互动状态也有差异性，基于这种产业结构的差异性，各个区域要据此进行相应的产业布局，并在农业产业体系不断发展的基础上不断优化产业布局，不断协调工农业之间的矛盾，使工商业和农业的互动建立在完善的农业产业链基础上。

## （三）同步化的基础设施

基础设施既包括农业产业链中的生产要素，还包括农业流通的要素，即农业市场和农业物流的基础设施设备以及其组织依托和平台保障，这些要素归属于农业产业链中的工商业和农业主体，只有实现基础设施的同步和协调化，才能实现工农业在功能、服务、流程和运作上的同步对接、合作与协同发展。

## （四）一致化的制度机制

经济运行除要基于一定的物质保障外，制度架构、管理机制等软性指标也是其重要的基础条件，工商业和农业作为不同的生产部门，除在市场、结构、基础要素上的协调，在彼此交互中必然形成双方共同认同和遵循的机制，彼此之间通过知识溢出也会在管理和机制上实现融合，形成一致的制度机制，并伴随双方的互动不断发展。

## 三　农业物流园区工农业互动的实现

农业产业体系中的工农业互动在农业物流园区这个组织依托和平台保障的基础上拥有更高的合作机会与合作频率。

## （一）功能流程上的互动

所有互动的基础都源于功能上的互动，主要包括运输配送、仓储、流通加工这三大功能。各相关企业在这三大功能上的流量叠加和重组从而形成流量的规模化、路线的统一化以及物流流出和流入的网络化，在这一过程中基于各个产业的流程特点，彼此之间为达到更高效的运作，对功能的步骤、顺序和环节节点进行让步与磨合，得到既可以兼顾各企业流程特色，又保证了整体利益的重组流程。

（二）资金上的互动

农户分散的经营状态使得其资金规模微小，而且国有商业银行根据自身发展需要减少分支机构，使得农村金融机构也在不断缩减，因此农户生产和流通难以支撑较大的公共资源和设施的建设与使用，直接导致了农业生产流通的分散与低效。[①] 基于这一现状，农业物流园区首先将金融服务机构纳入其范围，不仅提供常规性的资金服务，还基于农户在物流园区内进行流通的农产品数量和质量提供贷款，为农户提供更多的资金支持。

另外，农业物流企业和农产品加工销售企业在资金上的优势地位也可以在物流园区内得以发挥，首先是这些企业为需要密集资金支撑规模化的农业发展提供更多的资金支持，如在农业物流园区基础上通过合资和融资的方式建设统一的冷链节点或加工中心等相关设施设备，为链条上的"产—供—销"服务。其次是这些企业因其在在库、在加工、在销售的农产品的规模较大，能够通过仓单质押等方式实现更大规模的资金支持，获得企业的短期流动资金支持，进一步提升其资金优势。

（三）技术上的互动

各种农业科技研究机构和服务机构是农业产业链上不可或缺的组织，也是农业物流园区的重要成员企业，这些机构都会在物流园区内设立分支机构，同时利用信息平台和园区深入产地的农业流通网络为农业生产提供良种、新品种开发推广、产中技术指导等多种农业科技服务；通过与园区内农合组织以及农业流通企业的合作，提供品牌化农业，从种子、肥料到流通加工和销售实现更高附加值的农业产业链[②]；另外，实力较强的农产品加工企业还可以通过对农产品深加工的技术研究，促进农产品的转化增值；同时，通过农业物流园区内的相关技术机构，推动农业科技进步，提高农业综合生产能力，实现

---

① 蒋永穆、陈维操：《基于产业融合视角的现代农业产业体系机制构建研究》，《学习与探索》2019 年第 8 期。

② 程瑶：《互联网经济体系影响下我国农业产业融合发展研究》，《农业经济》2022 年第 9 期。

农业循环经济；农业物流园区还可以通过多企业合作和更大区域的网络化运营实现工农业科技研究与应用互动推广扩散体系，推动先进工业生产、管理技术与高素质人才转移到农业领域。农业物流园区工农业技术互动过程如图 10-1 所示。

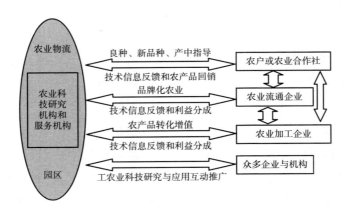

图 10-1　农业物流园区工农业技术互动

（四）组织机制上的互动

农业物流园区在多模式协同的运营思路下，不同模式的核心企业和相关企业会通过不断协作、协调而实现在管理组织和机制上的交叉与融合，实现多模式协同的一体化机制。[①] 伴随多模式互动的农产品流通体系的逐步建立，各模式的相关企业为了进一步减少流通环节、提高效能，有必要在农业物流园区的管理机构基础上针对某一产业链、供应链或者某一特色优势化的服务设置专门的组织管理和机制，来实现更专业化的发展，而这一组织和机制正是融合各产业或企业的竞争优势，实现多方共赢的互动结果。另外，还包括人才培养的互动，即建立相应的人才培养和使用机制，彼此间共同进行人才的培养和使用。

---

[①]　熊肖雷、张慧芳：《产业融合视角下城乡绿色农业产业链协同发展的对策研究——以贵州省为例》，《经济研究导刊》2021 年第 13 期。

# 第二节　产业融合

产业融合是指伴随信息技术的飞速发展，原有的产业分工的产业边界逐渐模糊和消融，并发展成新的产业形态。这一产业创新最先出现于服务业，然后向制造业和农业渗透扩展。我们这里所讨论的产业融合亦是指基于农业产业链上不同产业部门的合作与协同，各相关产业边界逐渐模糊，功能不断整合，协同度不断深入，形态不断演进的结果，它也是最具活力的价值源泉和动力。

## 一　产业融合的行业分析

通过研究团体对山东和湖北等地农业物流园区（涉农集群）的走访调研，对初创和发展中的农业物流园区的深入剖析，对各农业物流园区的产业融合所涉行业进行统计和提炼，得到以下融合行业汇总表，如表 10-1 所示，涉及行业达到 20 个，其中相关联但属于间接融合的行业有 8 个。

表 10-1　农业物流园区的产业融合所涉行业

| 行业 | 融合形态 | 行业 | 融合形态 |
|---|---|---|---|
| 农林牧副渔产品和服务 | 直接融合 | 废品废料 | 直接融合 |
| 食品和烟草 | 直接融合 | 机械和设备维修服务 | 直接融合 |
| 木材加工和家具 | 间接融合 | 批发和零售 | 直接融合 |
| 交通运输设备 | 直接融合 | 交通运输 | 直接融合 |
| 电器机械和器材 | 直接融合 | 仓储邮政 | 直接融合 |
| 通信设备、计算机和其他电子设备 | 间接融合 | 信息传输和信息技术服务 | 间接融合 |
| 仪表仪器及检测检疫 | 直接融合 | 租赁和商务服务 | 直接融合 |
| 公共管理、社会保障、社会服务 | 间接融合 | 卫生与社会工作 | 间接融合 |
| 电子商务 | 直接融合 | 文化传媒 | 间接融合 |
| 科学研究和技术服务 | 间接融合 | 教育 | 间接融合 |

这里，我们将可以与园区主营业务发生业务联系的行业视为直接融合行业，而将虽与主营业务无业务关联，但是却对产品源头、销售渠道、附加值提升等具有支撑作用，或是对涉农服务具有服务保障功能的都视为间接融合。

## 二　产业融合的基础

农业物流园区内企业为实现农业产业链的整体性效率，实现农业物流的高效运作，将农业产业链上的各相关行业的企业汇集于此，并利用信息技术将这些企业联合起来，同时通过企业间相互协同的方式达到流通及物流的规模化、网络化[①]，在企业的互动过程中，产业融合不可避免地发生着。在农业物流园区中产业融合主要源于以下四个方面。

（一）农业产业发展的内在要求

在农业物流园区中，所涉及的农业产业链上的相关企业数量越来越多，彼此之间的关系越来越复杂，边界也逐渐模糊。各个产业彼此之间交互作用，不断减少环节、整合功能、优化流程、提升效率，农业产业结构不断趋于优化，而产业融合正是产业结构调整的重要途径。

（二）技术发展的推动

农业物流园区拥有功能强大、设计精密的信息技术和信息平台，并且伴随着园区内企业关系的不断协作协调，这些企业的关系被信息技术和平台组织起来，形成一个基于信息技术和平台的虚拟企业。同时，企业间的合作带来技术的溢出效应，农业产业链相关企业不断学习，实现技术融合，并不断进行技术改进和技术创新，进一步推动了产业的融合。

（三）农业产业链相关企业的发展要求

作为园区企业，彼此存在着密切的竞争与合作关系，在竞合思路下不同的产业（企业）、同一产业的企业或部门不断寻求产品的交互、平台的

---

① 熊肖雷、张慧芳：《产业融合视角下城乡绿色农业产业链协同发展的对策研究——以贵州省为例》，《经济研究导刊》2021 年第 13 期。

交互，使得更多的资源能在更大的空间内进行合理配置和使用，这正是产业融合的动力之一。同时，产业融合还可以提升园区企业的经营规模和范围，特别是对于拥有剩余资源（淡旺季带来的）的企业，跨产业的经营能带来更多的效益，同时也可以通过这种方式来应对外界环境的变化和挑战。

### （四）市场的要求

伴随市场容量的不断扩大，以及人们对高品质农产品和精加工农产品需求的提升，作为农业物流园区的成员企业为适应这种飞速变化的市场需求状况，必须寻求更优化的产品和服务，就必然需要通过产业间的合作与协同实现这一目标。同时，技术创新改变了市场需求，也给市场带来新的需求，这就为产业融合创造了新的空间。

### 三 产业融合的效应

在农业物流园区的这一组织依托和平台保障基础上，被农业产业链联系起来的各产业包括农户、农合组织、农业生产资料生产者和销售商、农业消费品生产者和销售商、农业物流企业、农技组织、金融机构、农产品加工企业、农业企业等，这些企业通过平台和组织的作用不断互动和融合，这种融合也随之带来农业产业链的进一步优化。

### （一）促进创新

产业融合有别于产业升级和产业结构优化，是一种突破传统范式的创新形式，使得新的技术、新的服务模式和新的农业物流模式不断发展，开拓出更多的市场，通过农业物流园区的运营不断优化原有的技术和模式，同时也通过农业物流园区这一网络化的物流平台和信息平台实现创新的不断扩张。

### （二）拓展产业链

农业产业链上各相关产业的融合其实就是价值链的各个环节的竞争，通过产业融合，原本分散的、单纯竞争的价值链实现了融合，或者说部分上实现了融合，这对于原有产业链来说是一种延伸和拓展，且具有更高的附加值和利润空间。① 另外，基于农业物流园区的产业融合还催生了一大批农业物流的复合人才，是对产业发展的重要拉动力量。因此，目前有一些物流园区还吸纳了人才培养的机制，把这一职能作为物流园区的一项服务职能进行发展。

（三）催生合作

产业融合催生了多种多样的企业合作形态，比如说在农业物流模式中发展较好的供应链模式，其实质上就是基于产业融合发展而产生的一种新的企业合作方式，而随着产业融合的不断推进，原有的产品、服务及合作模式都会有更新的发展。

（四）推动一体化

基于农业供应链的物流园区发展就是为了实现农业物流一体化的发展和区域经济一体化，而产业融合通过企业间的网络化发展实现产业和区域的联系，促进区域间资源的合理流动和配置，还可以拓展农业物流园区作为区域农业产业链核心的多极化和扩散效应，实现农业经济一体化或者区域经济一体化。

## 四　产业融合的实现和具体形态

这里我们围绕农业物流园区的资产和产品的提供两个方面进行探讨。一方面，农业物流园区内企业的资产主要包括由园区或园区企业所拥有或使用的能给园区或企业带来效益的所有的有形和无形的资源。而资产的一个重要指标是其通用性和专用性的区分，农业物流园区之所以得以建立和运营，一个重要的基础是资产的通用性，农业产业链上的各相关产业的企业通过共享农业物流网络、信息技术和信息平台、流通加工基地、仓储设备、运输工具和运输路线、先进的技术等资产，企业业务的产业边界逐渐弱化，实现产业融合。而且，现代化的农业物流资产柔性化发展也提升了资产的通用性，进一步催生了产业融合。另一方面，农业物流园区对外提供的实物产品主要是

---

① 于雪薇等：《参与三产融合对现代农业产业园农户增收效应研究——基于倾向得分匹配法的估计》，《农业与技术》2021 年第 17 期。

农产品，而农产品的流通目前主要以一种多模式协同的形式进行，这些模式产生和发展虽有早有晚，但在发展过程中针对不同的销售渠道，具有一定的稳定性，市场的集中度较高，主要是由大型批发市场、基层农贸市场和大型连锁超市把控，市场上除少量农产品外，大部分农产品差别化程度较低，这就为经营主体的产业融合提供了基础。[①] 而且，即使产品的差异化范围不断扩大，但农业物流园区所提供的农业物流服务也有趋同化的特征，而且通过农业物流园区的整合与协作，各农业物流主体基于相同的组织依托与平台，为实现规模化和整体化提供差异性较小的物流服务，因而更易于实现产业融合。

以上提出了农业物流园区双向互动的两种形式，工农业互动和产业融合，在以物流园区为组织依托和平台保障的农业产业链中，农业物流园区实际上扮演了一种农业产业体系协同化的组织者和引导者的角色。这两种实现形式不是唯一的，并且这两种形式在现实中是相互交叉的，二者边界模糊且存在重合。

我们可以把产业渗透、产业交叉和产业重组理解为产业融合的具体形态，那么在农业物流园区这个独特载体之上，所表现出的产业融合的具体形式则呈现出细节化、多角度的特点。对于农业物流园区中成体系的各主体企业（即农业产业体系），立足于自身所处的行业，积极与园区中的其他相关行业产生更高层次的关联，由过去简单的松散型合作逐步过渡为较为长期的紧密型合作。在物流园区中这种产业渗透的例子非常多，比如湖北宜昌三峡物流园在运营中由园区牵头，由入驻园区的龙头企业与农产品下游销售企业合作，与对方企业建立各种农产品的储备中心，如与双汇、肉联合资建设肉类储备、加工和运输中心，与湖北省内大型超级市场合资建立农产品储存、运输和加工中心，形成超市特供区。还可以与本区域农产品企业合作，为其量身定制所需的各种农产品储备和运输方案，并共同投资建设运营。

---

① 陈静等：《基于典型案例的我国农业产业链构建模式研究》，《农村经济》2011 年第 8 期。

## 第三节　依托农业物流园区的农业产业协同体系多级系统的构建

前面我们是将视线瞄准农业物流园区自身来分析其在发展过程中通过产业融合来促进农业产业体系的协同，那么很显然一个单独的园区对区域甚至全国的带动作用是有限的，我们需要跳出单体园区的限制，寻求一种可以适用于区域性甚至全国性的依托园区促成农业产业体系协同的宏观思路。

### 一　农业产业协同区域化体系的构建

农业物流园区是以农业物流为基础功能，集合农业产业链上下多模式、多活动、多功能和多资源的综合平台，其间存在着复杂的信息流、物流和资金流的交互作用，存在着竞争、协同的关系。为谋求整个平台系统利益的最大化，在各功能板块系统间，各功能板块系统内部各环节之间，以物流园区为平台和组织依托的共存与交互的多种农业物流模式间需要有统一的计划、调度及控制机制。[①] 如何处理好这一复杂问题，必须从多个层面来着手。

（一）以农业物流园区为依托的农业产业体系协同的必要特质

1. 兼容并包的多主体机制

以农业产业链为线，园区集成和整合链条上所有涉及的农业经济主体，实现分散的农业生产和农用品消费的规模化，实现农产品流通的网络化，实现各主体在实体和虚拟网络上的集中化。

2. 统一的业务运作平台

各种资源服从园区总体利益的要求，对各主体资源按统一的物流方案、物流管理规范、物流流程及操作规程、质量标准等，保障农业物流各环节的

---

① 安科林、郑菲菲：《产业融合对安溪现代农业产业园的影响研究》，《安徽农学通报》2021年第21期。

有效衔接，实现农产品物流资源的有效利用和服务质量上的最佳组合。

3. 合理的利益分配机制

利益机制是园区多模式协同运作的纽带，通过利益的制衡、分配与补偿，平衡各主体的责权利关系，组合最优物流方案，获取"1+1＞2"的信息、技术和政策等优势。

（二）以农业物流园区为依托的农业产业体系区域化协同的物质支撑

为保障物流园区多模式协同的整体利益的实现，农业物流园区还具备以下物质基础。

1. 多主体地域的集中性

利用物流功能和集成作用改变各主体以往分散和各自为政的状态，使其在实体运作上更接近，通过信息平台的作用实现各自在管理上的协作与协同，进一步提升规模，增强效率。

2. 以园区为核心的物流网络

通过园区自建物流网络与各模式的节点网络的有机整合，以园区为基础平台，实现农业物流的双向运作，实现多模式的整体效益最优化。

3. 功能强大的信息平台

园区平台和各主体平台的兼容与整合，实现功能和容量更大的信息发布平台和信息管理平台，综合运用多种物流管理信息系统，实现整合、协同的园区功能。

4. 多级别和标准的细分

园区成员在规模、发展程度、服务特色等方面千差万别，要实现有机整合和协同，必然要通过多级别的成员制来进行区别化集成，通过各自对物流服务的价格和标准的差异性实现多级会员化管理，将责权利的统一落到实处。

（三）农业物流园区区域化产销平衡体系的构建

产销平衡体系是基于农业物流园区的农业产业体系区域化协同的显效体系。农业产销平衡问题可以通过这一协同的达成最终成为现实。

首先，物流园区的服务功能板块除包括农业品市场和流通物流服务板块

（仓储中心、运输配送中心、加工中心）、农业服务板块（农业技术研发与推广中心、农产品标准化指导中心、农业金融服务中心、农业社会化服务中心）、园区管理板块外，还包括信息化服务板块，这一板块是所有板块实现高效协同的基础，也是物流园区作为节点和平台的必备要素，主要包括各业务运作系统和对外信息交互系统、节点网络化信息系统，产业链各主体都在农业物流园区这一平台基础上实现信息多边互动，使得地区性的农业产业体系相互关联，从而形成区域化的农业产业体系，以此大大降低农业信息不对称的问题。[①]

其次，农业物流园区基于物流资源在空间上的接近性，服务资源的集成化，将农业产业链上的农产品和农业物资根据其流量和流向的互补性进行协同与整合，形成农产品和农业物资的规模化和网络化运作，实现物流功能上的双向互动；基于功能的双向互动，农业链上的关联企业为进一步减少环节和壁垒，企业与企业之间会自觉形成空间集聚，同时随着功能双向互动的深入，企业会在流程上进行双向（多向）兼容的重组，还会在这种重组的基础上利用企业合作、合资、并购等方式实现农业产业融合，这种双向互动和融合存在于农业生产、加工和销售全过程中，并且借助园区中的农业龙头企业和连锁企业的带动作用，从而进一步消弭区域化的产销差异。

最后，全省或全国性农业产业体系的协同的成形将实现农产品标准化体系的建立，产品质量标准、包装标准、流通标准的全面建立，推动实现全国或全省范围内农产品的灵活调拨，减少农产品残损，提高农产品物流效率，实现产销的及时对接。

## 二 依托农业物流园区的农业产业体系的多级运作系统的构建

### （一）园区建设模式的协同

纵观我国近三十年来物流园区的开发模式，有由地方政府进行规划并组

---

[①] 宋山梅、向俊峰：《乡村振兴视野下我国现代农业产业体系的构建研究》，《农业经济》2019年第9期。

建开发机构进行招商引资建设的经济开发区模式，也有由大型的行业性领先企业主导的园区开发经营模式，并在市场经济的作用下，带动和引导相关企业入驻，从而实现产业集聚，同时还有商业地产模式，将物流园区作为地产项目，给予一定的土地、税收和配套上的优惠政策，由地产商进行物流园区基础设施设备的投资与建设，然后以租赁、转让、合资合作的方式聚集相关企业经营。就目前物流园区发展现状来看，政府对物流园区的规划引导作用较为显著，特别是在某些经济发展的薄弱地区或行业中，政府的带动作用显得尤为重要。另外，园区的发展需要各类相关企业的入驻从而形成产业的集聚，这也是物流园区得以持续发展的必经之路，这个时候，行业领先企业、大规模企业以及龙头企业的率先入驻与经营就显得尤为重要，同时为了追求园区更强的集聚和吸纳能力，在园区开发上配套相关的市政、商网、商住功能，往往会在园区开发上辅以一定量的商住地产开发，为园区后续发展提供相应的客流与商流，因而大部分物流园区的开发建设与运营呈现出复合型的特点。

对于农业物流园区而言，这种复合模式的特点就更为必然和理所当然，如图 10-2 所示，小农经济向农业产业化发展过程中涌现出了多种多样的农业新的经营模式和产业模式，但这些新的经营与产业模式的主体处于一种小而散的状态，这种状态虽颇具灵活性，但在竞争力和发展效能上尚处于较低状态中，使之在农业产业化发展中的作用未能有更大规模和更深层次的发挥，其生命力容易受市场波动或其他社会因素的影响。建立起一种聚集小而散的经营主体，化分散作用为协同作用力，既有政府规划引导带来的地域辐射力和各种优惠政策，又有农业龙头企业保证产业链的产销能力，同时有地产商给予的配套和客流商流的促进，农业物流园区的新的建设和发展格局应运而生。

（二）依托农业物流园区的农业产业体系协同的多级系统

基于前文中的两个层面的协同，在农业物流园区互动协同的基础上，农业物流的多种模式利用农业物流园区这个平台与组织依托，将原本就相互交叉、相互作用的多模式集中于地域上相互接近的物流设施设备上，既实现了

图 10-2　多种开发模式下的农业物流园区

规模化，提高了效率和效益，减少了物流环节，简化了物流流程，也有利于实现农业物流的标准化发展。[①] 而且，过去多模式各自为政的状态下不可避免的分散化和非良性竞争状况也得以有效规避，实现了共赢，同时，通过多级别和物流标准的细分也保证了多模式的相应特色和彼此的互补性，实现了共赢基础上的良性竞争。

　　针对我们前面的分析结论，目前，农业物流的发展必然是以一种多模式协同的方式进行，协同既是互动的动因，也是互动的结果。那么多模式协同和双向互动在农业物流园区发展到产业互动阶段后，是怎样展开的，园区内部各模式之间以及双向交互关系发挥作用的层面和范围又有哪些变化，会带来农业物流园区怎样的发展变化呢？

　　农业物流园区实际上是一种农业产业集群，建立在集群内企业协作和互动基础上的双向互动和同时存在的企业通过多种农业物流模式相互联系和互动是农业物流园区双向互动产业层面的核心，要实现这种高效的双向互动，将各产业环节连成一体，不能仅仅局限于小的区域内的发展，而是应该将农业物流园区作为各级和各区域农业产业链和农业物流发展的一种常规性的基础配套设施和制度机制，采用基于辐射地域范围的多级物流园区（或产业集群）机制，实现大区域甚至全国性的多级农业物流园区体系，并在此基

---

　　[①]　万俊毅等：《乡村振兴与现代农业产业发展的理论与实践探索——"乡村振兴与现代农业产业体系构建"学术研讨会综述》，《中国农村经济》2018 年第 3 期。

础上实现整体化全局化的"协同互动+多模式运作"。

1. 构建地市级或地区级农业产业集群

在农业区建立地市一级的基层物流园区，并由其建立基层（深入产地）物流网络，连接地市区域内的各农业物流企业、农业企业和其他相关企业和节点，作为整个农业物流园区体系的基础，这些物流园区根据各地区的农业产业特色独立发展，自负盈亏的同时又服从整体物流园区体系的安排，共享信息平台、物流网络和国家在政策上的优惠与补贴。对于地市一级农业经济不足以满足一个物流园区体量要求的，则需要在更大区域内建立物流园区，以此来辐射多个地市的农业产业，同样行使基层农业物流园区的职责，如图 10-3 所示。

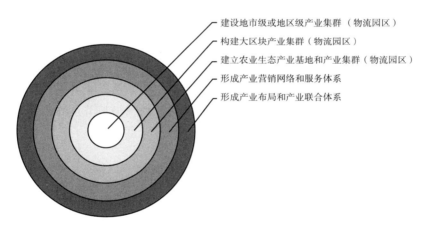

建设地市级或地区级产业集群（物流园区）
构建大区块产业集群（物流园区）
建立农业生态产业基地和产业集群（物流园区）
形成产业营销网络和服务体系
形成产业布局和产业联合体系

图 10-3　依托农业物流园区的农业产业体系协同多级系统

2. 形成大区块产业集群

在建立基层物流园区的基础上，根据全国性的农业区划的特点和发展状况的差异性，建立更高一级的农业物流园区，用来辐射相应的基层物流园区的辐射范围，作为更高级别的节点存在，除了可以整合所辐射的基层农业物流园区的节点和网络，还可以承担起干线化物流运作，更可以将基层物流园区的农业物流整合起来，实现更经济的运作。大区块的农业物流园区可以作为节点中心沟通全国农业物流，形成更大范围内的农业产业链的互动与协同。

3. 建立农业生态产业基地和产业集群

在以上两级物流园区的建立过程中，基于体系的规模优势将处于整体分散、局部整合（地市级园区中）状态的农业技术指导、良种培育、生物农资等服务功能进行整合，并建立相应的推广模式，根据各地市和大区农业生产的特点和要求进行推广，建设兼顾地方特色和产业要求，同时又符合全国性区域性的产业布局要求，实现规模化和整体化的农业产业基地，并通过两级农业物流园区为其提供全方位的引导和服务，实现产地—精深加工—交易—冷链的全产业链运作体系。

4. 形成产业营销网络和服务体系

在产地、加工、交易和冷链的运作体系的基础上，结合二级农业物流园区的整体分散、局部整合（各物流园区）的营销网络和服务网络，将电子商务、大宗配送、超市专供、出口外销、批发网络等业务整合起来，形成符合宏观经济资源配置和消除城乡壁垒、中观上匹配区域产业要求和多模式协同的整体利益，微观上能有效共享农业物流园区的网络与节点的产业营销网络和服务体系。

5. 形成产业布局和产业联合体系

从全国视角来整合农业产业链，将各级农业产业基地和产业集群的布局、产业营销与服务体系以及产品终端体系与我国的整体产业布局匹配起来，建立第一、第二和第三产业的灵活有度、空间自由、优化合理的有机联系，形成以农业物流园区为协同平台的大农业为基础的产业联合体系，实现全社会范围的产业优化。

（三）依托农业物流园区产业体系的协同运作体系的多级网络的建设

在以上层级体系的形成中，在区域内甚至全国范围我们可以建立起多级网络体系。农业物流园区的构建和发展不能仅仅是一地或一个的存在，而应该是连成线、组成网、形成体系，由乡（县）到市，再到地区和省，乃至更大地域范围的农业产业链的集成，同时更应以"毛细血管"的形式渗透到村（镇）。网络构成包括三级主体网络和次级渗透网络（村）。

协同产业的农业物流园区网络的构建基本遵循的路径可概括为"匹配—互动—融合","匹配"是指某一地的农业经济总量、农业生产特点、农业产业链上游要素及其中下游要素的水平与规模要与承载其协同产业链功能的相应等级的农业物流集群（园区）的规模和服务能力相匹配，并留有纵深发展的相应空间。这里就必须在充分调研和计量分析的基础上构建出双标准体系：一个标准是对某一地区农业规模的标准指标体系的建立与细化；另一个标准是对相对应的承载功能的农业物流集群（园区）的销售、储存、运输、包装、流通加工、市场调查与预测、采购及订单处理、配送等功能和能力的标准指标体系。双标准体系的提出、细化与指标值的完善，使所辐射农业区域与为其提供服务的多级节点更好地匹配，这正是构建协同产业链的农业物流园区网络的重要基础。

一部分重要区域的一级和二级节点可以通过新建方式，由政府引导，由大型的农业龙头企业主导，再由商业地产投资企业参与建设；或者，由过去已具备一定规模的农业市场进行功能的完善和升级改组形式构建；三级园区因为要下连渗透级网络（村），上连市省一级甚至国家级园区，且数量较多，需要有较好的下连能力和转运调拨能力，尽量采用县（乡）域或市域已有的成熟农业市场升级改组进行构建。根据不同的双标准体系，也需要对各级网络进行动态化的发展建设，给其留下一定的升级发展空间。

以多级网络化的思维将农业产业建立在集食物保障、原料供给、资源开发、经济发展、市场服务等于一体的多层次、复合型综合系统——农业物流集群（园区）之上，用农业物流集群（园区）涵盖农业生产资料和农产品的采购、生产、运输、流通加工、储存、配送、分销与信息等一系列功能和涉农产业及企业，同时，还涵盖农村社会化系统的经济、文化和社区发展体系，从而构建新型的农业产业体系，并实现这样一个多层次复合型的协同过程。

当然这一构建过程必然是一个长期的过程，所采用的建设模式也是灵活多样的，各主体在其中的角色作用也是各不相同的。

# 第十一章 助推农业产业体系协同化发展的农业物流园区的组织形式与主体关系

作为一种空间载体，农业物流园区对农业产业体系协同化发展的助推作用不言而喻，这种作用的实现既是源于农业产业化发展的需要，也是涉农组织集聚带来更高营收的必然结果，同时还基于集群思路下涉农产业功能和产业上的协同。而且，这种结合也与作为空间载体本身的创新性发展密不可分。

## 第一节 农业物流园区的组织形式

### 一 双角度下的组织形式内涵

我国农业的传统组织形式以小农经济为主，其他涉农组织形式包括个体经济形式、集体经济形式和公司形式，但彼此之间的关系是松散的暂时性的关联。[①] 农业物流园区之所以能作为农业产业体系协同化发展的基础，其主要原因就在于我们所定位的这一基础平台本身就是打破原有农业的产业界限和规模的束缚，并产生的一种全新的组织形式，这一组织形式与原有的农业

---

① 张晓宁、惠宁：《新中国 60 年农业组织形式变迁研究》，《经济纵横》2010 年第 3 期。

生产及涉农产业在规模、边界、内涵上差异性大，但在现实中因为彼此之间在农业产业链或农业产业体系中的关联性，能实现彼此之间的兼容与整合，从而成为一种全新的农业经济组织形式。

从物流角度来看，物流园区是物流集群的空间载体，物流活动集中的物流集群作为全球化供应链的重要节点，在全球涌现，刺激相关的物流密集地区经济的多元化。[①] 同时，也成为中国物流业发展的重要载体。"协同"是物流组织形成集群的本质内涵，能带来更高物流运作水平，增加物流创新活动。因此，物流集群作为一个具有自组织特征的系统，是物流服务提供商（Logistics Service Provider，LSP）之间协同发展的物流景观。[②] 这种竞争性的协调合作决定了物流集群持续发展的程度。Virgüez、Liliana[③] 指出，作为一种物流产业的发展形式，物流集群通过物流企业之间有形资产（运输和仓储设施）和无形资产（知识和信息）的协同，来实现风险分摊，得到运作优势，从而成为区域经济发展的动力源。

结合两个角度的农业物流集群组织形式的内涵，农业物流集群是处于涉农产业（包括涉农物流产业）和涉农企业（包括涉农物流企业）之间的一种组织形态，其核心活动是供应链上供需企业之间的纵向整合和价值链上同一阶段企业之间的横向协同。农业物流集群（农业物流园区）就是一个由各种涉农企业组成的关系网络，判断一个区域是否存在物流集群的核心，除了要看地理集中性，还要看企业之间的协同程度，它决定了农业物流集群发展的程度。

## 二　我国农业组织形式

为了实现一定的经济目标而进行农业生产经营活动的群体或单位称为农业经济组织。它既是一种农业经济生产关系的具体体现，也是生产力的

① 〔美〕尤西·谢菲：《物流集群》，岑雪品、王微译，机械工业出版社，2015，第15~17页；Neves，M.F.，Zylbersztajn，D.，Neves，E.M.，*The Orange Juice Food Chain*. Proceedings of the 3rd International Conference on Chain Management in Agribusiness and the Food Industry. Wageningen Agricultural University Press，1998，437-466。

② Waldheim，C.，Berger，A.，"Logistics Landscape"，*Landscape Journal*，2008，27（2）：219-246.

③ Virgüez，R.，Liliana，M.，*Logistics Clusters: Prevalence and Impact*，MIT，2014.

具体体现形式。我国传统的农业物流组织一般囿于较小区域和规模，不但服务单一，而且运行封闭，比如农村中大面积存在的以运输为业的农户，既是自身农业运输的保障，同时也对外承接农业运输业务，因其物流设施和技术落后，与服务对象的关系是基于地缘或亲缘关系而结成的，合作关系松散缺乏持续性，彼此的合作脆弱，极易被其他地缘或亲缘关系打破，也会基于成本（价格比较）被冲散。[①] 随着各种农业物流新模式的发展，改造传统的农业物流企业和建立新型的农业物流服务组织已成为农业物流发展的基础性工作，目前农村地区在物流组织上有多种创新组织，以下两种是比较常见的。

（一）合作组织

这种组织创新在我国由来已久，近年来伴随农业供应链和物流中心的发展蓬勃发展起来，成为"合作组织+物流企业"或"合作组织+物流中介机构"等农业物流模式的重要组成部分。这种组织形式将生产分散的农户有效组织起来，实现了农户和农业物流需求方的组织化和规模化，降低了因分散造成的资源浪费，维护了农民的合法权益，也促进了农业物流组织的组织化和规模化，实现了物流规模效益。[②] 我国目前农村存在的合作组织以各种农业合作社为主，笔者在山东寿光调研中发现，寿光蔬菜种植户形成了一条完整的合作链条，从农业物资和良种提供到蔬菜种植，包括搭建蔬菜大棚的专业人员到农业产业工人，最后到农业市场（档口），这些农民之间因为地缘、亲缘和人缘关系合作，对外以合作社的形式出现。不过，这些合作社之间存在着较为复杂的交叉关系，彼此间合作灵活性较强，稳定性一般。

（二）物流联盟

物流联盟组织是指两个或多个企业为了满足顾客对综合物流服务的要求和实现物流战略目标，以物流合作为基础，通过各种协议、契约而形成

---

① 姚飞：《农业组织创新过程及演化机理分析——基于河南省两个农业集群的对比》，硕士学位论文，河南大学，2017。

② 贾兴洪：《物流集群演化进程中多主体合作问题研究》，博士学位论文，武汉大学，2017。

的优势互补、风险共担、利益共享、协同运作的集约化组织。它可以整合企业间差异化的物流资源、服务功能、服务地域或物流环节，从而实现整体价值的最大化。在合作中，因为基于市场需求的多样性，各品类农业生产者在核心企业的组织下成为提供多品类产品的供应者，而向下沿产业链下游连接各种大型团体性农产品消费方或各级农贸市场，实现产业链的局部合作。

## 三　农业组织形式创新——农业物流园区

农业物流园区作为农业物流的组织依托与平台保障，整合了多种功能和资源，连接了多样化的主体，提供了几乎全产业链的服务，是一种多层次多角度的产业组织创新。

### （一）虚拟企业

现代农业物流发展的综合形态是一个以资源整合、降低成本、提高整体效率为目的的系统工程，农业物流虚拟化运行模式是一种全新的现代物流管理方式，尤其是在农业物流主体和农业物流尚未完善的条件下，具有非常重要的作用。

这种虚拟企业模式实际上是供应链思想在农业物流组织上的直接体现，通过连接产业链条上的各个企业，整合物流资源、物流功能，实现农业物流全链条上的高效联盟与协作，如图 11-1 所示。与供应链一样，这种虚拟企业建立在多方高效的供应链信息平台基础之上，实现企业间物流资源共享和优化配置，以获取物流领域规模化效益的物流企业动态联盟。

### （二）物流产业集群

物流园区是物流集群的空间载体，物流产业集群是区域内相互关联的企业在空间上的集中，在经营中既相互配合协同，又相互竞争的经济社会现象，它是物流专业化分工与协作水平不断提高的产物。

随着农业产业链上的各种农业企业和物流企业在产业联系上逐渐增强，在空间距离上逐渐接近，当物流市场发展到一定阶段，物流园区才在多种农业物流模式并行，并在不断交叉融合的基础上产生了。

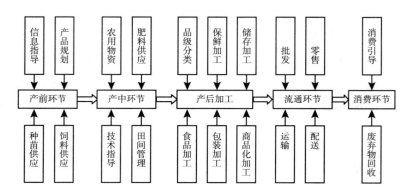

**图 11-1　农业产业体系中的农业物流功能环节**

农业物流产业集群的产生和持续发展一方面需要集群内部企业彼此之间既相互独立又配套协作，既有专业化分工合作又存在竞争；另一方面通过这些企业在空间上的集聚带来外部经济效应，从而获得更大的整体绩效。

（三）自组织

自组织与协同紧密相关。静态视角下，协同是系统内相互竞争的子系统之间的协调合作，即竞合。动态视角下，协同是系统结构从无序向有序转化的动态过程。进行协同的组织被称为自组织。一个系统按照相互默契的某种规则，各尽其责而又协调地自动地形成有序结构，就是自组织。作为农业物流运作体系的行为主体，农业物流园区虽在建立之初具有他组织的色彩，但进入市场化运作后，基本上是依靠农业物流系统中各个主体间的相互默契和协同进行运作的，是一种相对独立的具有一定结构与功能的自我演化发展的自组织系统，并且具有以下几个特性。

（1）自主性。自我改造、自我开发、自我适应的能力。

（2）协同性。农业物流园区是一个有机的整体，园区内企业和部门以及个人通过利益机制和管理制度实现整体的协调和协同关系，从而达到整体行为的最优化。

（3）外部适应性。外部经济环境的变化迅速，而农业物流园区能根据环境的变化不断调整内部的功能和协同关系，以便适应外部变化，实现更大范围和更高程度的发展变化。

互动协同发展模式下的成员企业相互联系、相互补充而激发出来的相关效应性，使得整个产业链具有了整体性。双向互动模式的整体功能不是多个单个企业功能和效益的简单相加，是所有成员企业通过整合与集成，相互作用、相互协同所形成的整体的系统功能，这是任何单个企业都不具备的综合能力，是整体上体现出来的系统功能。

本研究所关注的农业物流园区不但具有基于资源整合、降低成本、提高整体效率的虚拟企业特性；同时又是涉农产业在空间上的集聚，集群主体间既相互配合协同，又相互竞争；作为自组织的系统的组成部分在相互竞争的同时，相互适应、促进和相互配合而形成的一种良好的动态发展态势。农业物流园区相对于外部发展环境来说，是一个独立存在的组织系统，它依靠自己的力量演进发展，是产业组织创新的结果。

# 第二节 农业物流园区的主体关系

## 一 农业物流园区主体构成及作用

由农业物流园区的协同特性所决定的综合开发模式使得从农业物流园区规划开发之初，牵涉其中的主体角色就比较多，而伴随其发展历程，园区主体数量日渐壮大，成分也越来越复杂，综合来看，按照园区开发的历程进行主体划分，主要有如下所述主体（见表 11-1）。

表 11-1 中的主体有属于经济领域中第一、第二、第三产业的企业主体，也是数量最多，活力最强的主体；还有对经济发展起到引导和保障作用的地方政府和带有政府渗透特点的管委会主体；当然还有由企业家、行业专家组成，具有行业权威，能迅速而准确把握行业需求变化的行业协会，为农业生产者提供服务的农业科技服务主体，有提供信息化服务、社会化服务、环保、科技、金融等主体为园区的协同提供保障。而且各主体在园区发展的不同阶段中因时因地发挥不同的作用。当然，伴随着园区不

断发展和成熟，辐射和吸纳能力会进一步增强，也会有更多不同来源和作用的主体入驻。

表 11-1　农业物流园区主体构成

| 发展阶段 | 主体名称 | 主体作用 | 作用状态 |
|---|---|---|---|
| 规划 | 地方政府 | 整体规划、公用物流基础设施建设、行业环境优化 | 在完成相应作用后以政策引导为主 |
| 开发建设 | 管委会 | 把握园区发展方向，招商引资、宣传推介，与相关园区的外联工作 | 负责开发建设中所涉主体的管理和协调 |
| | 龙头企业、行业领先企业 | 作为投资方主导园区的功能定位，进行内部功能区块设计，主要核心入驻主体的推介 | 园区开发建设实施的监督与管理 |
| | 地产开发商 | 作为投资方进行园区项目开发及配套，进行出售、租赁 | 园区开发商 |
| 运营 | 管委会 | 持续招商引资、宣传推介、园区监管 | 园区综合管理方，不参与经营 |
| | 龙头企业、行业领先企业 | 入驻经营，协同核心 | 通过合资合作吸纳相关企业 |
| | 物流企业 | 入驻经营，参与协同 | 服务农业产业体系中的物质链的高效运营 |
| | 农业生产者（农户、农业大户、农业合作社）、生产资料生产和流通企业、农产品加工和流通企业 | 入驻经营，参与协同 | 自主经营并与核心企业或彼此间合资、合作 |
| | 农业环保、科技、金融、社会化服务组织、政务平台、信息平台、行业协会 | 入驻服务，保障协同 | 为园区提供全产业体系和多样化服务 |

这些主体在园区发展的不同阶段中可能同时在线，也会伴随着农业物流园区的发展由完全进入、参与发展决策到逐步退出，作用力上由完全控制转为表层干预。当然其中最具活力的主体是处于运营阶段进驻的主体，它们是园区内农业产业体系中的主体，也是协同化的践行者，是园区价值的直接体

现。在园区规划建设开发中，政府及管委会（管委会有一定程度的政府参与）在行使其规划、公用物流基础设施建设、行业环境优化和引导园区发展方向上发挥相应的作用，但对于大部分运营中的企业主体在进驻时难免有制度分割的色彩，并非完全的自然自发进行集聚，而且企业主体来源差异大，彼此之间在合作意愿上的强度也不同，因此要建立合作需要较高的身份识别成本、时间成本和诚信成本。故而，园区管委会和核心企业或信息平台、行业协会等需要在合作关系的达成上起到居中的作用，通过合作意愿和合作行为信息的收集以及协同信息的发布来尽量消弭合作成本，通过会员制信息平台的服务功能形成高效的协同行为，如图 11-2 所示。

**图 11-2　多主体参与的物流园区**

## 二　农业物流园区内主体合作方式

农业产业体系是以系统化的视角对农业所涉的各类经营及非经营性主体以及彼此之间的关联关系和价值链作为一个与外界不断进行物、客、商的关联的动态发展的整体。这里的整体系统主要是关注宏观层面上农业在国民经济发展中的地位与作用，是整体系统的全视角的提炼与结构化。而我们关注的农业物流园区或者涉农集群，则是从中观角度基于某个地域的农业产业系统的存在形式，应该说它是一个过程演变实体。那么在这一实体中存在的各类各级单位的关联与关系变化则是中观演变过程的重要标志，是演变的实质形式，同时中观的演变也会带来宏观系统的新趋势、新形式乃至新变化。因而，在这里探讨构成这一过程演变实体中的单位关系则是我们研究整体系统协同的关键所在。

### （一）合作关系选择

合作关系的达成基于一定的群体结构，农业物流园区中的主体单位在物理空间上实现了集中，在社会网络中遵循农业产业链实现经济关联的有序分布。这在一定程度上对彼此的关联关系起到了重要的推动作用，从而进一步促进过程演变实体的发展，带来更强的辐射能力和吸纳能力。我们借用达尔文在《物种起源》中的描述：一个多成员的部落，总是准备互相援助，为了共同利益而牺牲自己，这样的部落将胜过其他部落，这也是自然选择。作为虚拟企业的农业物流园区在单位主体中营造出群体的氛围，彼此间的合作因由地域和经济的因素而带来优于松散合作关系下的收益和稳定性，足以影响参与合作者和非合作者之间边界的移动，合作就可以胜出。

合作的选择是一个互动的结构，是群体中的各主体相互作用来争取利益最大化的过程。一般来说，在物流园区中的合作是五种选择机制，第一种是最为直观的基础性因素，即空间选择。[①] 这种空间的接近性既是农业物流园区作为协同物质载体的重要保障，也是促使各单位主体合作的实质条件，这种空间上的接近性会直接带来合作的群际成本的节约，也在统一的空间和整体氛围下有了优于地域分散和交易竞争状态下的更高的信任度和稳定度，从而带来更高的合作选择态度趋向。

第二种是直接互惠。在园区中因为合作的多次达成，单位主体间会基于以前合作的成果以及在合作中的其他限制性或干扰因素，根据主体的经营情况形成更为成熟与合理的合作选择的条件策略，如果双方合作的利益大于不合作的利益，多次合作的利益大于单次合作的利益，那么基于利益最大化的

---

① 李国武、李璐：《企业间合作关系研究的理论视角：述评与比较》，《科学决策》2011 年第 10 期。

原则，单位主体间将选择合作作为一种长期性和稳定性的合作关系选择，这样，彼此间的关系则是直接借由合作带来互惠互利的关系。而且在合作选择中彼此基于前期合作的共利性，在多头选择中会更具有合作的倾向性，而且，因为合作的非排斥性，即一个单位主体既可以与这一家合作，也可以同时与另一主体合作，通过彼此的联系带来更多主体的参与。

第三种是间接互惠。间接互惠主要是指在合作关系稳定下企业基于共有的利益增加而为双方或多方主体所带来的良好声誉。单位主体间多次合作，两两间的策略选择和博弈结果总会通过沟通传播使园区中的其他单位主体知晓，被选择度更高的单位主体在合作选择中则具有更高的声誉，其合作达成成本较低，其他主体在选择合作对象时会倾向于选择合作声誉高的单位主体。[1] 直接互惠依赖于单位主体自己与另一单位主体的合作敬仰，而间接互惠使用其他主体的经验。

第四种是多级选择。涉农集群中的单位主体的数量众多，在园区经营中也面临着多种多样的选择，这些主体单位作为群组，彼此间也相互竞争，因此合作的选择不是一头对一头，也不是一头对多头，而是多头对多头，这就导致了多级选择。各单位主体从经营的便利程度、物流成本、利润以及其他因素在产业链中选择具有合作契机的单位主体，同时也会在具有同类经营内容的单位主体中进行选择，而对方亦在这一合作选择过程中，多层次选择可以促进合作的演变，是合作演进的有力机制[2]，特别是在具有共同群体氛围下的多单位主体。

第五种是亲缘选择。无可否认，目前我国的农村地区在社会网络上还存在较强的亲缘纽带，这种纽带不仅意味着社交关系上的关联，农户作为参与农业经济的最基层单位，还存在经济关系上的亲属认同和条件行为，当它们同样作为会员进入园区，使得农户基于亲属识别选择有条件的合作策略，这对于园区辐射和吸纳能力的提升意义较大，也是一种独有的合作关系选择因素。

---

[1]　黄少安、姜树广：《制度性惩罚与人类合作秩序的维持》，《财经问题研究》2013年第11期。

[2]　李兰冰：《物流产业集群的信任机制研究与政策启示》，《商业经济与管理》2007年第10期。

## （二）主体关系形式

上面已经分析了政府、地产商、服务机构等单位在园区开发建设运营中的主要作用和关系状态，但对于园区中占大多数的经营主体，它们是园区内互动与协同的重要农业关系的载体，从各单位在园区中的作用出发，各主体单位间的关系可以主要表现为以下形式，如表 11-2 所示。

表 11-2　园区主体关系缔结矩阵

| | 农产品 加工企业 | 农产品 销售企业 | 农产品 物流企业 | 农资 产销企业 | 农消 产销企业 |
|---|---|---|---|---|---|
| 农产品 加工企业 | 资源共享，规模化（低中度合作） | 对接重组，协同整合（中高度合作） | 一体化，协同重组（高度合作） | 双向物流（低中度合作） | 双向物流（低中度合作） |
| 农产品 销售企业 | 对接重组，协同整合 | 资源共享，规模化（低中度合作） | 一体化，协同整合（高度合作） | 双向物流（低中度合作） | 双向物流（低中度合作） |
| 农产品 物流企业 | 一体化，协同重组（高度合作） | 一体化，协同整合（高度合作） | 资源共享，规模化（低中度合作） | 双向物流（低中度合作） | 双向物流（低中度合作） |
| 农资 产销企业 | 双向物流（低中度合作） | 双向物流（低中度合作） | 双向物流（低中度合作） | 资源共享，规模化（低中度合作） | 资源共享，规模化（中高度合作） |
| 农消 产销企业 | 双向物流（低中度合作） | 双向物流（低中度合作） | 双向物流（低中度合作） | 资源共享，规模化（中高度合作） | 资源共享，规模化（低中度合作） |

# 三　主体合作模式——服务流程开发

以农业物流园区为依托的农业产业体系的协同化发展的实质是将农业从原有的农业自然经济形态下的简单低效的重复模式中解放出来，打破农业单元间的自然连接，建立起以市场为导向的，以产业体系为脉络的新的农业发展形式。

围绕物流园区产业体系运营总流程，以农业综合物流园区为依托的农业产业体系双边或多边的产权、非产权等各类合作方式，包括三个部分，这里对第一部分物流园区与各类农业生产经营主体的合作进行详细分析，如图 11-3 所示。

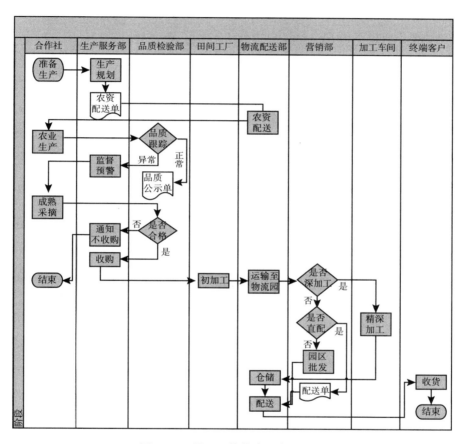

**图 11-3　园区一体化农业产业流程**

这一合作方式下的服务流程主要是解决农业生产源头的工作，将现有的小型家庭生产单位、合作组织、农业大户等进行整合，纳入农业物流园区的整体农业产业体系中，形成集约化、网络化、综合化的功能组织。[①] 农业物

---

[①] 马玲兵：《新时代农村合作经济发展治理研究——基于马克思主义理论视角》，博士学位论文，江西财经大学，2022。

流园区作为连接农业上下游的生产、加工与消费的组织者、整合者，物流园区的大部分产品来自自有生产的高质量、高品质的农产品。更好地控制农业产业链上游的关键在于控制好生产部分。关于产业链的上游，现规划两条可行模式："公司+基地+农户"与"公司+合作社"。针对两种可行模式，服务流程要点有以下内容。

**（一）农业生产基地建设与升级**

首先，这项工作的起点是对现有生产基地的整合。根据现有农产品生产基地建设扶持政策及土地、林地流转等有关政策工作措施，向政府申请政策和资金支持；用于设施农业建设，比如改善道路、水利等基础设施，鼓励和支持引进推广先进适用的高效农业机械，在基地分片区安装摄像头，监控农产品种植情况；根据产业发展需要，及时制定和完善农产品质量标准，努力扩大质量标准覆盖范围，制定各类农产品生产技术规程；还可以引进一些实力雄厚的农产品经营大户。一方面，可以带动相关生产基地的发展壮大，另一方面，可以为引进的龙头企业配备新的生产基地，依托企业建设基地，稳步推进基地运作。这样一来，"企业—基地—农民"的一体化经营基本形成。其主要路径可以归纳为：政策支持+设施建设+质量管理+龙头带动。

其次，在不断完善自身生产基地建设的同时，要根据市场状况，开拓其他生产基地，以此来生产最能满足市场需求的产品。

1. 转变农业发展方式，加快农业转型升级

深入实施农产品生产基地建设规划，进一步优化农、林、牧、渔等产业布局，明确重点产业导向，合理布局各类农产品生产基地，构建特色农产品产业带。壮大产业规模，培育新型农业发展模式和新型农业业态，注重农牧结合型、生态产业型、集约发展型生产模式，充分发挥资源环境优势，实现产业良性互动。

2. 发展农副产品加工和休闲农业

以工业的理念发展农业，大力发展农产品加工业，使更多农产品实现加工增值，延长产业链，增加附加值，增强产业竞争力，比如，水果可以制成

果汁、果酱，销售给食品饮品生产企业。此外，还应该注重农业与旅游业结合，大力发展休闲农业，拓展农业的休闲观光体验功能，比如，让游客进入果园亲自采摘水果，或者让游客在渔场钓鱼，增强顾客体验感，提升生产基地的知名度。

### 3. 现代农业生产经营主体培育

培育产业农民队伍，有效解决农业就业队伍接续、提高的问题，鼓励大中专毕业生投身农业事业。加强合作社规范化建设，健全内部管理机制，规范运行秩序，努力培育示范性合作社。积极扶持和培育一批生产规模大、带动范围广、竞争能力强的农业龙头企业。加强营销组织建设，努力发展和壮大营销队伍，构建营销网络，增强营销能力。加强各生产经营主体从业人员的实用技术和农业生产技能培训，提高农产品生产经营水平。

### （二）农业合作社的整合升级

园区运营主导组织可选取园区周边农业合作社为整合对象，并鼓励农民加入合作社，对合作社的生产进行监控、财务进行统一、物资（种子、农机、肥料等）供应进行统一安排，提高社员整体素质和农产品质量。[①]

（1）建立统一组织。由园区或者龙头企业或成熟的合作组织牵头作为合作总社发起人，成立农民专业合作总社，如图11-4所示，将各个合作社的管理职能统一收归于园区的农民专业合作总社，各级村镇原有的农民专业合作社成为总社下属事业部的生产机构。避免传统情况下，各农民专业合作社各自为政的状况，同时也能够提高总的经营水平，便于实现生产全程控制，有效保证农产品质量。[②]

（2）建立规范的合作社章程，实行社员大会制度。负责审议、修改章程；选举或罢免董事会、监事会（监事）成员；审议董事会、监事会（监事）工作报告和财务报告；决定生产经营方针和投资计划等重大事项。同

---

①　汪恭礼、崔宝玉：《乡村振兴视角下农民合作社高质量发展路径探析》，《经济纵横》2022年第3期。

②　陈娜：《我国农民专业合作社的逻辑演变》，《河北农业大学学报》（社会科学版）2020年第5期。

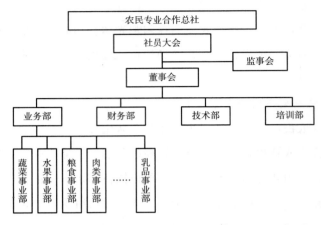

**图 11-4　合作社组织结构**

时进行社员管理。

（3）提供生产材料供应服务。由园区授权的公司统一提供优质种子种苗，统一由农民专业合作总社将种子种苗发放给合作社农民，并统一购置生产当中所需的农药、化肥等生产物资。

（4）物资整合。将原有合作社或农民所有的农业生产机械进行整合，借助于物流园区农机租用合作的平台，为农民提供统一购进的先进配套农机。合作社制定进口农机和国产农机配备比例和技术标准，提高农业机械的使用效率，实行农机统一停放、保养、供油、调度和作业。[①]

（5）统一财务。统一财务的基础是对入股资本的合理清算，园区在成立合作总社时需要成立相应的工作小组，对农民入股的资本进行清算，在成立之初即厘清合作社的股权结构。在此基础之上，统一财务管理，统一使用园区一卡通体系，实现农业产业链当中物流、资金流和信息流的有效结合。

（6）对农民进行定期培训与科技指导。教授新的农产品种植方法、新型农机的使用方法以及精准农业的操作流程，统一生产标准，并且对农业科

---

① 钱兆源：《农民专业合作社规范化发展研究——以荥阳市新田地种植专业合作社为例》，硕士学位论文，郑州大学，2020。

技知识进行初步普及。

在合作社的基础上，鼓励农民进入园区配套住宅区居住，并将公共管理服务职能延伸到园区住宅区，在社区服务中心设立综治维稳工作站、群众工作站、卫生服务站、警务室等服务站室，配套建设日用品超市、农资超市、快餐店等生产生活服务设施，近距离为农民提供基本公共服务和生产生活性服务。这样既可以提高合作社农民生活条件，又便于合作社统一管理。

合作模式的第二个部分是物流园区与各类农资企业、种子企业、农产品加工企业、物流企业等各类实体企业的合作关系与园区共建。第三部分是以物流园区为主导的农产品流通，基于品牌经营，探索直供、电商、预售式等多种农产品流通方式。其具体的模式分析和服务流程我们将会在下一章微观实现形式中进行具体分析。

正是在这一合作模式的基础上，形成以物流园区为依托的农业产业体系协同的主要模式。首先是物流关联，农业产业链上下游企业基于共有平台和节点的物流便利性，实现物流功能上的集约与规模化；其次是产业融合，农业产业链上的各类涉农企业在功能集约的基础上实现合作、共建以及流程重组，打破产业界限，实现农业与涉农产业的融合发展；最后是价值链整合，基于价值链的增值目标，面向市场，助推各种农业和工商业发展新形式的整合与开发，实现农业产业链整体化的价值整合与增值。

# 第十二章 以农业物流园区为依托的农业产业体系协同化发展的微观实现形式

作为农业产业体系的重要组成部分，农业物流园区的运营与发展对区域农业经济乃至区域经济发展影响巨大。农业物流园区是多家农业物流实体在空间上集中布局的场所，是具有一定规模和综合服务功能的物流集结点。实际上，农业物流园区可以囊括我们所提到的大部分农业社会化服务体系中的农业社会化服务供给方——合作组织、龙头企业、其他民间主体，甚至还引入了政府、农业科研单位入驻服务；同时，它也是广大农户及其农产品进行产前、产中、产后流程的重要节点和平台。因此，基于供需双方的现状和问题，农业物流园区如何运营，才能更好地填补需求缺口、提高供应水平、进行产业化和规模化运作，是发展农业的中心任务。以下将把农业物流园区作为主要的落地实体平台，结合多年参与农业物流园区规划设计工作经验和调研中的所见所闻，从其基本功能定位、运营管理、具体操作的微观设计方面进行详细阐述，力求得到一套为农业产业体系协同化发展服务的农业物流园区微观指南。

## 第一节 农业物流园区的基本服务功能定位

农业物流园区作为农产品、农资流通的一级中心，承担起将农产品、农资由产地批发商向销地批发商和零售商流动的过程，是一个高标准、高起点的集农产品贸易、农资贸易、农产品深加工、物流、电子商务、订单农业及绿色农业展示推广于一体的综合性农业产业园区。要实现其农业产业体系协同发展的基础平台作用，一定是根源于这个实体对其各项功能的实现中，因此农业物流园区的功能是其起到基础性作用的根本所在。[1]

## 一　农业物流园区的基本功能区

结合笔者近十年所参与的农业物流园区规划开发的经验和调研结果，一般来说，农业物流园区需有如下功能区划。

（一）仓储区

（1）冷冻冷藏库区。

（2）监管库区。

监管库一般是指出口监管仓库，是对已办结海关出口手续的货物进行存储、保税物流配送、提供流通性增值服务的海关专用监管仓库。笔者曾参与的彭墩汉光[2]物流园区整体定位设计中，需要提供中高端的农业产品，建立辐射全省以及全国的农业物流体系，必然要积极发展农产品的进出口业务，因此建立监管库也是必然的选择。而监管库的建立也是构建农业产业体系中进出口业务的协同的基础设施。

（3）常温普通库。

（二）加工包装区

农业物流园区的包装作业不仅要负责农产品商品的组合、拼装、加固，形成适于物流和配送的组合包装单元，还要根据客户的需要对商品进行必要的商业包装。包括肉禽蛋加工中心、生鲜加工中心、残渣处理中心、合作企业农产品加工区等。

（三）交易区

农业物流园区服务于各种类型的企业和多种多样的物流需求，即要能够提

---

①　孙贵勇：《长春市农业物流园区发展规划研究》，硕士学位论文，吉林大学，2007。

②　海峰等：《彭墩汉光农业物流园区商业策划案》，2014。

供各种农产品及农产品转运、储存、装卸、包装、流通加工、配送等多种物流服务功能，同时还应建立技术先进、功能完备、快速高效的农产品市场交易信息和货运信息服务中心，提供货运信息交易功能，不仅有利于提高物流园区内物流活动的整体服务水平和效率，而且有利于物流园区综合整体物流系统的运作和管理。物流交易区主要包括交易大厅、临时存储仓库等建筑设施。

**（四）配送区**

（1）城市配送。城市配送区为辐射区域内重点城市的贸易企业（批发客户占据大部分，后期会发展至 B2C 业务：超市、百货公司、零售商店）的商品和货物提供相关的中转、配送和加工服务，实现贸易与物流配送的有效结合。

贸易零售企业在物流园区存储货物，根据客户的要求进行加工处理，然后以单一品种或组合形式用户进行供货配送。城市配送区域主要由办公设施、通用仓库、加工仓库和停车场构成。

（2）农户回运中转区。专门为园区吸纳零散农户或小微社会化服务主体的少量农产品的集运而服务，也为农户提供农资及生活用品配送服务。这也是农业产业体系中将农户纳入协同体系的关键一环。主要由办公设施、通用仓库和停车场构成。

**（五）农业展示区**

绿色农业展示区是物流园区的重要组成部分。它肩负着展览、学习、交流信息、交易等重要功能，实现展示真正意义上的信息传递作用。公司可以与其他相关企业共同建立，为企业间的相互交流提供帮助。

**（六）商务办公服务区**

物流园区往往也是商品推广、分销、采购、交易的重要场所。因此物流园区应当具备一定的办公、展示、会议、交易及金融等商业辅助功能，为用户提供更多的便捷服务，如图 12-1 所示。商务配套区主要包括总部办公和商务配套等功能区域，主要作用如下。

（1）为进驻的物流服务商提供办公和商业洽谈的场所。

（2）提供餐饮、娱乐、健身中心、小超市、医疗急救、银行、邮政、

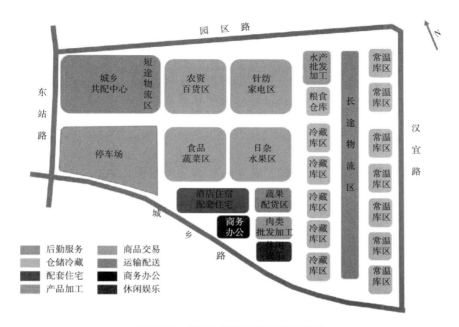

图 12-1 SX 物流园功能区规划示意

电信等服务。

（3）提供生活配套服务。为工作人员、用户、商家、司机等提供休息和娱乐场所。

（4）工商行政服务：交易管理、金融、保险、工商税务、法律事务、电子信息、物流服务、人才招聘与培训、产品质量检验等。

（5）信息服务：为用户提供物流服务和货物运输信息，包括供应商、物流服务商等的产品和服务信息。

（6）电子商务：用户可以在电子商务中心与国内外批发、零售企业直接进行业务洽谈。

## 二 农业物流园区功能定位进程

以上所述的六大功能区是通过前期规划、建设、运营后逐步发展进入稳定成长期的，但在实践中，农业物流园区的成长和成熟必然是一个逐步推进的动态发展过程，作为服务农业也要考虑市场效益的经营体，需要根据当地需求不断调整自身的定位和体量与预期的回报，以免出现"虚热"的现象；同时，作为地域和资源禀赋千差万别的农业区域，农业物流园区需要根据各自农业经济和农业产业体系的特色逐步调整发展的方向和重点，以免出现"重复建设"。因此，农业物流园区的功能定位必然是一个伴随发展逐步推进的过程。①

第一阶段为规划建设阶段，这一阶段首先要根据当地的农业产业现状和需求，科学合理规划。在此基础上建设规划农业物流园区的基本功能区，包括物流交易区、仓储区、加工区、冷链物流区，同时可联合入驻园区物流企业和装备企业投入建设园区基础性的公共基础设施，如道路、管网设施等。

第二阶段为初步运营阶段。农业物流园区的最终目标是成为集交易和物流配送为一体的现代化的物流园区，实现交易与物流配送的有效结合。第二阶段首先要增加部分商务功能，如商务配套区域，包括会议展示、信息服务、总部办公、商务配套等设施，为用户提供一体化的物流服务。在这一阶段，通过初步运营，园区服务与市场需求实现有效的对接，园区可以初步连接园区内的各功能主体，进行功能运作的协同，实现适合农业产业体系主体所需的功能区的完善。如对第一阶段的加工区整合不同需求进行流程的再造。

随着潜力的不断增长，第三个阶段除建设更多物流和商务设施外，还需提供物流增值服务，直至完成整个物流园区的建设，满足物流园区不断成长的需要，建设商务配套区、绿色农业展示区。同时将农业物流园区的服务面向服务区域的农业产业特色，开发更多的特色农业经济形式，如利用良种实现农作物品牌化，开发观光农业与乡村农业文化建设窗口。

---

① 于善甫：《完善现代农业治理体系提升治理能力的思路与对策——基于农业生产性服务业的视角》，《河南社会科学》2020 年第 12 期。

# 第二节　各功能定位下的农业产业体系
## 协同的微观形式

农业发展离不开流通，农业产业体系正是在流通中与各种涉农产业主体实现协同，并且逐步打破行政区划束缚，将区域间农业关联起来，打通横向或纵向产业链，有效推动资源、技术要素一体化流动。一般来说，农业产业体系中由于资源禀赋、经济发展水平、创新能力存在着显著差异，农业体系协同面临着政策协同、产业合作、要素流动、利益分配等诸多障碍，要在农业物流园区的基础上实现协同，就必须围绕园区所具备的每一种功能，定位农业全产业的动态与持续的互动与合作，方能达成有效的协同。①

## 一　农业物流园区储存功能中的产业协同

农业物流园区在功能上首先是物流服务组织与物流运作管理功能，即农产品物流活动所必须具备的存储、运输、装卸、简单流通加工等功能，多数情况下是通过不同节点将这些功能进行有机结合与集成体现的，从而在园区形成了一个社会化的高效农业产业体系的物流载体系统。

仓储区包括冷冻冷藏库区、监管库区、常温普通库。其中，冷冻冷藏库区是区域冷链的重要节点，一般以蔬菜采收、畜禽屠宰冷藏后的冷藏运输为起点，经过分级、预冷、加工、包装、冷藏（鲜菜配送不经冷藏）、冷藏运输，配送给批发、零售性的冷库、冷柜或工矿、军队、学校等单位。在具体运作上主要有以下两个方面的作用。

第一，农产品物流园区可以发挥仓库的集中储存保管功能，通过与农产品经销企业和加工企业建立供应链联盟，还可以为企业提供集中库存功能和调节功能，从而减少客户对仓库设施的投资和占用。主要运营思路如下。

---

① 冯静雯：《基于品牌策略的地域性农产品包装设计研究》，《老字号品牌营销》2022年第10期。

（1）与区域内发展较好的农产品加工企业合作，为其提供空间、技术、渠道等，并建立面向农户的农产品加工企业原料采购中心，为农户提供一站式收购通道，促使企业投资建设或租赁监管仓。

（2）与优质农产品出口企业合作，并根据优质农产品出口的特殊要求引进先进的物流设施设备，吸纳农户优质农产品，为农户和农产品企业提供相应的农产品质量检验设备和技术。[①]

（3）与农业物流公司合作，作为其农业物流公司全国网络的伙伴，建设农产品仓储所需的各种农产品储存设施和设备，并借助各类型企业间合作，建立起农产品的集散平台。

（4）与有物资仓储和物流需求的农业相关企业合作，配合其产品销售网络的扩张，将农业社会化服务体系中的民间主体纳入园区运营，利用众多小企业合力（如各小企业小批量集存集运）打造规模化、产业化农产品物流。[②]

（5）根据企业的特殊需求，融通组合相关企业的物流设施设备，进行专有设备专用和提供对外服务，帮助双方增加收益，提高设施设备的使用率。

（6）与农药、农资、农机、种子、饲料企业合资建设常温普通库，为这些农资的融通提供物流支持，搭建农业生产物资物流一体化的平台。

第二，农业物流园区的集中开发和对现有物流设施资源的整合及升级改造，也能大大提高特种仓库（气调保鲜库、恒温库、冷冻库等）的比例，降低鲜活农产品在库损耗，提高农产品在市场上的竞争力。主要功能拓展的运营思路如下。

（1）与国内或辐射区域内冷链物流企业合作建造大型畜禽蛋和生鲜农产品冷冻冷藏库，利用对方在发展冷链物流方面的技术和管理经验，同时将零散的畜禽蛋和生鲜农产品物流需求整合，将过去提供这一服务

---

① 李哲等：《小农户与现代农业服务体系有机衔接》，《农村经济与科技》2018年第21期。

② 舒辉、胡毅：《产业互联网驱动下的农业物流生态圈协同理论体系》，《中国流通经济》2021年第4期。

的民间主体纳入园区统一运营，并给予一定的优惠政策，既能保持其对零散农户的辐射力，也能对其进行相应的规范化管理，促进规模化和产业化运作。

（2）联合冷链物流仓储和配送企业，如中外运、中粮，一方面向零售末端延伸其冷链物流服务业务，另一方面筹划建立区域性冷链物流中心，吸纳融通，布局全国。

（3）如图 12-2 所示，在与农产品下游销售企业合作时，与对方企业建立各种农产品的储备中心，如与双汇、肉联合资建设肉类储备、加工和运输中心，与辐射区内大型超级市场合资建立农产品储存、运输和加工中心，实现超市特供区，为农户农产品销售建立通道。

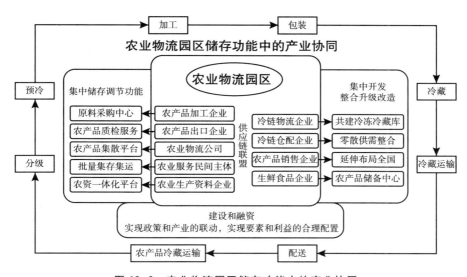

**图 12-2　农业物流园区储存功能中的产业协同**

（4）与有冷链需求的多个食品企业进行合作，以一定的比例进行合资建立专用型或通用型冷链设施设备，纳入物流园区整体物流系统的运作中，并逐步将这些企业发展为园区的节点企业。

在建设和融资上，为了有效实现政策和产业的联动，实现要素和利益的合理配置，根据发展阶段的不断推进，可以采取以下具体方法。

1. 第一阶段

（1）与国内或辐射区域内冷链物流企业合资建造冷库，既可以利用其他企业的资金，亦可利用对方在发展冷链物流方面的技术和管理经验，并建设服务于辐射地区的果蔬冷藏设施设备。

（2）冷链物流仓储和配送企业，如中外运、中粮，一方面向零售末端延伸其冷链物流服务业务，另一方面开始筹划建立区域性冷链物流中心，布局全国。引进这些企业，可以采用股权合作方式，并统一管理，实现物流园区平台式管理。

2. 第二阶段

（1）与农产品下游销售企业合作，与对方企业建立各种农产品的储备中心，如与双汇、肉联合资建设肉类储备、加工和运输中心，与辐射区乃至更大区域内大型超级市场合资建立农产品储存、运输和加工中心，实现超市特供区，选择在冷链物流方面具有密切联系的农产品下游企业。

（2）与有冷链需求的各个食品企业进行合作，以一定的比例进行合资，建立专用型或通用型冷链设施设备，纳入物流园区整体物流系统的运作中，并逐步将这些企业发展为园区品牌产品的消费企业。

（3）利用对方企业已有的合作品牌，并配合各个品牌在各地级市以及更下一级城市的品牌扩张需要，冷链物流的布点网络是必然选择，将这些品牌的仓储和运输业务纳入物流园区中，与合作企业共享收益。

（4）合资的冷库及物流设施除为自己提供相应的冷链物流服务外，同时也对外提供服务，共享收益。

## 二 农业物流园区包装与流通加工功能中的产业协同

农产品包装和流通加工是指为了在流通过程中保护农产品数量和质量，方便储存与运输，满足消费需要而对农产品采取的保护措施。这也是提高农产品附加值的重要手段，同时也是农业产业体系中的各农业企业和农产品流通主体实现功能协同和流程重组的重要一环，如图 12-3 所示。

农产品包装必须在材料选择、包装设计等方面充分考虑鲜活农产品的特

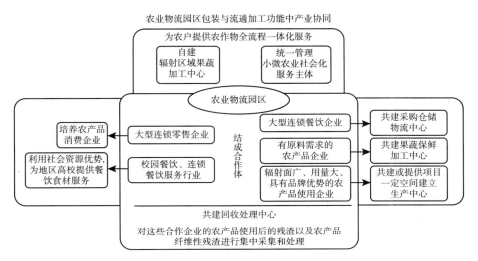

图 12-3 农业物流园区包装与流通加工功能中的产业协同

性、销售市场的特点、消费者心理等因素，使包装与农产品完美结合。流通加工则主要有农产品的小包装保鲜处理、贴标签、制作并粘贴条形码等。条件具备也可以开展农产品的简单加工处理。主要功能拓展的运营思路如下。[①]

（1）自建辐射区域果蔬加工中心、畜禽蛋加工中心等，直接面向农户或者有此需求的农业社会化服务主体提供农产品的加工、包装、销售服务；

（2）将各个小微农业社会化服务主体纳入园区统一管理，给予优惠政策，为农户提供采摘、收购、流通加工的一体化服务，并逐步提升这些服务主体的服务水平和规模水平；

（3）与辐射区域内的有肉类、禽蛋、蔬果原料需求的农产品企业结成合作体，共同建设加工中心，投入生产线，共建果蔬保鲜加工中心，为合作主体及其他类似企业提供生产原料；

（4）与大型连锁零售企业合作，为其网络布局的扩张提供物流支持，

---

作为农产品消费企业进行培养；

（5）与大型连锁餐饮企业共建采购仓储物流中心，对所采购的农业产品进行集中初加工和物流，并积极开展多样化服务，形成集冷链物流配送、观光农业、果园瓜果和蔬菜采摘体验、农副产品深加工等于一体的综合体；

（6）与校园餐饮、连锁餐饮服务行业进行合作，为辐射区大型单位和社区提供餐饮食材服务，包括鲜肉、鸡蛋、蔬菜、水果等，让军队、政府等成为园区产品的稳定消费群；

（7）与辐射面广、用量大、具有品牌优势的农产品使用企业共建或提供园区一定空间建立生产中心，为这一企业对周边市场的辐射建立农产品专供体系，并在加工区为其设立专门的加工区，为其产品的市场拓展提供生产和物流基地；

（8）对这些合作企业的农产品使用后的残渣以及农产品纤维性残渣进行集中采集和处理，共建回收处理中心。

基于这样的运营思路，分阶段推进具体举措如下。

1. 第一阶段

（1）自建服务于城市区域的果蔬加工中心；

（2）与辐射区域内的有肉类、禽蛋、蔬果原料需求的企业结成合作体，共同建设加工中心，投入生产线，共建果蔬保鲜加工中心，为合作体及其他类似企业提供生产原料。

2. 第二阶段

（1）与大型连锁餐饮企业共建采购仓储物流中心，对所采购的农业产品进行集中初加工和物流，打造品牌产品的稳定消费群，如陶然居集团与世界500强企业罗森公司及重庆市北碚区政府签订协议，陶然居集团投资3亿元，在北碚静观台农园建冷链物流基地。该项目占地100亩，依托陶然居成熟的"古镇+餐饮+会议+院落式特色五星级酒店+基地"模式，将形成集冷链物流配送、观光农业、果园瓜果和蔬菜采摘体验、农副产品深加工等于一体的综合体。

（2）校园餐饮、连锁餐饮服务行业。利用公司的社会资源优势，为地区高校提供餐饮食材服务，包括鲜肉、鸡蛋、蔬菜、水果等。让军队、政府等成为品牌产品的稳定消费群。

3. 第三阶段

（1）与辐射面广、用量大、具有品牌优势的农产品使用企业共建或提供园区一定空间建立生产中心，为这一企业对周边市场的辐射建立农产品专供体系，并在加工区为其设立专门的加工区，为其产品在较大区域市场拓展提供生产和物流基地；

（2）对这些合作企业的农产品使用后的残渣以及农产品纤维性残渣进行集中采集和处理，共建回收处理中心，为饲料、纺织纤维等行业提供原料；

（3）将园区内进行农产品加工的企业纳入物流园区专有品牌产品的原料消费企业群体，让他们成为品牌产品的消费企业。

## 三 农业物流园区交易和信息功能中的协同

农业物流园区是农产品物流信息的汇集地，通过建立农产品物流信息平台①，提供订货、储存、加工、运输、销售的服务信息以及客户需要的物流服务相关信息，物流园区还可以通过物流作业信息，控制相关的农产品物流过程，实施集成化管理，如图 12-4 所示。

综合物流园区服务于各种类型的企业和多种多样的物流需求，既要能够提供各种农产品及农产品转运、储存、装卸、包装、流通加工、配送等多种物流服务功能，同时还应建立技术先进、功能完备、快速高效的农产品市场交易信息和货运信息服务中心，提供货运信息交易功能，不仅利于提高物流园区内物流活动的整体服务水平和效率，而且有利于物流园区综合整体物流系统的运作和管理。②

---

① 刘航源：《基于物联网的杭州市农业物流园区信息平台建设研究》，硕士学位论文，吉林大学，2016。

② 易正兰：《基于农业产业集群的新型农业社会化服务体系模型构建》，《新疆财经》2012 年第 4 期。

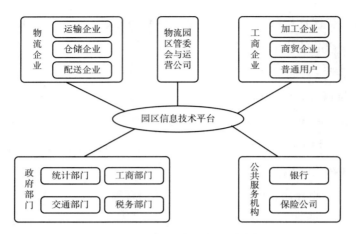

**图 12-4　园区信息平台关联主体**

农业物流园区也需为农产品经销者提供一个优良的环境，促进农产品交易市场的发展。

物流交易区主要业务如下。

第一阶段功能：

（1）定期发布农产品市场交易信息；

（2）负责货物简单包装、检验、交易；

（3）货物出货手续办理；

（4）货物的运输及到货通知。

第二阶段功能（拓展）：

（1）建立农产品市场交易信息发布体系，并对辐射区内农产品的供需情况进行实时发布和交易辅助；

（2）负责货物的包装、检验、存储和拼箱；

（3）以最快最省的原则选择货物的运输路线和方式；

（4）选择合理的承运人，并负责缔结运输合同；

（5）安排货物的运输，办理相关手续；

（6）监督货物运输进程；

（7）将货物送至最终用户。

第三阶段功能（拓展）：

（1）建立一体化的农产品交易和物流服务的实体市场和网上交易平台；

（2）监督货物运输进程，并随时更新物流信息；

（3）将货物送至最终用户告知客户；

（4）提供反馈信息、整合物流链。

物流交易区主要包括交易大厅、临时存储仓库等建筑设施，主要采用自建方式。从长期发展考虑，后期交易大厅可能还会安排配载商铺等建筑设施，因此需要按照需求预留用地。

（1）通过电子显示屏与网站定期发布农产品市场交易信息；

（2）货物出货手续办理；

（3）货物的运输及到货通知；

（4）建立农产品市场交易信息发布体系（包括网页宣传），并对辐射区内农产品的供需情况进行实时发布和交易辅助；

（5）选择合适的承运人，并负责缔结运输合同，以最快最省的原则选择货物的运输路线和方式；

（6）监督货物运输进程，在相关网站上更新物流信息；

（7）处理逆向物流（退货处理等）；

（8）建立一体化的农产品交易和物流服务的实体市场和网上交易平台；

（9）提供反馈信息、整合物流链，建立一体化物流链信息系统。

## 四 农业物流园区中转、换装、集散、配送和多式联运的环节中的协同

农产品中转、换装、集散、配送和多式联运，从运作本身看就是基于一定的平台节点并达到相对的规模集中后所进行的流通过程，所牵涉的农业产业体系中的主体存在着多样性的特征，并对农业的流通整体功能的效能影响较大。而且伴随功能强大、规模更大的平台节点的出现，这一类功能会在效能上出现几何式的增长。这一系列功能的主要拓展的运营思路如下。

联合农业社会化服务主体建立统一通道和平台，为农户提供运输服务，如图12-5所示，园区通过与不同等级物流节点的有效衔接，将本地运往其

他地区的农产品集零为整组织发运；将其他地区进入本地的部分农产品化整为零组织运送，完成农产品的集散作业；并开展农产品分拨、集装箱中装、集装箱拼装等业务。

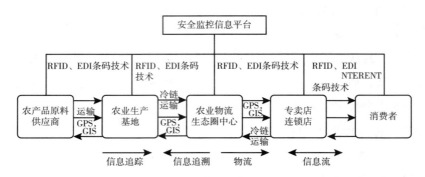

**图 12-5　以农业物流园区为核心的农业物流生态圈农产品流通**

农产品物流园区通过有效衔接各种运输方式，开展以国际集装箱为主的水、陆、空多式运输方式的联合运输和联运中转等业务，以便于我国鲜活农产品快速进入国际市场。作为农产品物流网络的新型综合节点，农产品物流园区的首要功能是运输和配送的组织与管理，包括装卸车、配货、调度指挥等，同时也提供配载、拼装等服务。

园区大力发展蔬菜、水果等鲜活农产品的冷藏集装箱运输及冷藏车运输服务，积极探索多种鲜活农产品物流保鲜技术，构建鲜活农产品物流的冷链系统，降低鲜活农产品在途损耗。

按照标准化需求建设配送区域，建立基本运输团队，调用第三方物流公司，运输情况基本实现电子单据管理，实现信息化管理运输单据，与上下游实现电子订单沟通服务，配送服务完全实现 GPS 跟踪实时反馈运送信息，通过信息平台告知客户。

## 五　农业物流园区配套服务功能中的协同

农业物流园区除完成以上基本核心功能外，还需要为园区内商户和往来客货提供必不可少的配套服务。物流园区在政府支持下可以为园区内运营单位提供一体化运作的公共物流配套服务。一方面，通过引进一批配套服务企业，提供金融、保险、工商、税收等配套服务，并通过设立综合服务中心、停车场、维修保养厂、加油站、清洗站等设施，提供信息、农产品展示、咨询、保安、车辆、设施维护、设备维修、加油、物流废料处理等配套服务；另一方面，在条件允许的地区，农产品物流园区内的运营单位还可以开展诸如通关、保税、法律结算、需求预测、咨询、培训、技术开发等增值服务。其中，为解决农户社会化服务需求缺口要特别设置的配套服务包括以下方面。

（1）优良种子推广与技术服务；

（2）优良种畜禽推广与技术服务；

（3）田间管理技术服务（社会化服务主体联合体）；

（4）大宗农作物收割、脱粒服务（社会化服务主体联合体）；

（5）农机销售、租赁、维修服务（社会化服务主体联合体）；

（6）农作物采摘服务（社会化服务主体联合体）；

（7）畜禽防疫治病服务（引入园区的专业团体和社会化服务主体联合体）；

（8）畜禽屠宰服务（社会化服务主体联合体）；

（9）农业金融服务（园区专门引进的信用社和其他银行）；

（10）农业人口职业介绍服务（社会化服务主体联合体）。

另外，农业物流园区可以发展农产品物流技术研究、物流技术推广及人才培训的功能。

## 第三节　农业产业体系协同化发展微观
## 实现形式的整合

农业物流园区最能体现现代物流特点的就是服务功能整合，它可以充分发挥其对农产品质检、储存、包装、流通加工、配送等各种物流活动的组织、协调、衔接功能，将原本可能在几个物流节点完成的上述服务在一个物流园区空间范围内有机整合起来，即通过物流业务功能的空间集聚，为客户提供多功能的综合一体化服务，实现规模效益。

从以上仓储、流通加工、交易与信息、中转、换装、集散、配送和多式联运以及配套功能中的产业协同的运营思路和具体推进的路径方法中我们不难发现，在农业物流园区这一平台的基础上，不但所涉功能从流程上实现了打通，还借由多种形式的合作（包括合资、共建、共营、资源共用、流程再造）实现了农业产业体系各层次主体上的全方位的协同化发展，综合来看，将所有协同形式提炼整合后，可以有以下主要微观形式特点。

（一）基于平台建立供需合作

在全领域均采用多种形式的共建共营、合资合作，包括有业务共性的农产品经销企业和加工企业、优质农产品出口企业、农业物流企业以及所有具备物资仓储和物流需求的农业相关企业进行多种形式的合作，其中也包括在运营中具有特殊资源属性（如冷链、通关、保税等）的相关企业，在这个过程中不但借助龙头企业的现有网络实现吸纳融通，也利用众多小企业合力打造规模化、产业化农业流通体系。

（二）基于平台实现资源共享

平台的资源除了平台自有的场地、信息、市场、物流设施、配套外，还会拥有大量由入驻企业所带来的资源，这些资源会伴随平台的运营，围绕农业产业体系的运行状态逐步实现规模化、条理化，并且还可以在运作中实现各主体及园区间合资共建共营，实现资源共享和互补，并提供对外的服务，进一步促成流程重组，最终实现产业的融合。同时伴随园区信息平台的建立，实现更高效能的协同。

（三）基于平台建立农业品牌化

平台联系产区和农户，建立直达农业产区的良种与采收、物流服务，实现高效的农业产前与产中控制，再由园区整合现有园区资源进行统一的流通加工、包装和商业化品牌的整体运作，实现农产品的更高附加值，实现各主体协同效能的进一步提升。并利用园区品牌及入驻企业的原有销售网络进一步拓展国内和国际市场。

**（四）基于平台实现全方位农业服务**

平台不仅为农业产后的流通带来更合理的资源利用和更顺畅的流程，也围绕农业发展需要，提供包括农业产前产中的农药、农资、农机、种子、种畜禽、饲料、田间管理、农作物收割、脱粒、采摘、畜禽防疫治病、畜禽屠宰、农机销售、租赁、维修等全方位的服务，还会引入农业金融机构和农业政务窗口，同时建立农副产品市场和农村生活消费品市场，实现全方位一站化的农业服务。在流通下游为大型连锁企业（包括连锁零售、连锁餐饮、军队、政府特供等）提供全系列农产品和农副产品的一站式服务。

**（五）基于平台实现利益共享**

正是基于合资共建共营共享，农业产业体系中的各层次主体可以获得因效能提升达到的价值溢出，使农户获得更高效能，取得更高的营收。此外，入驻园区的主体都能利用协同共营中的商业约定实现利益的进一步分配，园区也可以在其中获得基础租金收益以外的收入。在利益共享的基础上，各主体还能通过园区实现知识资源的共享，形成相对独立又利益合一的主体的企业文化、园区文化，进一步实现更高层面的协同。

# 第十三章　依托农业物流园区的农业产业体系协同化发展的系统动力学仿真及优化

　　农业产业体系中的涉农经营主体具有经济理性，建立利益联结，实现共生关系是为了在竞争和合作的动态博弈中降低风险、增加收益。随着新型农业经营体系的发展，农业生产正在由原来单一农户为主的生产主体向专业大户、家庭农场、专业生产合作社、涉农龙头企业的多元主体进行转变，而主体间的利益共生关系也不断发生着变化，然而依然存在由于契约不完全造成的交易过程中目的难以全部实现，甚至出现违约的情况。近年来，国家大力支持新型农业经营主体的发展，相关优惠政策不断出台，农业产业化也不断向着"联合"的方向发展，各经营主体之间的利益共生关系也有望随着制度变迁而得到强化。

　　目前农业经济发展中出现了以农业为主要服务对象，植根于传统农业流通市场的农业产业集群平台体，这些平台体在外部形式上表现为农业物流园区、综合农业批发市场、农业加工中心、农业产业园等。它们围绕农业生产过程中的产前、产中和产后全产业链中的采购、生产、运输、流通加工、储存、配送、分销、信息服务等一系列功能的经营主体在一定空间上的集结点，是多个产业及行业类型的整合组织，是农业产业体系各主体之间进行协同化发展的重要物质基础，也是涉农经济主体间利益共生关系的重要实现形式。因为这些组织多表现为与农业相关的集群形态，本章在研究时以农业产业集群为研究对象。在这样的一个集群体中，多层次的主体、功能、关系等形成了一个复杂的系统，这些多层次主体如何相互作用、相互影响，实现怎样的动态变化和整体协调是我们有必要清晰认识的。

## 第一节　研究方法与数据来源

自迈克尔波特提出产业集群概念后，相关研究层出不穷，但总体来看，呈现出"重工业研究，农业研究滞后"的情况。而作为本书的主要研究对象——农业物流园区，不仅仅是农业集群，也具备物流的特点。综合来看，对于农业产业集群的研究主要有以下几个方向：首先是对于农业产业集群的形成、成长、发展和途径的研究，比较有代表性的是近年来李梦[①]的观点，他强调农业产业集群的产业链构建、政府的指导与扶植以及区位优势，还有一批学者将龙头企业作为农业产业集群发展的关键因素；其次是关于农业产业集群中各参与主体的影响问题，如对农民收入、企业效率等的影响，也包括这一影响的产生途径和影响程度的实证研究。综合来看，这些研究虽将农业物流集群作为农业发展中的重要载体进行研究，也关注到了集群对主体以及主体之间的影响，但并没有对以集群为依托的农业产业体系的协同化发展问题有针对性的研究，本研究则将以农业产业集群为物质载体的农业产业体系协同化作为一个系统，用系统动力学的研究方法构建以农业产业集群（农业物流园区）为依托的农业产业体系协同系统的演进模型，通过仿真方法对系统演进机理进行分析。

### 一　研究方法

系统动力学以构建的系统为分析的整体环境，是一门认识系统问题和解决系统问题的综合性研究方法，是由美国麻省理工学院教授福罗斯特创

---

[①]　李梦：《国内外现代农业产业集群的特点比较及经验借鉴》，《当代经济》2019 年第 3 期。

立的。

系统动力学模型可以有效地模拟现实中系统内部的变量变化和相互影响，其最明显的特征是从细微处出发，通过构建系统对内部各部分及其变化、关系以及处理问题的方法进行深入、全面的分析。我们可以通过关注系统内部和外部的多方信息的反馈，突出系统在整体和局部的动态变化、整体协调。①

对于复杂主体内部的多样联系，系统动力学能够借助模型分析，并完成由复杂到简单的模型构建，从而模拟经济社会的发展，探究经济主体和系统的发展趋势和潜在问题。利用该学术理论对区域农业产业集群（农业产业园）以及以此为依托的农业产业体系的协同发展进行系统研究，符合系统动力学的功能及特性。②

## 二 研究区域及数据来源

本书以湖北省作为研究对象，基于 2005~2016 年农业数据，构建湖北省以农业产业集群（农业物流园区、产业园）为依托的农业产业体系系统动力学模型，预测 2017~2035 年湖北省农业产业体系协同化发展趋势，进行多情景仿真分析，提出优化调整建议，为当地政府制定农业产业集群（农业物流园区、产业园）发展政策提供参考。

湖北省，位于中国中部偏南、长江中游，洞庭湖以北，介于北纬 29°05′ 至 33°20′，东经 108°21′ 至 116°07′，东连安徽，南邻江西、湖南，西连重庆，西北与陕西为邻，北接河南。湖北东、西、北三面环山，中部为"鱼米之乡"的江汉平原。

湖北是全国重要的农产品生产基地，水稻、双低油菜、生猪、淡水产品等重要农产品量多质优，但与高质量发展要求相比，与发达省份相比，湖北农业产业化还存在诸多短板和不足，缺乏大品牌、大龙头，企业创新能力不

---

① John, D. S., *Business Dynamics Systems Thinking and Modeling for a Complex World* (SJ Press, 2000).

② 王其藩:《系统动力学》，上海财经大学出版社，2009。

足，产品附加值不高，利益联结机制不够紧密，产业化发展水平亟待提升。

本书数据一部分来源于湖北省宏观统计数据，另一部分来源于文献数据。项目组在 2018～2021 年对湖北省农业产业集群（农业物流园区、产业园）进行相关调研，通过对这些定量数据和定性描述信息的统计分析得到一部分相关数据。

## 第二节　模型构建

### 一　系统构建的假设与边界

利用系统动力学进行仿真的主要是通过构建区域农业产业集群（农业物流园区）中农业产业体系协同的模型流图，结合相关数据为模型赋值并进行仿真模拟，基于趋势进行预测；同时，针对仿真结果和优化目的，对相关的可调控参数进行调整，对比调整前后的运行变化，分析后为共生双方的共同发展提供合理可行的对策建议。[1]

因为所涉农业产业体系相关因素多，关系繁杂，为将复杂现实情况简明化，去除非相关因素之后[2]，做出以下假设和边界：

（1）在讨论农业产业体系时，由于其所涉及的因素多，选取其中具有典型意义的龙头企业为代表，其协同关系也主要考虑龙头企业间以及龙头企业与园区间的协同关系；

（2）在讨论农业物流时，主要考虑农业生产经营活动中的物流运行情况，不考虑居民生活中对农业物流的使用；

（3）在讨论农业产业体系中功能角度的协同时，主要考虑各主体间在通过园区的集成作用形成的规模效益（集群集运）；

---

① 张林清：《基于系统动力学的生鲜农产品供应链运作风险评价研究》，硕士学位论文，烟台大学，2022。

② 王军等：《基于系统动力学模型的品牌经济与区域经济发展关系研究——以东部地区为例》，《山东科技大学学报》（社会科学版）2021 年第 6 期。

（4）在讨论农业产业体系产业层面的协同时，主要考虑农业产业链上下游主体的流程重组（基于合作合资共建）。

## 二 模型变量的选择

在对前期数据和调研信息分析的基础上，我们设定了 3 个状态变量、3个速率变量、8 个辅助变量。变量与常量的具体设定如表 13-1 所示。

表 13-1 基于农业产业集群（农业物流园区）农业产业体系协同化
演进模型所包含的变量

| 变量类型 | 变量名称 | 变量注释 |
|---|---|---|
| 状态变量 | 农业物流年供给量 | 为农业提供的物流服务总量 |
|  | 集群利润 | 集群年利润 |
|  | 农业 GDP | 集群辐射区农业的年生产总值 |
| 速率变量 | 集群集运率增量 | 实现集运货物量/总货运量 |
|  | 合作合资共建增量 | 相关企业基于合作目标共同出资建设所需的物流设施并共同管理的总投入占集群总产值比 |
|  | 集群内企业扩张率 | 集群内入驻企业的产值和利润的增量 |
| 辅助变量 | 一体化经营增量 | 农户与企业及集群进行一体化品牌化农产品生产经营 |
|  | 物流成本减少量 | 集群平均物流成本的减少量 |
|  | 集群内关联产业配比关系优化率 | 上下游关联企业基于连接关系的配比,配比率越接近于 1 越优 |
|  | 集群成本变化增量 | 集群平均成本的变化 |
|  | 集群龙头企业增量 | 入驻集群的农业龙头企业的增量 |
|  | 农业人口数量 | 集群辐射区域内农业人口数量 |
|  | 政策支持系数 | 税收、金融、补贴的综合系数 |
|  | 交通运输投资 | 政府对于交通运输的投资额 |

## 三 变量来源

本研究多次对相应区域的农业发展及其相关农业物流园区（或涉农集群、农业产业园）进行田野调查，围绕研究主题，基于以下逻辑思路做了大量的定性和定量调查。主要调研关键信息如表 13-2 所示。

表 13-2　调研对象及关键信息一览表

| 调研对象 | 基本情况 | 产业链前端 | 过程组织 | 产业链后端 | 调研目的 |
|---|---|---|---|---|---|
| 农户或其他小规模农业生产主体 | ①经营种类(种植、养殖) ②规模 ③收入(含人均收入) | ①土地流转情况 ②农资农具购买 | ①劳动力的组织 ②农机租赁 ③采收 | ①农产品销售渠道 ②日用品的购买途径 | 了解农业生产中后各环节的流通情况,判断协同化的必要性 |
| 农业合作社等中间组织 | ①组建与发展过程 ②核心功能 ③主要业务 ④规模、收入等 | ①服务对象 ②产前采购 ③农资供应 | ①生产计划(比如有无订单生产) ②生产服务组织 | ①产后加工、销售 ②物流 | 判断中间组织在农业生产、销售中的作用与地位 |
| 龙头企业 | ①发展历程 ②规模、收入 ③主要产业与产品 | ①前端整合情况 ②要素投入情况 ③采购物流 | ①生产物流(车辆、仓库等) ②上下游协调情况 | ①产品销售情况 ②物流 | 龙头企业在农业产业链发展中的作用与地位、成就与困难 |
| 物流园区 | ①物流园区的发展历程 ②定位与涉农功能 ③规模与收入 ④发展方向 | ①商家入驻数量 ②商户的分类 | ①运营组织方式 ②有无双向物流(城乡间的农产品、工业品互通) ③盈利模式 ④服务开发 | ①流通量 ②市场覆盖范围 ③拓展双向物流的可能性 | 物流园区在协同化发展中的地位、成为核心主体的可能性 |
| 政府部门 | ①部门职能 ②本区相关领域发展情况 | ①土地政策与措施 | ①农业生产规模化政策与措施 ②农业、农村物流政策与措施 | ①农业物流园区政策与措施 ②农业、商务、发改、邮政等多部门协同问题 | 政府在农业产业体系协同化发展中的保障作用 |

在这一调研思路的指引下，根据现实调研进度的不断推进和调研中出现的新情况及新问题，对相关因素进行聚类。同时，由于选题牵涉因素的数量众多，关系复杂，且地域差异带来的因素的差异较大，为保证研究的科学性和严谨性，我们对因素及其数据进行了三种方式的处理。[①] 首先，对于与研究紧密相关的因素借助调研中给出的数据并结合宏观数据和文献数据，进行综合处理，从而形成有用变量，例如速率变量"合作合资增量"，一方面来源于调研的某些农业物流园区数据的实际增量，另一方面又基于选题选择了相关文献关于园区或涉农集群或产业园来自科技、资金、市场上的增量百分数的加成，再利用宏观数据中与之相关联的数据计算年度增长百分比。其次，由于农业物流园区数据的实际增量所集取的时间跨度有限，前期以集取区段的基期数据为准，再对此变量数据进行无量纲化处理，用于系统模拟。[②] 最后，对于辅助变量的选取主要是通过调研结果的因素聚类而得到，其数据主要来源于调研和宏观数据的处理，对于状态变量，则基于与研究选题相关度紧密为原则进行选取，数据上更多的来源于宏观数据。

## 四 主要因果关系

因果关系图是运用系统动力学方法构建模型的基础，简洁明了地表现出了系统构建的逻辑框架和后续模型运行的原理。在前文规定的条件下，考虑了共生系统内共生单元的质参量（园区产值、物流成本、龙头企业、关联产业配比、合资共建等），共生环境中的国家法规和政策、基础设施建设等因素，构建出了如图 13-1 所示的因果关系。

根据因果关系图得到各因素参数之间的因果反馈回路：

（1）集群成本变化增量→+集群内企业扩张率→+集群集运率增量；

（2）集群成本变化增量→+集群内企业扩张率→+农业 GDP→+合作合

---

① 陈子康：《基于系统动力学的生鲜农产品供应链风险控制研究》，《商场现代化》2021 年第 19 期。

② 宁泽逵、李智鑫：《基于系统动力学的农产品物流成本体系识别及管理》，《物流技术》2021 年第 9 期。

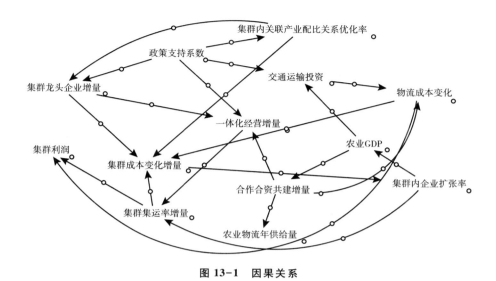

**图 13-1 因果关系**

资共建增量→+物流成本变化；

（3）集群成本变化增量→+集群内企业扩张率→+农业 GDP→+交通运输投资→+物流成本变化；

（4）集群成本变化增量→+集群内企业扩张率→+农业 GDP→+合作合资共建增量→+一体化经营增量→+集群集运率增量；

（5）物流成本变化→+集群成本变化增量→+集群内企业扩张率→+农业 GDP→+合作合资共建增量。

如因果关系图所示，集群整体成本的负向增量惠及集群内企业，使得这些企业的成本更低、利润更高，从而在业务规模和业务类型上获得更高的成果，这些成果会影响农业 GDP 的变化，进而带来内部企业更高的积极性，不仅基于集群发展，更有合作合资共建（这是农业园区进行产业融合的重要方式，即由有业务关联性或业务同质性的企业合资合作共建所需的设施设备并共同管理运营、获取收益）的意愿和行动，而这一意愿或行动的增加可以带来更高品质的生产经营物质基础，从而促成集群内的一体化经营的增量，而以上增量又会使得更多的处于生产和经营过程中的农产品或农副产品的规模化，从而得到集运率增量。集群在这一因果关系回路上实现更高层次的协同化过程。

在以上回路的基本作用基础上，结合研究主题，可以有以下三个方面的深度逻辑关系。

（1）一体化经营实际上是农业产业体系的纵向一体化的具体形式，是在资源要素产品利润合理流动的要求下，农业产业体系的上下游企业进行协同关联，服务于城乡需求。通过挖掘自身资源禀赋与空间潜力实现集群，而这一集群不仅促成了农业产业体系的纵向一体化，也推动了企业的多业并举，进而实现了一体化经营。从因果关系上来看，集群的存在是一体化经营的先决条件，在因果关系上一头是合作合资共建，另一头是集群集运，实现了农业功能联动，带来了规模农业，实现了农业内部产业规模集聚和涉农产业间错位互补、多方共造。

（2）一般来说，产业空间重构滞后于产业融合，原有的农村产业（以个体企业和集体企业为主）缺乏统筹规划而分布零散，各乡镇之间的产业处于一种交叉和无序的状态中，这就直接带来了农业流通效能水平较低的状态，乡镇凭借其特殊的地理位置和交通优势，引导产业集聚，而集群的出现以及对农村产业的辐射和吸纳功能，通过节点打破了这种无序状态，实现了产业空间的协调发展。正是在这样深层次的产业空间诱导下，集群通过节点功能实现农村多向性的物质的集、配、运、供、储，一方面为一体化经营提供了物质基础，另一方面带来了产业间的融合。因而在因果关系上，它既受成本负向增量带来的企业扩张的影响，又与一体化经营和合作合资共建存在必然的因果关系。

（3）从农业经济区域来看，集群作为节点式的服务平台，使农业产业体系中的各类主体实现了地域集中。产业融合既可以解决产业分类不明确、产业附加值不高等问题，还基于产业、文化、生态等多要素的融合发展进行产业体系的重构，突破了传统产业体系划分的限制，带来了产业空间价值增值。这种产业融合表现为产业渗透、产业互补、产业替代等，而表现为内在产业类型细分和外在产业空间效率的多业融合体系，这些企业在保持各产业空间相对独立性的同时，实现多业的协同，增强要素流动网络的传递效率。

合作合资共建是产业融合的最初形式，也是必经阶段。从因果关系上它可以带来一体化经营的增量，也会促成更高规模的集运，同时还与集群成本及物流成本有着相互作用，也是集群内的企业进行扩张的重要形式。

通过对因果关系图的回路分析发现，图 13-1 基本符合以集群为依托的农业产业体系协同发展的逻辑框架和后续模型运行的原理。

## 第三节 系统模型仿真与分析

在借鉴已有的研究成果的基础上，结合前文的因果关系分析，提取基于农业产业集群（农业物流园区、产业园）农业产业体系协同化演进的主要因素，运用系统动力学方法构建了依托农业物流园区的农业产业体系协同化发展演进的基本模型，如图 13-2 所示。

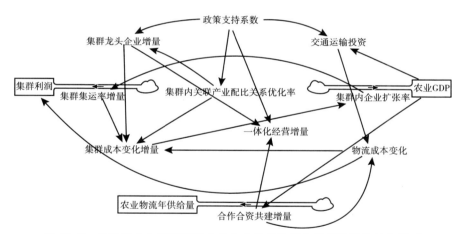

**图 13-2 依托农业物流园区的农业产业体系协同化发展演进的基本模型**

### 一 总体状态变量的变化过程

根据所设定的方程和初始参考值对依托农业物流园区的农业产业体系协同化发展演进的模型进行仿真计算，得到演进过程中各状态变量的变化过程（见图 13-3）。

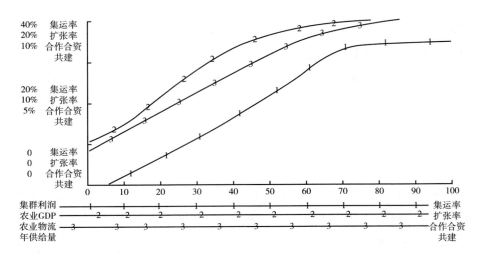

图 13-3　依托农业物流园区的农业产业体系协同化演进
各状态变量随时间变化曲线

曲线 1 代表在依托农业物流园区（集群）农业产业体系协同系统中集群利润的演进过程。伴随着集群规划建设完成，度过运营初期后利润逐步上升，经过较高速度的增长后，增长速度逐步减弱并逐渐趋于平缓。特别是在集运率达到一定的增长速度（20%以上）时，集群的吸纳辐射能力会得到较大的提升，集运的规模会逐渐扩大，规模效益得以显现。此时企业扩张率和合作合资共建的比例也在逐步上升。

曲线 2 代表依托农业物流园区（集群）农业产业体系协同系统中集群辐射区内的农业 GDP 的演进过程。辐射区内的农业 GDP 的关联因素较多，与农业总产量及农产品结构关系也比较大，因此期初的曲线处于缓步增长的状态。但在集群度过运营初期，在集运上和合作合资共建上有一定增长后，多元产业集聚和多业态复合为农业流通成本的节约提供了契机，也带来了更高的 GDP 水平。特别是借由集群的市场反馈作用对农产品结构和农产品总量会产生影响，既提升了集群的利润，也会对辐射区内的农业 GDP 产生较大影响。

曲线 3 代表依托农业物流园区（集群）农业产业体系协同系统中农业物流年供应量的演进过程。集群在运营初期供应能力由于集运、合作合资共建和入驻企业上的薄弱状况所限，供应量处于平缓上升的状态，而且此时，园区的主要业务来源是基本层面的功能服务，与此时的农业 GDP 水平处于同步状态。伴随园区集运、合作合资共建等逐步发展并进入较高增长期后，供应量增速明显，同时其对农业 GDP 的影响作用也更加明显。

以上 3 条曲线在后期都出现了趋于平缓的状态，究其原因无外乎两个方面：一是集运的高度发达在一定程度上与农产品个性化需求的冲突带来的服务水平受限，在细分市场上出现能提供更高成本更优服务的板块，对现有集运实现替代，同时这也是随着供应量的不断增大，边际效应递减的正常反应；二是伴随集群对辐射区农业发展的影响的不断增大，经过高速的发展后，辐射区农业与集群已经形成较为成熟的协同关系，按照事物发展的规律，进入成熟期后增速会逐步放缓，并进入一个平稳发展期。

## 二　速率变量对总体状态变量的影响分析

为了能够更加清晰直观地反映速率因子对依托农业物流园区（集群）农业产业体系协同系统演进的影响，我们对速率变量的数字进行了调整，观察集群利润、辐射区农业 GDP 以及集群供应量的演变差异。

图 13-4 反映了集群集运率在 2%（曲线 1）、5%（曲线 2）和 9%（曲线 3）时，在依托农业物流园区的农业产业体系协同化演进系统中集群利润的演进过程。伴随集运率的不断提升，集群利润增长速度也在逐步提升。

图 13-5 反映了企业扩张率在 1%（曲线 1）、3%（曲线 2）和 5%（曲线 3）时，在依托农业物流园区的农业产业体系协同化演进系统中辐射区农业 GDP 的演进过程。伴随企业扩张率的不断提升，辐射区内农业 GDP 也在同步提升。

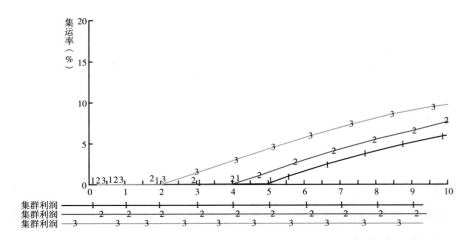

**图13-4　集群集运率对依托农业物流园区的农业产业体系协同化系统演进的影响**

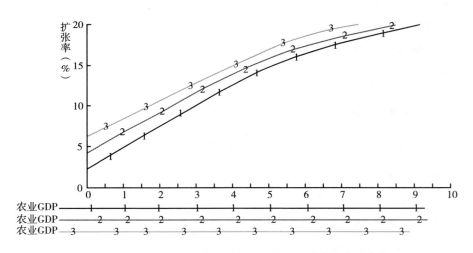

**图13-5　企业扩张率对依托农业物流园区的农业产业体系
协同化系统演进的影响**

图13-6反映了合作合资共建在3%（曲线1）、6%（曲线2）和10%（曲线3）时，在依托农业物流园区的农业产业体系协同化演进系统中辐射区农业物流年供给量的演进过程。伴随集群内企业间合作合资共建的不断提升，集群农业物流年供给量也在不断提升。

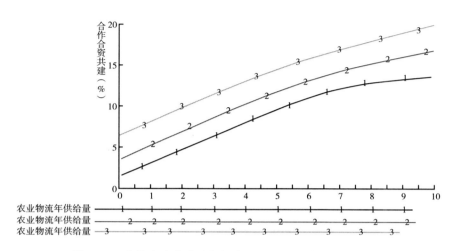

**图 13-6 合作合资共建对依托农业物流园区的农业产业体系协同化系统演进的影响**

从各变量的横截面来看，速率变量水平越高，依托农业物流园区的农业产业体系协同化系统演进的程度就越深，达到相对一致演进程度的时间也会相对越短。也可以这样理解，在集运率、合作合资共建和企业扩张率上的不断提升会带来系统演进速度的加快。

本章通过仿真手段描述了演进过程中依托农业物流园区的农业产业体系协同化系统中集群利润率、辐射区农业 GDP、农业物流年供给量的动态变化过程，阐述了依托农业物流园区的农业产业体系协同化系统演进的基本规律。模型中关于依托农业物流园区的农业产业体系协同化系统中的集运率、合作合资共建的整体的逻辑增长，较好地拟合了先前学者们的研究结论与理论观点，从而证明了模型构建的合理性与适用性。

# 第十四章 依托农业物流园区的农业产业体系的协同化发展体系的案例分析

通过整合农业物流功能，并辅以先进的信息技术平台，同时将农业产业体系中的社会化服务组织聚集起来，并引入政府相关组织职能和金融机构、农业科研单位，可为农业产业体系提供现代化的全方位服务。同时，吸纳农业生产资料生产或流通企业和农村生活资料流通企业入驻，将农资和农村消费品流通与物流和农产品物流进行集成协作，实现双向流通和物流，使物流园区成为联结产前、产中、产后的全方位服务平台和生产、加工、零售、物流的核心环节。

## 第一节 我国物流园区发展状况

目前，我国完全意义上的农业物流园区正处于起步阶段，但是在现实中出现了众多发挥农业物流园区部分功能或者基本功能的平台体，这些平台体过去或者是农产品批发或交易市场，或者是农产品物流园区，或者是以农业为主要服务对象的物流中心，或者是以观光农业为基础的农业产业中心，也可能是以农业信息为服务手段的电子商务交易中心，或者是涉及农业产业链某些关键环节的服务产业中心，它们中的大部分基于先导性和较高的市场认同度而发展状况较好，伴随农业需求的增长不断在农业产业链的相关功能上进行延伸，服务范围持续扩张，逐渐具备物流园区的雏形功能样式，并在不断发展过程中通过整改、转型和功能的进一步扩展、深化，形成实质上的农业物流园区。同时，在现实的产业界，各地也先后兴建农业物流园区，虽然大部分尚处于建设阶段，但在功能设置、发展运营思路上都是定位于完全意义上的农业物流园区。还有一部分新建状态的农业物流园区以"摸着石头过河"的发展思路，以农产品物流中心或交易中心为主要功能，但功能上处于不断拓展和延伸的状态中，根据市场情况逐步发展，最后实现农业物流园区的实质的成形。

因为农业物流园区在我国属于新兴事物，发展尚处于起步阶段，因此目前尚未有全国性或区域性的关于农业物流园区的调查研究的数据，笔者在研究过程中通过资料收集和整理，掌握了一批我国农业物流园区的相关信息，但这些相关物流园区资料相对零散，只能对其中比较重要的做简单的汇总性介绍（见表14-1）。

这些物流园区是我们研究团队从2013年就开始关注的，经过近十年的发展，有的空有规划，有的转型发展，空有农业之名，这既是正常的市场经济的结果，也说明农业物流园区的发展还任重道远。

同时，还有一批农业产业园，其在功能上与农业物流园区有一致性，具备产品展示和市场推广及营销功能，有相对固定的物流服务团队，并且具备农业科技推广和农业新技术推广的功能，虽发展处于初期阶段，但整体架构和发展方向趋同于成熟完整意义上的农业物流园区，我们亦将其作为本书的研究对象（见表14-2）。

# 第二节　山东寿光农产品物流园分析

山东寿光享有"中国蔬菜之乡"的美誉。这一美誉来源于三个方面。首先是山东寿光蔬菜的品质，早在16年前，寿光就拥有与农业科技和农业研究的高校共同成立的蔬菜研究院，并建成了面积超过5000平方米的蔬菜实验室，同时专门建立了蔬菜良种试验示范和繁育基地。其次是山东作为

表 14-1 部分农业物流园区建设运营情况汇总

| 名称 | 地址 | 投资规模 | 主要功能定位 | 建设目标 | 建设现状 |
|---|---|---|---|---|---|
| 巨龙现代农业物流港① | 甘肃省酒泉市肃州区,312国道 | 占地56万平方米,计划总投资18.4亿元 | 集农业机械制造销售、农资销售配送,果蔬物流运营为一体,集物流供求信息、在线交易、融资服务于一体 | 发展"枢纽+通道+平台+产业"的枢纽经济,"高起点,大规模,现代化,承接东西,集散南北"的战略布局,以打造甘肃农产品物流示范区为重点,努力成为西北地区规模最大、最先进的现代、绿色、环保、安全的农产品流通企业,依托聚农网构建面向全国的现代物流平台 | 已累计完成投资13.9亿元,建成鲜活农产品批发、农机交易,果蔬保鲜储藏,农产品展示展销中心,结算中心等六大功能区。2017年,巨龙物流港二期工程建成后,冷链物流,农资,建材,副食品,电商平台等业务相继展开 |
| 深圳海吉星农产品物流园② | 深圳市龙岗区平湖街道白坭坑社区 | 建设占地30万平方米,投资18亿元 | 以首家农产品流通第三方实验室和中央厨房为特色,建立大型"农超对接平台",以农产品的装卸搬运和仓储、批发为基础③ | 物流园为深圳唯一的一级农产品批发市场,将成为华南地区规模最大、功能最完善,配套最齐全,辐射范围最广的农产品现代化物流枢纽,为深圳、香港及珠三角地区的"菜篮子"供应和食品安全提供有力保障 | 2011年9月29日正式启用,蔬菜、冻品、水果、干货等交易区已全面运营,日均总交易量过万吨,客商来自全国各地的经销商3000多家,年交易量380万吨,年交易额280亿元 |

| 名称 | 地址 | 投资规模 | 主要功能定位 | 建设目标 | 建设现状 |
|---|---|---|---|---|---|
| 彭墩农业物流园区 | 荆门市主城区东宝区下辖的牌楼镇来龙村 | 项目总占地约48.7万平方米，总建筑面积约22万平方米，计划总投资10亿元 | 四大板块分别是：仓储物流区、智贸云谷区、商贸交易区、生活配套区。以电商、城市快消品、智能仓储配送为核心，以商品贸易（干货粮油、日杂百货、酒店用品、针纺鞋帽、摩配）、农资农机交易为主体 | 依托荆门的区位与交通优势，整合现有中国农谷发展政策优势，利用农贸、农资市场和农业物流资源，建设和完善物流园基础设施平台和物流公共信息平台，加快建立和形成一个统一、开放、一体化运作的农业物流大市场，建设成为富有特色的功能完善、运作高效、管理规范的服务鄂中城市群、重点辐射华中地区的重要的农业物流枢纽和大型农业综合物流园区 | 2016年开工以来，已完成14500平方米的建设，其中商业80000平方米；物流仓储区5栋标准化智能仓储38584平方米；商务配套区14800平方米。目前，整个园区已建成智贸云谷区、仓储物流区、商业配套办公区、生态酒店等，园区内各项配套设施建设也相继完工。项目一期2019年开业运营 |
| 三峡物流园① | 湖北省宜昌市伍家区东站路1号 | 投资18.8亿元，占地76.9万平方米，总建筑面积80.8万平方米 | 规划有农贸城、冷链仓配送中心、物流信息交易区三大功能区 | 建成后的三峡物流园可实现年货物吞吐量720万吨，预计年交易额达150亿元，年税收将过亿元，解决3万人就业，将发展成为鄂西渝东最大的现代化、综合性生活品物流基地 | 园区进出车辆达到2万车次/天，蔬菜水果日交易量达到1500吨以上。果蔬、百货、日杂、副食、干调、粮油、冻品、肉食品、水产等区域均已营业，进驻商户已有1800余户 |

续表

| 名称 | 地址 | 投资规模 | 主要功能定位 | 建设目标 | 建设现状 |
|---|---|---|---|---|---|
| 孙桥现代农业园区⑤ | 上海浦东孙桥 | 规划面积400万平方米 | 旅游观光农业、生物技术和农产品加工产业、温室工程安装加工产业、设施农业产业和种子种苗产业，并以孙桥为中心形成了农业产业和农业物流集群 | 全国第一个综合性现代农业开发区。孙桥现代农业园区完全摆脱了传统农业劳作方式，采用现代农业技术未来经营农业生产，使农业向现代化迈出了坚实的一大步⑥ | 1996年正式对外开放。园区现入驻企业60多家，已由初建时的400万平方米扩大至600万平方米，并已形成种子种苗、设施农业、农产品精深加工、温室制造、生物技术、休闲观光和科普教育等六大主导产业 |
| 重庆西部国际涉农物流园区⑦ | 重庆市九龙坡区白市驿 | 规划面积1900万平方米 | 集粮油、食品、鲜果、水产、冻品的销售、储运、加工于一体，建设农业展览中心、装备制造、汽摩五金机电、冷链食品加工和科研孵化四大产业集群 | 初始目标：打造以粮油、食品、鲜果、水产、冻品等为主的百亿级专业市场和"西部第一、全国一流"的中国西部农产品冷链物流中心。现有目标：打造环境美产业新的"升级版"，开放园区，形成名片效应，吸引优质产业和投资商入驻园区，积极探索新型商贸模式，打造多联多服务中心，将心和区域性配送分拨园区，传统商贸物流提档升级 | 现有中石油、中船重工、太古、施耐德、明品福、车圈、赣江、陶然居、重通服务、奥捷、重粮公运、长运等30多家大中型企业入驻，拥有市农业科学研究院、市风景市农业科学研究院3家省级科研院所，汇集装备制造、汽摩五金机电、冷链食品加工和科研孵化四大产业集群 |

资料来源：①雒翠萍等：《涉农企业自建农产品电商平台运营模式研究》，《生产力研究》2019年第9期；②张凤达：《深圳海吉星农产品销售平台的设计与实现》，硕士学位论文，西南交通大学，2019；③谭智心、张照新：《提升我国农业产业体系竞争力研究——以甘肃巨龙公司"聚农网"和"沙地绿产"为例》，《农村金融研究》2021年第6期；④刘真、王林：《内河港口物流园区规划的实践与探索——以湖北宜昌三峡翻坝物流产业园为例》，《华中建筑》2019年第7期；⑤宋怡：《上海孙桥现代农业园区扩建项目》，《风景园林》2016年第11期；⑥田野等：《数字经济驱动乡村产业振兴的内在机理及实证检验——基于城乡融合发展的中介效应》，《农业经济问题》2022年第10期；⑦钟锐利：《重庆西部物流园基于自由贸易园区条件下的功能定位及其政策措施研究》，硕士学位论文，重庆大学，2017。

表 14-2　部分农业产业园运营情况汇总

| 名称 | 发展现状 | 功能定位 |
|---|---|---|
| 天门市天西现代农业产业园[①] | 产业园位于天门市西南部,坐落于江汉平原北部,核心基地位于蒋湖农场工业集中区东边,面积66.7万平方米。交通便利,园内为一般农田,地形较为平整,自然景观资源良好,初步形成了三横两纵园区道路,园区道路、绿化、亮化、水电气配套设施完善。天西6666.7万平方米花椰菜基地、张港镇蔬菜产业物流园已开发建设,具有良好的现代农业产业发展基础 | 实现城乡共融,构建"产城—产镇—产村"融合的产业园区发展链路,产业园以蒋湖农场为核心区,并带动辐射周边8个乡镇(园)的农业发展,同时辐射全市的相关产业 |
| 山西省芮城县南磑万亩循环农业示范园区[②] | 位于南磑镇境内,涉及南磑镇6个行政村,园区占地912万平方米,核心区占地306.67万平方米以上。核心区规划设计为"一心五区"。"一心"即功能中心,以标准化养殖和农业废弃物资源化利用为依托,突出生态循环发展模式,是园区的总引擎。"五区"包括设施农业区、特色种植区、粮食示范区、七彩农业区、综合服务区 | 园区依托县域龙头企业的现代化标准养殖场,形成了以"三沼"和秸秆为纽带的生态循环模式。以循环农业为基,万亩循环农业示范园区围绕粮、果、畜、菜四大产业,突出安全、优质、特色农产品,打造绿色产业集群,培育特色农产品品牌,发展休闲、科技农业、创意农业等,走一二三产业融合发展道路 |
| 江苏省泰兴市国家现代农业产业园[③] | 园区位于泰兴市北部,涉及"三镇一乡一园",即新街镇、元竹镇、宣堡镇、根思乡4个乡镇以及农产品加工园区,总规划面积9666.7万平方米,现有农户38560户。园区聚焦生猪和银杏两大主导产业,2022年1月成功获批国家现代农业产业园 | 产业园着力打造成"立足江苏、服务长三角、辐射全国"的"生猪高质量稳产保供的样板区、银杏三产深度融合的引领区、种养结合生态绿色发展的标杆区"。积极创新联农带农机制,培育新型经营主体,建立村企联结机制 |
| 瓦房店市现代农业产业园[④] | 瓦房店市位于辽东半岛中西部,全国县域经济百强排名第63位、县域工业百强排名第91位,均居东北首位。瓦房店地处北纬39度,有全国"水果黄金种植带""最佳畜禽、水产养殖带"美誉。2020年,获批国家现代农业产业园创建单位。园区地理位置优越,位于东北亚经济圈重要位置,是东北走廊必经之地 | 瓦房店市农业产业园突出海参和大樱桃两大特色产业,按照"一年有起色、两年见成效、四年成体系"目标,以构建"两区、五基地、五中心"为总体布局。同时,不断延伸农业产业链条,不断研发科技,强化应用,并以苹果、桃、葡萄、蔬菜、肉鸡为支撑,产业链条向加工延伸,创新"联农带农"机制。以龙头企业带动品牌推广,完善园区科技支撑体系 |

续表

| 名称 | 发展现状 | 功能定位 |
|------|---------|---------|
| 福海县现代农业产业园⑤ | 福海县现代农业产业园范围共涉及福海县 3 乡 3 镇 1 场,辖区总面积 1370 万平方米,规划产业面积 3.73 亿平方米。产业园的空间布局为"一心、两带、三园、五基地",是全国驼奶加工业、循环综合利用全产业链发展的主要集聚区 | 以阿勒泰羊、准噶尔双峰驼养殖为核心,以深加工产业为主体、副产品综合利用的生态循环经济发展模式。着重产业发展、绿色生态、联农带农,着力打造产业链,示范引领产业融合 |
| 江西丰城创建国家级现代农业产业园⑥ | 江西省丰城市推进农产品精深加工和休闲农旅发展,走出了一条"主导产业特色化、农业生产标准化、产业规模集聚化、利益联结机制化"的农村产业融合发展之路。2021 年,产业园总产值达 93 亿元,其中主导产业产值占园区总产值的 82%,农民人均可支配收入达到 2.46 万元,比全市平均水平高 33% | 打造"一心支撑、三园协同、五基地引领"的总体布局,即建设丰城麻鸭科技创新服务中心,鸭苗孵化交易园、麻鸭加工物流园、鸭羽绒加工园三大园区,传统水面养殖规模量化标准化基地、种鸭小水系养殖基地、肉鸭网床旱养标准化基地、麻鸭笼养标准化基地、稻鸭共生生态养殖基地 |

资料来源:①唐丽玄等:《城乡产业协同背景下现代农业产业园发展路径研究——以天门市天西现代农业产业园为例》,《现代园艺》2022 年第 17 期;②王万发:《基于 PDCA 循环的贵州现代高效农业示范园区发展模式研究》,硕士学位论文,贵州大学,2017;③谢彦:《泰兴市国家现代农业产业园创建经验》,《中国畜牧》2022 年第 14 期;《江苏再添 4 家国家现代农业产业园》,《农家致富》2022 年第 5 期;④吴婷婷:《瓦房店市现代农业产业园建设调研报告》,硕士学位论文,大连海洋大学,2022;⑤刘楞:《新疆现代农业产业园发展对策探究——以阿勒泰地区福海县为例》,《广东蚕业》2022 年第 8 期;⑥黄磊:《以农为笔 以园为画 以产为卷——江西丰城创建国家级现代农业产业园纪实》,《农村工作通讯》2022 年第 11 期。

农业强省,蔬菜种植的产业化水平处于全国领先水平,笔者在山东寿光调研过程中发现,这里的冬暖式大棚不但普及率高,还形成了大棚蔬菜的完整链条,即在农业合作社的牵头下形成大棚建设安装—农户—农业工人—蔬菜产出的链条,这不仅是寿光蔬菜的产量和品质的基础保障,同时也为蔬菜流通创造了发展空间。最后则是久负盛名的寿光农产品物流园区,它不仅为山东寿光农产品的全国化流通提供了平台,也使得寿光成为中国农产品流通领域的核心。寿光农产品物流园区正是我们前面所提到的发挥农业物流园区部分功能或者基本功能的平台体。因其先导性和极高的市场认同度而发展状况较好,伴随农业需求的增长而不断在农业产业链的相关功能上进行延伸,服务在范围上进行扩张，逐渐具备物流园区的雏形功能样式，并在不断发展过程中通过整改、转型和功能的进一步扩展、深化，形成实质上的农业物流园区。[①]

## 一 寿光农产品物流园概况

寿光农产品物流园是政府宏观政策背景下的产物，它是经国家发改委审核批准，由爱晚工程旗下香港旺益集团投资建设，美国柏诚设计公司全程规划设计的山东省重点项目工程。占地 2000 万平方米，总投资 20 亿元。定位为亚洲最大的综合型农产品物流园、中国最大的蔬菜集散中心、中国最大的蔬菜价格形成中心、中国最大的蔬菜信息交易中心、中国最大的蔬菜物流配送中心、中国最权威的蔬菜标准形成中心（见图 14-1）。

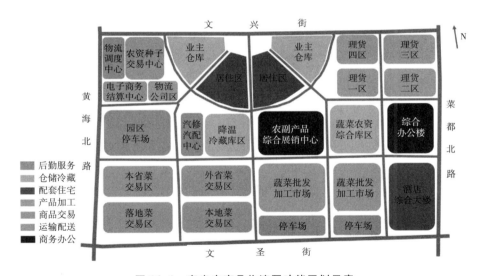

**图 14-1 寿光农产品物流园功能区划示意**

目前，寿光农产品物流园区 2009 年一期已建设完成蔬菜果品交易区、蔬菜电子商务交易区、农资交易区、农产品加工区、物流配送区及配套服务区六大功能区。笔者 2018 年专门去到寿光进行调研，"亚洲最大的综合型农产品

---

① 冯志鹏、张广胜：《山东寿光农产品物流园现状与发展对策》，《物流技术》2020 年第 6 期。

物流园""中国最大的蔬菜集散中心"的目标定位用鲜明生动的园区情境予以佐证，但是原计划中的蔬菜信息中心和蔬菜电子商务交易区却还滞后于蔬菜市场交易区的发展。

## 二 寿光农产品物流园现有功能定位

从寿光农产品物流园区从创立之初到如今的十余年发展历程不难看出，其定位是非常明确的。

### （一）蔬菜交易市场

蔬菜交易功能是寿光农产品物流园的基础核心功能，也是其最重要的利润来源。园区为此配备了总建筑面积近 14 万平方米的 6 栋交易大厅，其中横梁跨度最大的大厅达到 57 米，可以满足大进大出的需求。平台的运营组织方式基本上属于地产开发模式，以出租为主，主要盈利来源与交易量挂钩，按交易量收取费用（交易管理费）。

### （二）蔬菜流通集散中心

园区内蔬菜类瓜果主要是"买本地卖全国"的运营模式。其中中国–寿光农产品物流园每天蔬菜的平均交易量达到 1500 万公斤。对于本地蔬果，寿光会在重点乡镇设点进行集中收购，然后将其统一运输至寿光农产品物流园，再分销至全国。而对于外地蔬菜，先从外地运送至寿光农产品物流园，再分销至全国。

### （三）农业物流服务中心

园区内未纳入专门的农业物流企业，而是以社会化物流为主。当地的专业化农业物流企业，主要以果蔬农产品的运输为服务内容，带有重资产特色，大部分是传统运输企业运作模式，效率较低。平台化物流企业，基本上依托于本地平台和客户源，自发形成专业化、地域化和偏垄断性的经营格局。当地物流企业对于当地的支柱产业（果蔬交易）依赖性非常高。

### （四）农情咨询指导

园区配备了基本的蔬菜市场行情信息发布窗口，比如交易市场内的 LED 显示屏、门户网站等。通过蔬菜行情的发布引导当地农户选择蔬菜采收和购销的最佳时机，组织运销大户外销，引进外地运销户促销，帮助当地农户自销，目前这一功能也仅作为园区的附加功能存在。

### 三　寿光农产品物流园产业体系思路

在当地调研中不难发现，农业产业相关主体之间基于亲缘纽带和农业链关联，形成农业产业体系基层单位的农业合作社，并且基本上所有的农业大户都有以自身为中心的农业合作社。那么是否可以帮助寿光农产品物流园形成较好的农业产业体系协同呢？

首先，园区蔬菜集散和市场功能量大利丰，使得园区在运营中的盈利单纯依靠现有功能，处于舒适区的园区并无盈利或生存的压力，促使其进一步进行功能的开发与对上下游的吸纳。而且平台的管理与当地政府基本脱钩（中国-寿光农产品物流园），对于当地产业链条的整合与优化作用甚微——蔬菜生产基本处于农户"自发"状态，未形成产业化的"自觉"。[①]

其次，由于园区规模大，吞吐量大，其对于上游的整合及优化难度和复杂程度太高。而且，要实现农业产业体系的协同，带来农业效率的提高，实现农产品品牌化运作，需要将农资、技术指导、采收等纳入平台体系的管理中，这对于"买全国卖全国"的寿光农产品物流园来说并非易事。

再次，平台运作以交易为主，下游的分销和上游的集中仍处于传统交易模式（现场交易为主），缺乏信息化的整合。销售渠道的连接通过各级分销商的现场交易实现，效率较低。虽然在其中也使用了现代化的通信方式，如微信、QQ等，但还远远不够。

最后，在农业流通中下游的客户一般不直接联系规模较小的农户，而且主要通过农业合作社业主来联系农户，同时农业合作社业主也有能力将这两层关系进行联系和融合，因此合作社具备一定的疏通农业链条上下游关系的功能。虽然当地农业合作社发展较好，但是与平台的运营处于松散合作的状

---

① 冯志鹏、张广胜：《山东寿光农产品物流园现状与发展对策》，《物流技术》2020年第6期。

态，并未形成较为紧密的关系，所以园区不能借助合作社发挥联系农业上下游关系的作用。

## 第三节　海吉星农产品物流园区

海吉星公司是一家以投资、开发、建设、经营与管理农产品批发市场为主要业务的农产品流通企业，海吉星农产品物流园区正是我们前面所提到的发挥农业物流园区部分功能或者基本功能的平台体。因其先导性和较高的市场认同度而发展状况良好，伴随农业需求的增长而不断在农业产业链的相关功能上进行延伸，服务范围上进行扩张，逐渐具备物流园区的雏形功能样式，并在不断发展过程中通过整改、转型和功能的进一步扩展、深化，形成真正意义上的农业物流园区。

### 一　海吉星农产品物流园区概况

海吉星母公司——深圳市农产品股份有限公司旗下有多家与农产品流通相关的企业，这些企业主要是从事农产品商贸和物流的企业，或者说是实体化及网络化的农批市场，在地域分布上更是遍布全国。虽然在创立之初海吉星公司是以农产品批发市场的建设运营管理为主业的，但伴随着海吉星公司业务的不断发展，公司在快速扩张之后，形成了网络化、标准化、品牌化的战略定位，园区功能也在实践中不断扩张与深化，其角色定位也逐步在由农产品物流园区向农业综合性物流园区进行转变。

海吉星农产品物流园区的基本业务包括蔬菜、水果、水产冻品、粮油副食、肉类、全国名优特农产品、进口食品等的批发交易、加工配送、仓储、物流运输、进出口贸易、通关、检验检疫、电子结算、标准化推广、拍卖、电子商务、金融担保、会展、品牌培育。

### 二　海吉星农产品物流园区主要功能定位

海吉星农产品物流园区以在农产品市场交易基础上的农产品加工、运输、配送、进出口贸易等为主要服务功能，并伴随着产业链发展不断延伸电子商务、会展、品牌化和标准化的平台。它在发展中主要有以下功能定位。

（一）市场交易中心

海吉星农产品物流园区是以农产品交易为主导形式的平台体，市场交易是其基础性功能。一方面，它根据各区域的农业产品状况和城市农产品消费状况，大力发展农产品的市场交易；另一方面，它会依托原有的农产品批发市场，对老市场进行整体搬迁，并在区位上进一步优化，实现更强的辐射能力，成为区域内重要的农产品批发交易中心。

（二）农产品国际贸易中心

在农产品交易市场的基础上，利用其对农产品的吸纳与聚合能力，形成农产品国际贸易服务功能，为辐射区域内以及全国性（利用网络化的市场分布）农产品的进出口贸易提供通关、检验检疫等服务，进一步提升农产品的附加值和流通能力。

（三）农业物流枢纽中心

园区农产品大量的吞吐必然会带来大量的运输与储藏，在运输上一头会与农产品产地发生联系，另一头会与消费地发生联系，而全国布局的网络化市场使得这种联系更具有双向性，因此，在现实运作中，物流园区必然会成为农产品和其他相关物资的物流枢纽，虽然其业务不一定是园区的直接业务，但却伴随着园区直接功能而频繁发生，使园区成为农业物流枢纽中心。

（四）农产品加工配送中心

在农产品交易基础上，为提高农产品附加值或规避未加工农产品损耗问题，对农产品进行加工是其必要的、重要的功能，同时，作为批发市场和物流中心，大量的农产品在这里聚集和转运，进行统一的加工和配送也是提高农产品标准化水平和物流效率的必然选择。

（五）农产品市场网络化节点

作为辐射区域内的农产品流通中心的同时，海吉星公司在深圳、北京、上海、天津、成都、西安、长沙、武汉等20余个大中城市经营管理超过30

家综合批发市场和网上交易市场，形成国内最具规模的农产品交易、物流及综合服务平台，这些分布在全国的各个农产品市场作为农产品交易及物流服务平台的网络化节点存在，建立起全国性的农业物流网络。

（六）农业品牌化、标准化中心

辐射全国的实体市场在规模化和网络化中运作成为海吉星农产品物流园对农产品进行标准化和品牌化运作的基础，其既可以利用网络化的统一市场实现农产品标准化与品牌化，同时又可以通过农产品数量上的规模效益从而达到标准化和品牌化农产品流通的成本经济，提高其市场占有率，获得更高的效益。

（七）农产品电子商务中心

在农产品实体交易市场的基础上，利用电商平台的产业版图，建立实体市场与电商平台互补的模式，发挥线上线下网络优势和规模效应，建立起全国性的多品种、多层次、多模式的农产品交易新体系，既实现网上交易，又能通过网络化的实体市场实现高效的物流保障。

## 三 海吉星农产品物流园区农业产业体系思路

海吉星农产品物流园区以农产品交易为基础，它在产业链的延伸上也是以农产品市场流通为核心的，既有纵向的延伸，也有横向的集成。[①]

（1）海吉星农产品物流园区实现产销对接，通过大型"农超对接平台"，直接对接生产基地，减少了流通环节，提升了农户的收益，有力促进农户生产适销对路的产品。

（2）实现农产品流通上的规模化，作为全国性网络化的农产品市场，面对大型的全国性农需企业或其他需要规模化采购的农需企业，能利用其规模化市场和加工、物流、配送以及全国网络为下游企业提供一站式的采购服务。

（3）利用公司旗下分布于全国的大型批发市场的网络资源，实现对网

---

① 沈昌赫、陈星星：《以产业为主的美丽乡村建设思考——以钟祥市石牌镇彭墩村建设为例》，《中外建筑》2020 年第 1 期。

络内各地市场各种农产品的市场信息的即时了解，从而根据这些信息进行调运补充，调剂余缺，保持市场稳定均衡供应，同时确保多样化的品种。

（4）通过全国性的网络化市场不仅能实现农产品市场的网络化运作，同时也把服务于农产品的各级链条的相关企业纳入这一网络化运作过程中，甚至是不同地域中的相关企业，实现农产品产、销、供全过程的网络化，打造更高效的农业产业链。

（5）通过农产品的标准化的运作，实现服务于农产品的生产和流通的企业农产品生产、销售、加工和物流的数量上的规模化，产业链条上的关联与互动。

（6）一体化的农产品信息平台和流通平台实现园区内各主体之间在信息上的共享，在运营上的协同，实现超越园区范围的更高形式的产业链整合。

（7）在海吉星农产品物流园区中，围绕农产品流通，多种农业物流模式同时运作，既有批发市场型的农业物流模式，也有借助内部物流中心或园区外部物流中心实现农业物流的物流中心模式，更有多种形式的农产品供应链模式存在，这些模式相互交叉，不断融合，正是农业物流园区多模式协同的典型形式。①

## 第四节　湖北荆门彭墩农业物流园区分析

笔者所在的武汉大学现代物流研究中心 2013～2014 年被荆门彭墩集团委托出具湖北荆门彭墩农业物流园区的可行性研究报告、商业策划方案、建设运营管理方案，笔者作为项目组成员参与了项目的研究工作。

### 一　湖北荆门彭墩农业物流园区概况

彭墩农业物流园区位于湖北省钟祥市西端与荆门市中心城区东郊接壤的

---

① 刘涛：《中国现代农业产业体系建设：现状、问题及对策》，《当代经济管理》2013 年第4 期。

区域，紧靠在新农村建设中创造彭墩模式的彭墩村，与彭墩村现有的 400 万平方米优质有机水稻基地、133 万平方米精品蔬菜基地、年出栏 300 万只肉鸭养殖小区和年产 1000 万只禽类分割厂以及日产 50 吨的大米加工厂相邻，还与青龙湖公司资源互动共享，是由种、养、加和自然景观、人文景观融为一体的现代生态农业风景区。

彭墩农业物流园区通过物流园区的综合服务功能串起并进一步整合彭墩集团的种植、养殖、农产品加工与休闲旅游等四大产业的发展，探索出一条以农业综合物流园区为服务平台（产业链核心组织），连接农业产业链，实现订单农业、精细农业、农产品安全等，破解"三农"难题、转变农业发展方式、实现农业现代化的发展道路。①

具体有以下方面：

（1）物流运作方面，统一运营、统一管理、统一品牌的品牌经营者；

（2）连接农业上下游的生产、加工与消费的组织者、整合者（农业产业链的核心企业）；

（3）农产品生产标准化、设施化、工厂化（精致农业）的推行者，生态农业的倡导者，农产品质量安全体系的建立者；

（4）农产品新型营销模式的实践者（订单农业、电子商务等）；

（5）农业综合服务的提供者（科技、金融、农资、农机、信息等）；

（6）新型农业物流社区的示范者。

## 二 彭墩农业物流园功能分区

彭墩农业物流园应成为农产品、农资流通的一级中心，负责监督将农产品、农资由产地批发商向销地批发商和零售商流动的过程。彭墩农业物流园是一个高标准、高起点的集农产品贸易、农资贸易、农产品深加工、物流、电子商务、订单农业及绿色农业展示推广于一体的综合性农业物流园，它由

---

① 《中南农产品物流园项目可行性研究报告》，豆丁建筑，http：//www.docin.com/p - 436377535.html，最后访问日期：2016 年 11 月 23 日。

农产品交易区、配送区、仓储区、加工区、绿色农业展示区、商务办公服务
区、生活配套区七大功能区域组成，如图 14-2 所示。

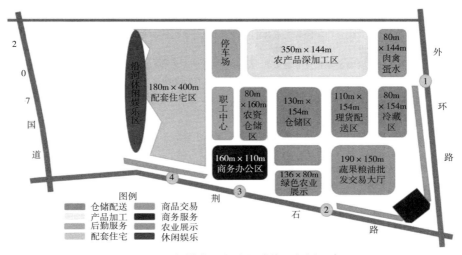

**图 14-2 彭墩农业物流园功能区规划示意**

## 三 湖北荆门彭墩农业物流园区定位

彭墩农业物流园区的四大定位分别为：新型农业物流社区、质量安全体
系、农业全产业链、服务三农新平台。具体如表 14-3 所示。

**表 14-3 彭墩农业物流园区的定位**

| 定位 | 内涵说明 |
| --- | --- |
| 新型农业物流社区 | 1）适应"推进新农村建设和城乡一体化发展"的战略要求<br>2）围绕"市区、园区、社区和居住片区"的"四位一体、和谐发展"目标<br>3）采用"商务、商业和生活"三位一体的功能要素构建方式<br>4）坚持政策创新和大胆尝试，建设农业物流商务特色楼宇等物流载体<br>5）打造集"农业物流企业孵化、农业物流总部经济、农业物流人才培训、农业物流居住服务、农业物流商业流通和农业物流公共配套服务"等功能于一体的新型物流社区 |
| 质量安全体系 | 1）在基地建设与合作社整合的基础上实现农业生产标准化<br>2）强化从源头治理，把农产品质量控制从节点检测改造为产业链全程监控<br>3）借鉴汉光模式实现农产品质量安全溯源<br>4）推进实验室认证，逐步实现第三方检验 |

续表

| 定位 | 内涵说明 |
|---|---|
| 农业全产业链 | 1）加厚加长有机绿色农业产业链，创新农产品产销模式<br>2）以农业综合物流园区为载体和突破，引导农业物流由单一物流服务功能向农业物流产业链进行广度和深度延伸<br>3）大力发展农业物流金融服务、农业物流地产服务、农业物流信息服务、农业物流科技服务、农业物流加工服务等新兴农业物流服务产业功能 |
| 服务三农新平台 | 1）新型农业集约化、规模化生产平台<br>2）农资、种子、农产品的区域分拨、加工配送平台<br>3）农业物流衍生性生产服务业的集聚与孵化平台<br>4）新型农民（具有新观念、新技术、新方法和创新能力）的培训开发平台<br>5）经济繁荣、设施完善、环境优美、文明和谐的社会主义新农村建设平台 |

## 四　湖北荆门彭墩农业物流园区产业链思路

彭墩农业物流园区是农业产业链的组织者，或者说是农业产业链整合与一体化的组织依托和平台保障。彭墩农业物流园区产业链如图 14-3 所示。

图 14-3　彭墩农业物流园区产业链

彭墩物流园依托自身，着眼全产业链，上连农户、生产基地、各地批发市场，下连其他物流园区或中心、农需企业，以及各级农合组织，实现农业产业体系的整合与协同（见表 14-4）。

表 14-4　彭墩汉光物流园区农业产业链整合与互动

| 农业产业链整合与互动 | 产业链环节构成 | | | | |
|---|---|---|---|---|---|
| | 产前 | 生产 | 加工 | 流通 | 消费 |
| 对象 | √种苗提供商<br>√农业设施服务商 | √农民<br>√农业合作社<br>√农资、农机供应商<br>√农业科技服务者 | √农业工人<br>√农产品加工企业<br>√食品加工企业 | √物流公司<br>√物流设施供应商<br>√批发商<br>√零售商 | √专业营销公司<br>√餐饮企业 |
| 目标 | ◇优良<br>◇高效<br>◇低成本 | ◇安全<br>◇规模化<br>◇标准化<br>◇增产增收 | ◇增加农产品附加值<br>◇满足市场多样化需求 | ◇安全<br>◇快捷<br>◇广覆盖<br>◇平抑物价 | ◇引导消费<br>◇提升生活品质 |
| 手段:产业链服务管理 | 1)全过程食品安全管理<br>2)全过程交易结算一卡通服务<br>3)全程金融保险支持服务<br>4)全程可视化信息服务<br>5)基于产地的生产物流+销售物流 | | | | |

# 第五节　农业物流园区双向互动发展模式的案例研究

这里我们必须明确两个方面的问题，一是农业物流园区是指实质意义上的物流园区，它可以是农产品批发或交易市场，又或者是农产品物流园区、以农业为主要服务对象的物流中心、以观光农业为基础的农业产业中心、以农业信息为服务手段的电子商务交易中心、涉及农业产业链某些关键环节的服务产业中心，只要它具备在农业产业链的相关功能上延伸、服务范围上扩张的能力，并逐渐具备物流园区的雏形的功能样式。二是农业物流园区是一个过程产物，或者说它是农业物流发展到一定阶段的产物，它是一个不断动态发展的过程[①]，同时在不断发展过程中通过整改、转型和功能的进一步扩展、深化，不断地进化和发展。

---

①　张克俊、张泽梅：《农业大省加快构建现代农业产业体系的研究》，《华中农业大学学报》（社会科学版）2015 年第 2 期。

## 一　案例主体的比较分析

之所以选取这样三个案例主体，其主要原因在于以下三个方面：一是这些物流园区是自身领域的佼佼者，并且发展历史较长，市场地位较高；二是这些物流园区原本只是农批市场，但伴随农业需求的增长而不断在农业产业链的相关功能上进行延伸，服务范围不断扩张，逐渐具备物流园区的雏形功能样式，并在不断发展过程中通过整改、转型和功能的进一步扩展、深化，形成了真正意义上的农业物流园区；三是这些物流园区是以农业物流园区的规划和建设思路新建的农业物流园区的代表。

基于以上对山东寿光农产品物流园（以下简称"寿光物流园"）、海吉星农产品物流园区（以下简称"海吉星物流园"）和彭墩农业物流园区（以下简称"彭墩物流园"）的分析，我们对这三个农业物流园区进行比较研究。首先对三者的基本情况进行对比（见表14-5）。

**表 14-5　寿光、海吉星与彭墩物流园基本情况对照**

| | 寿光农产品物流园 | 海吉星农产品物流园区 | 彭墩农业物流园区 |
|---|---|---|---|
| 建设方式 | 国家发改委审核批准，由爱晚工程旗下香港旺益集团投资建设 | 新建+旧市场整体搬迁+延伸转型 | 由彭墩村的彭墩集团和汉光集团共同投资新建 |
| 核心业务 | 农产品交易 | 农产品交易 | 农业物流 |
| 其他功能 | 全国农产品集散中心，农产品交易、农情基础咨询 | 加工、配送、直供、仓储、中央厨房、农产品电商、标准化品牌化 | 农产品和农资农消品市场、农科服务、金融服务、农业电商、农业展览、信息平台、标准化品牌化 |
| 产业链条 | 以流通为导向的上下游购销关系链条 | 以销售为核心的近距离产业链环节 | 全产业链连接整合 |
| 布局方式 | 单体园区，中国最大 | 母公司全资或控股或参股分布全国的，以大城市为核心的网络化农产品市场 | 单体园区，上连农户、生产基地、各地批发市场，下连其他物流园区或中心、农需企业，以及各级农合组织 |
| 辐射范围 | 辐射全国 | 以大城市为主 | 既辐射农村也辐射城市 |

| | 寿光农产品物流园 | 海吉星农产品物流园区 | 彭墩农业物流园区 |
|---|---|---|---|
| 功能区 | 以蔬菜果品交易区为主，其他区域（蔬菜电子商务交易区、农资交易区、农产品加工区、物流配送区及配套服务区）为辅 | 农产品市场、仓储区、交易中心、园区管理和物业服务中心 | 市场、加工、仓储、转运中心、科技服务中心、政务服务中心、金融服务中心、信息服务中心、园区管理和物业服务中心、园区商业配套区 |
| 入园政策及合作 | 租赁 | 购买、租赁、租借 | 购买、租赁、租借，或者与园区合资建设生产基地或其他功能区，参与园区整体的功能运营，服从园区协同整合 |

在表 14-5 基本情况对比的基础上，分别从异同两个方面对案例主体的模式设计和现实运作情况进行比较分析。

（一）案例主体的差异

（1）三方核心业务上的差异性使得彼此在基础功能上各有侧重，海吉星物流园以批发市场为主，其延伸服务也基本上是与农产品交易紧密相关的功能，彭墩物流园以农业物流为核心功能，而物流所涉环节基本涵盖整个农业产业链，功能设置上着眼于全产业链，寿光物流园则是以农产品市场交易为主要业务，其他功能为辅，对产业链的整体关注有限，但其因强大的蔬菜交易能力带动了当地蔬菜产业的发展。

（2）在对外联系上，海吉星物流园通过母公司自建批发市场网络，在农产品销售上具有很强的市场优势，可以进行全国乃至国际化的农产品交易流转，而彭墩物流园对外与各地农业物资和农产品流通企业以及园区进行合作，虽然在广度上更宽，功能上更齐全，但在合作深度上较弱，各企业层次不一，网络复杂，并且还需要较长时间的推广和经营，效果的显现也需要较长时间；寿光物流园作为单体园区，可以实现"买全国卖全国"，对外联系以交易为核心。

（3）标准化和品牌化运作中，海吉星物流园虽进行了产销对接，但在服务上以提供相应的市场信息和销售指导为主，标准化与品牌化的重心在采购、加工环节，而彭墩物流园的标准化与品牌化是从良种提供到农技指导，再到采购、加工、销售和物流的全过程，标准化与品牌化的广度和深度更具优势，寿光物流园在市场交易的全国领先地位和当地蔬菜产区的蓬勃发展的助力下，寿光蔬菜已具备全国性的品牌知名度，而不是从产业链源头进行种子、种植管理、采收的全过程品牌建设。

（4）在园区与区内企业或组织的关系上，彭墩物流园与入园企业的合作方式更灵活，除基本的购买、租赁、租借外，还积极与农业龙头企业合资建设生产基地或其他功能区，并参与园区整体的功能运营，服从园区协同整合，而海吉星物流园的入园政策相对比较单一，协同与整合力度较弱，寿光物流园主要以对外租赁市场方式进行运营，以交易额提成点为主要盈利来源，没有有效的协同，也缺乏利益共享的机制。

（5）在运作中，彭墩物流园的全产业链的功能设置既可以使产业链的上游和下游节点间实现物流功能上的双向互动，也可以使上下游关联企业进行产业链上的集聚与融合，而海吉星物流园因为专注于市场，其他功能多为辅助性功能，因而其双向性较弱。物流功能上的双向互动虽在现实中普遍存在，但脱离了园区的整体协同管理，而产业链上的双向互动也因为功能上互动的一部分缺失而动力受损。

（二）案例主体的共性

（1）海吉星物流园和彭墩物流园虽服务的产业链环节有差异，但无疑双方都在农业产业链的重要核心环节上投注主要精力，农产品的销售与物流是农业产业链中的核心环节，因而对农业产业链的整体水平的提高意义重大。

（2）海吉星物流园和彭墩物流园在核心环节上均实现了横向互动，寿光物流园也在蔬菜包装和运输上积极探索功能上的整合，以谋求规模效益。三者都借助平台体的集聚作用，实现功能上的互动，形成农业的规模化和整体化效益。

（3）海吉星物流园与彭墩物流园都将网络化运作作为各自的核心能力建设的重点，所不同的是海吉星物流园通过母公司自建批发市场网络，而彭墩物流园是与园外社会化功能服务组织进行连接和整合，而寿光物流园则是单体园区，缺乏网络化运作。

（4）三者都或多或少成为农业物流多模式协同方式的组织依托和平台保障。它们在园区硬件设施设备和运作流程上、功能的整合上、共有的流通网络上、强大高效的信息平台上，都为农业物流的多模式协同提供了基础和现实条件，当然它也正处在现实实践中。

## 二　案例实体产业体系协同化发展模式分析

通过对以上案例主体的现实运作情况和模式设计的分析，我们基本可以得到依托农业物流园区农业产业体系协同化发展的基本框架图（见图 14-4）。

**图 14-4　农业物流园区产业链双向互动框架**

它一方面借助物流资源在空间上的接近性，服务资源的集成化，将农业产业链上的农产品和农业物资根据其流量和流向的互补性进行协同与整合，形成农产品和农业物资的规模化和网络化运作，实现物流功能上的双向互动；另一方面基于功能的双向互动，农业产业体系中的关联企业在功能被整合与协同的基础上，为了进一步减少环节、提升效率、减少壁垒，企业与企业之间会形成各种方式的空间集聚，其最典型也是最高效的形式就是利用农业物流园区这一平台体，搬迁或设立分支机构，既可以达到空间上的接近，也可以零距离地利用平台体具备的产业资源，这就形成了产业的集聚。[①]　同

---

① 邱婷婷：《上海休闲观光农业园旅游吸引力评价研究》，硕士学位论文，上海交通大学，2014。

时，企业随着功能双向互动的深入，会在流程上进行双向（多向）兼容的重组，还会在这种重组的基础上利用企业合作、合资、并购等方式实现融合，达到产业协同。

从案例中我们也可以认识到，它的实现必须基于平台体，但也并非有平台体就可以实现这种双向的互动；它的实现有市场自发的成分，即企业追求更高效率和更大效益的自发行为，也需要在合适的空间位置上建立平台体①（从我国现实状况出发，这一工作一般由政府来完成，或者由政府主导，企业实施），并根据协同的要求自觉地建构相应的体制模式，配套相应的产业资源，在实践中逐步形成。综合以上案例主体的分析，依托农业物流园区的农业产业体系要实现协同必须建立在相应的基础之上，并具备一定的条件（见表14-6）。

表14-6　依托农业物流园区的产业体系协同的实现条件

| 实现条件 | 条件解构 |
| --- | --- |
| 资源的集聚 | 农业产业体系中的相关产业资源在空间上进行集聚，实现零距离的功能的运用和组织间的协同，将过去由企业间的空间距离所带来的无用环节尽量压缩 |
| 统一的功能体 | 园区内各功能体分布明晰，彼此既相互独立，又沿农业产业链实现产业联系，进行功能和流程上的连接与协同 |
| 整体化的运作体制 | 园区内各企业虽是自负盈亏的主体，但其所拥有的各种资源连同园区资源一起，已经成为一个整体，服从园区的整合与协同管理，遵循共有的运作体制 |
| 多层次和合作模式 | 园区内的企业以及园区与企业的关系灵活度高，既可以是单纯的购买、租赁、租借，还可以有更大的合作空间 |
| 网络化 | 物流园区发展为实现更大空间范围的整体化运作，必须积极与园区外的相关产业链企业（包括农户）或平台体进行合作，建立更大区域的网络，实现网络化运作 |
| 强大的信息平台 | 通过信息平台将所有关联企业和平台体连接成一个整体，实现信息的共享，农业产业链的过程透明化控制 |
| 多模式兼容性 | 体制与功能设置具有兼容性，可以包容各种农业物流模式和各种农业经济形式，成为各种农业物流模式和经济形式的组织依托和平台保障 |

---

① 邱婷婷：《上海休闲观光农业园旅游吸引力评价研究》，硕士学位论文，上海交通大学，2014。

# 第十五章　政策建议

## 第一节　研究结论

本研究将农业物流园区作为农业产业体系协同化的物质载体、组织基础，伴随理论研究的进一步深化，产业界的不断发展，调研的逐步推进，研究分析的不断深入，形成以下主要的研究结论。

（1）进一步确定了依托主体的内涵。农业物流园区作为一个拥有农业生产资料及农产品购买、生产、运输、流通加工、仓储、配送、分销与信息等一系列功能以及涉农产业与企业特定空间的集结点，是农业物流资源的整合、区域农业物资的分拨配送、农业物流衍生性生产服务业的集聚孵化等多产业类型的融合平台体。

农业产业体系各种模式内在机理存在一致性，但其外部形态呈现多样性特点，随着相互间的合作、交叉、交融与整合，这些都需要一种具有稳定性的物质载体。农业物流园区作为一种新兴的农业物流模式，既可以综合多物流模式的优点，又可以作为农业产业体系协同的物质载体。但是它的作用以及巨大的组织平台效果，还要经过相当长的时间才能够体现出来。基于上述现状，农业产业体系的不同侧重点可以也应该基于优势互补的思路并行发展，相互配合，随着农业产业体系中各类主体及行业的不断交叉发展，物流园区作为农业产业体系各主体及行业协同化的组织依托和平台保障存在，逐渐转变与整合,最后形成农业产业体系协同状态,以物流园区为组织依托并提供平台保障,并且经过不断地融合与开发,最终使农业经济得到高效全面的发展。

(2) 对依托对象的外延进行了扩张和深化。

农业产业体系的协同化发展是一个涉及面广、渗透性强的动态过程和体系,在整个农业产业中可以说是牵一发而动全身。同时,我国农业产业化组织合作松散的种种缺陷的暴露,使得在其中起支撑作用的农业产业体系的协同化成为必要。在本研究中,我们对依托主体的特点进行深挖,对其多重复合身份进行了新的定义。首先,依托主体是以资源整合、降低成本、提高整体效率为目的的,是供应链思想在农业产业(物流)组织上的直观体现——虚拟组织;其次,它是依靠主体内部相互联系的企业在空间上的集中,经营中既相互配合协同工作,同时又是竞争关系的涉农产业集群;最后,依托主体虽然成立之初带有他组织色彩,但是进入市场化运作以后,基本靠农业产业内各主体之间的彼此默契与协同来发挥作用,它是一个自我演化和发展着的具有特定结构和功能的相对独立的自组织系统。

现实产业界中,基于对涉农产业集群对农业产业体系的集成化、网络化、组织化发展的重要性的认识加深,目前我国各地涌现出了大量的类似的产业园。首先,大量传统农业市场在政府和市场的推动下纷纷在功能上循产业链上游和下游扩张,以开放式的运营模式和政策取向吸纳大量涉农组织,并提高现有的基础设施规格,逐步向综合性的以市场为主体的农业产业园过渡;其次,过去在市场上虽运营时间不太长,但已有一定市场影响力的以物流为主要功能的农产品物流中心也在功能上扩张、设施上升级、业务上推陈出新,逐步向农业产业园靠拢;最后,目前市场上还有大量的由政府推动的农业产业园,这些产业园在立项时虽然各具特色,并不完全面向全产业链进行功能定位和运营,但在建设和运营中根据市场需求和自身的特色及优势从以某个或某些功能为主向更多功能延伸。这些产业园将发展目标放在了服务农业全产业链上,从功能定位、运营模式、基础设施建设、主体合作模式以及与各类涉农组织关系上均以协同化的思路成为产业园与农业产业体系发展的基础支撑。

（3）确定了以农业物流园区为支撑的农业产业体系协同化体系建设基本架构。一个平台（多个子平台）、两个层次、两个方向、多种模式和多个流程，农业物流以农业物流园区为组织依托和平台保障，农业物流园将各种功能与资源整合在一起，将多样化主体联系起来，提供几乎整个产业链的服务，进行多层次、多角度的产业组织创新。以农业物流园区为载体，通过动力机制、信任机制、协作机制、信息共享机制、保障机制形成产业链双向互动，随着农业物流园区的农业产业体系中主体间合作关系不断深化，以政府科学为指导，历经自组织实现的阶段、保障约束阶段与产业链互动阶段的持续深入，并通过不同基础性功能和协同，实现各整体产业体系双向互动。

农业物流园区涉及众多的功能及环节，涉及的行业及主体众多，互动和交互作用错综复杂，其影响因素亦十分复杂。其影响因素既来自外部环境，还源于园区内部环境，本书从多方面论述了这些影响因素的影响强度、作用方式及形式，揭示了农业物流园区这一区域农业产业体系协同化本质：既有多种外部环境因素配合，还通过内部企业和各组织的协同与企业间持续地协同演化，最后达到双向互动的关系状态，既有动态性又有一定的稳定性。应当说，这一新的互动关系充当节点，平台和产业集群是其必然产物。

（4）研究了以农业物流园区为支撑的农业产业体系协同化实施路径及微观实施形式。农业物流园区作为一种新兴事物可以以多种形式的平台体呈现，其处于一个持续动态发展的进程：一方面，农业物流园区以物流资源空间接近性和服务资源集成化为基础，实现农业产业链中农产品及农业物资按流量及流向的协同融合，形成农产品和农业物资的规模化、网络化经营，达到物流功能双向互动的状态；另一方面，在功能双向互动基础上，农业产业链中关联企业为了进一步减少环节、降低壁垒，企业间会有意识地在空间上形成集聚，与此同时，在功能双向互动不断加深的过程中，企业会发生双向（多向）相容的重新组合，并在此重新组合基础之上运用企业合作、合资和并购等多种形式来实现整合，从而实现行业内的协同。

农业物流园区通过分散农户会员化和农村物流节点两种策略，不仅实现了农业物流园区双向物流的双向配送，还使农业物流园区及其农村物流节点成为一个联合库存中心，解决了库存成本和供应不及时的矛盾。农业物流园区的双向产业互动是基于功能层面的互动，但这种互动在层次上更深，在方式上更灵活。在工农业企业多领域互动的基础上，实现了产业链上相关企业的边界相交、模糊、协同与融合。这两个层面的实施策略，使农产品物流园区成为产业链双向互动、多模式协同的共同载体，推动两种模式的进一步建立和逐步发展。

同时，结合笔者在现实中参与的农业物流园区的调研与商业策划的现实经历，结合依托农业物流园区农业产业体系的协同化路径与实现结论，从其基本功能定位、运营管理、具体操作的微观设计方面对依托农业物流园区农业产业体系的协同化的微观形式上进行了全面阐释。从而形成基于平台建立供需合作、基于平台实现资源共享、基于平台建立农业品牌化、基于平台实现全方位农业服务、基于平台实现利益共享的微观形式特点。

（5）通过相应的方法、宏观数据、调研数据对依托农业物流园区的农业产业体系协同化发展的影响因素进行了全面分析。其中对农业产业体系的协同化产生较为直接影响的表层因素既包括农业流通基础设施状况、农产品流通主要模式及农业流通效率，也有集聚所涉及的地域接近程度、产业关联程度、相关产业信息平台共享程度，也包括能为产业体系协同提供载体的产业园功能定位、产业园辐射能力和现有的园区主体协同基础，还包括在协同中灵活性较强起到基层组织作用的农村合作组织、个体农户企业、集体企业及已形成的产销联合体等因素，当然还包括对产业园规划、建设、运营有很强影响作用的土地政策和税收政策；中层因素包括社会化农业流通服务、农户当地治理参与度以及政府补贴；深层因素主要指金融服务与优惠补贴。

通过对以上各个层次影响因素的基于理论与实践层面的分析，既可以对产业园模式下农业产业体系协同化发展有关联关系的因素有清晰的认知，同时也能认识到各影响因素是如何对产业园模式下农业产业体系协同化发展产生正向或负向作用的，还能从中捕捉到产业园模式下农业产业体系协同化发展的主要特点和必须经历的过程，这对于产业园模式下农业产业体系协同化发展具有重要意义。

本书将农业产业体系的协同化发展依托于目前方兴未艾的农业综合物流园区（涉农产业集群）进行机制和模式的创新分析，通过涉农产业整合协同联动的思路构建农业产业体系协同发展的思路，整合农业物流资源、区域农资分拨分销与集散、农业物流衍生性生产服务业集聚孵化等多种产业类型，组成集城市配送、仓储运输、农产品流通、流通加工、农资交易为一体的农业产业体系实体。探索农业物流园区（涉农集群）内各主体的协同关系的实现路径，新型合作关系和利益关系的培育方式，以及如何维护和增强这种新型合作关系的稳定性和效益性，并从功能层面和产业层面进行深入分析，探索以农业物流园区（农业产业集群）为依托的农业产业体系的新型产业链协同关系的实质和实现路径，同时利用解释结构模型和系统动力学模型来验证这一模式的有效性。而且，研究根据在调研和实践中的所知所得，为这一模式的最终实施勾画出微观实现形式，并通过对已有成功案例的比较研究，进一步夯实这一模式实施的实践基础。

当然，由于研究水平、认识和实践的局限，本书还需进一步深挖和改进。比如，现实中的综合性农业物流园区运营模式相对落后，尽管在一定程度上实现了功能协同，但在一体化和辐射面上还难以满足相应要求，尤其是产业层面的协同模式和途径还有待探究。农业物流园区是农业物流的组织支撑和平台保障，也是工农业双向互动的机制保障，其动力和过程需要在现实和理论上进一步探索，其影响因素的研究也需要进一步深化。同时，农业经济统计数据相对匮乏，加上疫情对调研延续性和全面性、动态性的不利影响，尤其是疫情下处于兴建状态的农业物流园区（涉农产业集群）发展缓慢，使得本研究样本数量较少，从而使得数据有效性存在一定的不足。为了反映相应问题，本研究大量采用统计年鉴数据和专家意见，未来若能增加更多直接和动态的数据，则对这一主题的深挖与进一步深化将大有裨益。

# 第二节  政策建议

党中央和国务院对于农业农村发展工作的决策和贯彻落实的总体思路是：全面贯彻落实党的十九大精神，以邓小平理论、"三个代表"重要思想、科学发展观为指导，落实"四化同步"战略，在保障供给和普惠人民的基础上，不断深化改革，加大政策扶持、科技驱动、农村改革等多项力度，以建设当代高效农业为重点，充分发挥农村基本经营体制的先进性，构建专业化、集约化、组织化和社会化相结合的新型农业经营体制，进一步解放和发展社会生产力，全方位完成脱贫攻坚任务，巩固脱贫成果，做好评估验收和宣传工作，保持农业农村发展趋势。特别是 2019 年底爆发的新冠疫情给我国带来了前所未有的考验，有效防范当今社会经济下行压力和物价上涨"双重遭遇"带来的风险，特别是食品供给越来越困难，对农业农村工作提出了更高的要求。就目前情况而言，我国农业发展已取得阶段性胜利，但对于农业摆脱传统生产与经营模式，实现现代化农业发展还有很长的路要走。因此，尤其是在体系建设方面，国家提出了许多农业农村发展的相关政策文件，构建当代农村产业体系，打造全产业链发展的农业，建设优势特色产业集群、现代农业产业园区、农业产业强镇；推进现代高效农业经营服务体系建设，突出家庭农场和农民合作社两大经营主体，鼓励发展形式多样、规模适度的经营活动。综合来看，这些政策对于推进实现农业产业体系协同化发展意义重大，但就现实发展而言也面临着很多农业的深层次问题，其中以土地政策、农业科技创新与应用和农业品牌化发展为主。为了更好地培育农业物流园区（涉农集群），促进农业产业体系有序、良性、持续推进以及和谐互动发展，主要有以下政策建议。

## 一  政府相关保障措施

农业物流园区（涉农集群）一端连接农民，一端连接市民，它不仅是重要的民生工程，也是地方现代农业产业体系中不可或缺的组成部分，其地位和作用也十分突出。地方各级政府要采取相关措施，切实加强对农产品物流园区发展的指导、支持与服务。

**（一）产业引导与调控**

**1. 继续加强对农业的支持**

贯彻国家强农惠农相关政策措施，包括：种粮农民直接补贴政策、农资综合补贴政策、良种补贴政策、农机购置补贴政策、鲜活农产品运输绿色通道政策、生鲜农产品流通环节税费减免政策。[①] 落实商务部关于加强农产品批发市场建设的通知，全面推进农超对接，促进了农产品市场的繁荣和居民消费能力的提高。做好全国蔬菜产业发展规划、农产品冷链物流发展规划和全国休闲农业发展"十二五"规划等发展规划。推进农业现代化发展，继续加大对农业的支持力度，为农产品物流业发展营造良好的氛围。

**2. 提高农民组织化程度**

精致农业是现代农业发展的一大趋势，精致农业的一大特色是完善的农业合作组织。要提高农民组织化程度，以组织的形式鼓励农民与物流园区进行合作。相关农业合作组织要做好组织农技推广、组织供销经营、组织金融服务和保险业务等相关工作。农业合作组织是连接政府与农民的桥梁，在生产、金融、保险、运销等方面发挥重要作用，切实提高农民的组织化程度，是保证农业健康发展，促进农业现代化，保障园区有序发展的重要措施。[②]

**3. 鼓励农业龙头企业落户**

主攻招商引资，着力提升农业、延伸农业、增值农业，促进农业向二三产业延伸、二三产业向第一产业拓展，打造一二三产业联动、上下游融合的产业体系。围绕各地特色农产品生产、加工、运输等领域，主动承接农业产业转移[③]，着力引进大企业、大资本，推动农业产业化跨越发展。

① 代薛丽：《农业高质量发展导向及政策建议》，《农村经济与科技》2022 年第 16 期。
② 《财政部　农业农村部发布 2022 年重点强农惠农政策》，《农业知识》2022 年第 8 期。
③ 罗平：《新时代中国城乡产业融合机制论》，博士学位论文，四川大学，2022。

加大宣传力度，鼓励农业产业化项目和龙头企业以及科技型企业进驻物流园区。

4. 加强规范管理

农业物流园区都有一定的经营范围和辐射范围，在同一地区内，如果存在两个或两个以上经营业务类似、辐射范围重叠的农业物流园区，既不利于这些物流园区的健康发展，也不利于当地市场的正常运营，属于重复建设。另外，有些投资商借建设农业物流园区的名义，利用政府的优惠政策，用低价征得的土地进行房地产建设或其他建设。因此，政府必须提高市场准入门槛，进一步增强物流园区的标准要求和信息化管理，并提出本地区物流园区的布局规划设计，严格控制园区数量和规模，禁止盲目以物流园区的名义建设或圈地。

（二）完善基础设施建设

1. 园区外：完善周边交通条件

农业物流园区必须聚集一大批第三方物流企业，尤其是从事产品配送和货物运输的企业。这对园区周边的交通条件提出了一定的要求，尤其是园区交通运输以公路为主，所以应重点改善周边公路的状况，由政府统一进行建设。

在原有的基础上更进一步提高物流园区道路、交通设施等公共基础设施建设的政府预算，拓展建设周边道路，有针对性地打造绿色农业物流通道。加快形成高等级公路骨架网布局，进一步加大普通国省干线改造力度，重点建设园区周边的复线等项目，大力加快农村公路建设，着力打造布局合理、内畅外联的公路网络。

园区在发展运营中配合道路拓宽工程形成完整的运输交通通道。

2. 园区内：引导"七通一平"建设

由开发商出资，政府协调支持与建设补贴园区"七通一平"建设（主要包括：通给水、通电、通燃气、通路、通热力、通排水、通信以及场地平整），使二级开发商可以进场后迅速开发建设，完善物流园区的基础设施建设。在土地（生地）通过一级开发后，政府给予园区相关资金补贴并确保资金到位，园区企业（经销商）可以自主选择具备资质的单位按相关行业标准进行设计和安装，工程竣工后由业主向相关部门申请验收。水电费按有关政策规定收取。

### （三）投资信息平台建设

#### 1. 提供平台投资建设经费

根据各地"科技三项经费管理办法"的规定，由各地财政局和科技局协调配合，提供园区信息平台建设的专项资金支持。实行项目经费补助方式，落实项目匹配经费工作（研究开发经费和计划管理经费）。

#### 2. 建设物流公共信息平台

园区辐射区所在政府有关部门要密切配合，加快物流公共信息服务平台的建设。这需要整合辐射区内现有的交通物流信息资源，利用和改造现有的电子征稽系统网络的布局，同时利用先进的电子技术，建设服务于物流用户、物流企业、政府相关部门的全省交通物流公共信息服务平台，从而逐步实现网上运输服务、城市物流配送、电子支付结算、从业人员信息认证、服务质量记录、信用等级评价及在线咨询、投诉和救助等多项服务功能。为物流园区农产品进入国内外市场提供认证认可服务和WTO/TBT咨询服务，为园区农产品加工企业的产品研发、生产制造提供指导，承担原材料进厂、产品出厂的检验检测任务，为生产设备及计量器具的检定及校准提供服务，为园区农产品交易了解标准信息、制订产品标准提供咨询。有关经费由各地发改委与经济和信息化委员会分别从"国家服务业发展引导资金"和"产业集群发展激励转移支付"中给予倾斜支持。相关支出由各地发改委与经济和信息化委员会从"国家服务业发展引导资金"和"产业集群发展激励转移支付"中给予补助。

### （四）财政支持

对涉农产品物流各个方面的财政专项资金，按照统一规划、性质不变、渠道不乱、集中使用、各负其责、各记其功的基本原则进行有效融合，使资金得以最大化。在保持原有管理渠道不变的前提下，各地区发改委、工信委、农业局、粮食局等与农业相关的部门安排与农产品物流业相关联的专项补助资金，每年按照一定比例重点支持农产品物流业的建设、设备更新、检测检疫平台建设、产品推介会的举办、品牌建设、先进技术引进和主要农产品加工核心技术研发①；科技部门安排的"科学技术研究与开发资金"，每年按一定比例用于鼓励农产品物流业积极开展相关核心技术研究。相关市、县财政可采取以奖代补、投资参股、贷款贴息等多种方式，支持农产品物流园区建设、新技术推广、技术改造、质量标准体系建设、品牌建设、新产品开发和市场体系建设。依据分级管理的基本原则，各级财政安排的专项资金，也要重点支持农产品物流及园区建设。财政和农业综合开发部门要积极向国家、省农发办争取农产品物流园区建设的项目资金。

（五）金融支持

物流园区具备高投入低回报的特点，前期投资规模大，资金周转速度慢。虽然其收入来源比较稳定，但利润率普遍较低，存在严重的资金短缺问题。

（1）建立专项补助资金，支持物流园区发展。对列入国家物流园区规划设计和具备未来发展潜力的物流园区给予优先贷款和贴息的政策，鼓励各级地方政府参与符合发展规划的物流企业投资建设基础设施，并出租给物流企业经营，减少企业一次性投入的资金。

（2）给予物流园区发行不同期限债券或在创业板市场发行股票融资的权利。②

（3）依据《商业银行并购贷款风险管理指引》的相关规定，鼓励符合条件的商业银行积极开展面向本地物流企业的网络并购贷款业务，支持物流企业拓展物流网络的战略性并购信贷渠道。

（4）鼓励外资和民间投资物流园区，支持物流园区及入驻企业与金融机构共同建设物流金融服务平台，形成多渠道、多层次的投资和融资环境。

---

① 孙洪平：《乡村振兴战略中促进农业转型升级的财政税收相关政策探讨》，《营销界》2022年第14期。

② 卢珍等：《发达国家现代农业园区信息化建设的成功经验及对四川省的启示》，《现代农业科技》2022年第22期。

（5）国有商业银行应把现代农业园区建设作为信贷支农的重点，适当降低担保抵押标准，简化审批手续，并在贷款利率和时间上给予适当优惠。

## （六）费用优惠

### 1. 水电气价格

根据国家规定，列入重点工程的物流项目，享受有关建设费减免政策和其他优惠政策。在用电、水、气等政策方面，物流业的生产用电、水、气与普通工业用电、水、气同价执行，并按照国家电价改革进程逐步实现生产型服务业照明用电与普通工业用电价格并轨。取消向物流企业收取不符合国家规定的各种收费项目，减轻费用负担。对符合农业生产用电类别的专业化种养业项目，执行农业生产用电电价政策。

### 2. 进驻企业规费

工商、城管部门尽量放宽对农业物流园区（涉农集群）投资经营活动的管制，对企业投资者和市场经营户要减免各种规费。

## （七）组织保障

成立由各地政府主要领导及部门领导组成的领导小组，下设办公室，协调园区建设的各相关政府部门的工作。当地政府要切实加强领导，建立健全"一个项目、一个领导、一套服务班子、一套实施方案"的项目推进体系，全程跟踪服务，真正让物流园区项目转得动、长得大。对固定资产投资达到1亿元及以上人民币的项目，实行"一事一议"，享受更为优惠的扶持政策。及时协调解决农业物流园区发展中遇到的困难和问题，聚焦各项相关政策措施的实际落实情况。领导小组落实工作专班，负责研究制定并组织实施有关农业园区发展规划和相关政策措施。

各地相关部门和单位要加强沟通协调，密切配合，形成工作合力。辐射区所在市农业产业化工作领导小组办公室（农业局）做好推进农业物流园区协调组织工作、监督检查和考核评价工作，确保各项政策的落实；畜牧局、农业局重点抓好原料种养殖基地建设；辐射区财政局负责有关财政支持政策的安排落实；质量技术监督局、工商局重点做好品牌培育工作，为农业物流园区（涉农集群）的质量认证、名牌打造提供优质服务；科技部门要加强对园区信息平台建设的支持；国资委、粮食、林业、交通运输、商务、税务、电力、劳动、金融、供水等部门和单位也要按照各自职责，创新工作方式，完善工作机制，整合工作力量，提高工作水平，形成推进物流园区建设的工作合力。

## （八）人才支持

### 1. 畅通人才引进的"绿色通道"

这是引进人才最基础的途径。只有开通人才引进绿色通道，才能加快人才引进速度，更好地充实科技园区内的专业人才队伍。

政府部门要构建周到便捷的服务机制，提供高层次人才引进"一站式"服务，即对人才引进相关资料一次性办理，与此同时，设立一站式户籍服务窗口，即组织指导各级公安机关户籍管理部门选派代表到当地政府设立的"一站式"人才引进服务窗口进行办公，为引进人才提供热情高效的服务。

### 2. 设立物流人才队伍建设专项资金

设立人才队伍建设专项资金，是指政府部门要加大监管力度，在充实完善人才培养专项补助资金的同时，要求各市（地）、县（市、区）加大人才引进力度和人才队伍建设资金的投入力度。此外，可设立省级物流企业的专项补助资金，用于更好地增强物流企业的专业化建设。各地财政可予以物流专业建设专项资金和物流学科梯队建设专项资金，用于物流企业建设，进而服务于当地现代物流。除加大资金支持力度外，还需完善配套资金管理制度，以公正、公开、透明为原则规范人才队伍建设专项资金的使用。

### 3. 鼓励科技人员加入物流园区

一是加大高校对园区发展的带动作用。农业示范园区要在吸引人才进园、鼓励人才创业、科研成果转化等方面逐步形成较为有效的机制，制定强力的措施，加强科技对园区建设的驱动作用。

二是鼓励科技开发人员进入园区创业。允许科技开发人员以个人承包和参股的形式参与物流园区建设和管理，政府部门每年拿出部分资金奖励对技术研究和推广做出重大贡献的科技专家和企业家，鼓励科技开发人员和相关管理人员到物流园区工作。

（九）制定园区管理规定

制定相关规定，保障园区运行的环境。例如：现代农业园区招商引资办法、现代农业园区运行条例、现代农业园区土地流转办法、现代农业园区管理办法等。颁布现代农业园区管理办法和实施细则、现代农业园区综合评价指标体系、现代农业园区及现代农业园区指南试点评审标准等有关管理办法。用健全的制度保障农业物流园区（涉农集群）规范、高效地管理和运行。

（十）服务保障

（1）除国家法律、行政法规规定应当审批和核准的经营项目外，其他经营项目，一律实行工商部门直接登记注册制度。

（2）对所有入驻物流园区的企业，管委会实行一对一式的跟踪服务，即一个项目配一名工作人员。对投资商申报的项目，凡是材料完整，文件齐全，在辐射区所在市区需要办理的所有审批手续需在 7 日内完成。

（3）园区依法保障区内一切经济组织、个人的合法经营活动和合法权益，任何部门不得违反法律规定在园区进行收费、评比等活动。

## 二　税收、经费政策

（一）税收政策

（1）对于园区投资主体，按照项目投资总额，在取得土地使用权并进行商贸项目建设和经营，且建成运营起，地方财政根据企业年度所缴纳的所得税、土地使用税以及耕地占用税的地方留成部分，按一定比率作为园区企业的额外奖励，用于技术改造和扩大经营规模。[1]

（2）对于新成立的物流企业和独立核算的信息业、咨询业（包含科技、法律、会计、财务等）、技术服务业和社区服务及物业管理的企业或经营单

---

[1]　张朝：《税收政策对农业产业化发展的影响研究》，《现代化农业》2022 年第 11 期。

位，自经营之日起，一定期限内的企业所得税留成部分全额（部分）返还。

（3）经批准的物流企业信息平台、电子商务、重点装备制造、物流软件开发等技术项目所需新建或购置生产经营场所，自建成或购置之日起一定年限内免征房产税。

（4）物流企业运输、仓储等业务分包给其他单位并由其统一收取价款的，应以企业取得的全部收入减去其他项目支出后的余额，为营业税计税的基数；允许符合条件的物流企业统一缴纳所得税。物流企业在全省设立的跨区域分支机构，凡在总部领导下统一经营、统一核算，不设银行结算账户、不编制财务报表和账簿的，并与总部微机联网、实行统一规范管理的企业，其企业所得税由总部统一缴纳。[①]

（5）凡经联运主管部门认定符合联运企业条件的物流企业，经省地方税务局认定，允许自开或代开货运发票。

（二）费用政策

（1）入园企业，可按国家、省、市有关规定享受减免行政事业性收费和建筑土地处置费的优惠政策。中介机构服务性收费均按规定的最低标准收取。

（2）园区投资建设并经营的物流企业，依据明确规定建设地下人防设施的，免征人防工程易地建设费；不具备建设人防设施条件的，人防工程易地建设费用为每平方米10元。城市建设配套费中，城市集中供热入网建设费用为每平方米50元，免除其他配套费用和行政事业性费用。

（3）针对投资规模大、产业带动作用强的项目，经区政府审定批准，园区市政基础设施成本费用还可予以减免，由区政府承担配套费用。

（4）为了发展城市物流配送，凡经市物流主管部门批准，使用统一标识的配送车辆享有城市内道路的无限制通行的权利（交管部门有专门规定者除外）；并享受减免养路费、过路过桥费的待遇，允许其在市内道路临时

---

① 杨志银、何雁：《乡村振兴战略下我国现代农业产业园发展税收政策研究》，《现代农业装备》2022年第4期。

停靠。

（三）登记注册政策

除国家法律、行政法规规定需经审批、核准的物流经营项目外，其他经营项目，一律实行工商部门直接登记注册制。

（四）奖励政策

根据各地方招商引资办法，对引进、组织资金投资符合国家产业政策和环保规定的农副产品深加工项目和商业、物流、旅游等现代服务业项目给予一定比率奖励。

# 参考文献

2004～2022 年中央"一号文件"。

《2019 农业产业化龙头企业 500 强数据简报》，《领导决策信息》2019 年第 12 期。

〔英〕阿瑟·刘易斯：《劳动力无限供给下的经济发展》，《曼彻斯特学报》1954 年。

〔美〕艾伯特·赫希曼：《经济发展战略》，曹征海、潘照东译，经济科学出版社，1991。

安科林、郑菲菲：《产业融合对安溪现代农业产业园的影响研究》，《安徽农学通报》2021 年第 21 期。

〔日〕岸根卓朗：《迈向 21 世纪的国土规划：城市融合系统设计》，高文琛译，科学出版社，1991。

〔美〕保罗·克鲁格曼：《地理和贸易》，张兆杰译，北京大学出版社，2000。

《财政部 农业农村部发布 2022 年重点强农惠农政策》，《农业知识》2022 年第 8 期。

曹慧等：《现代农业产业体系建设路径研究》，《华中农业大学学报》（社会科学版）2017 年第 2 期。

陈代芬、郑红军：《我国农产品物流园区发展模式与对策研究》，《广东农业科学》2007 年第 6 期。

陈根龙：《物流信息技术在农业物流发展中的应用研究》，《全国流通经济》2019 年第 28 期。

陈冠城：《现代农业产业体系引领下乡村振兴战略探究》，《中国市场》2021 年第 2 期。

陈见标、钟结枝：《农产品四级供应链的系统动力学仿真研究》，《无锡商业职业技术学院学报》2020 年第 4 期。

陈静等：《基于典型案例的我国农业产业链构建模式研究》，《农村经济》2011 年第 8 期。

陈娜：《我国农民专业合作社的逻辑演变》，《河北农业大学学报》（社会科学版）2020 年第 5 期。

陈楠：《都市农业综合发展水平评价及影响因素分析——以吉林省长春市为例》，《特区经济》2010 年第 10 期。

陈子康：《基于系统动力学的生鲜农产品供应链风险控制研究》，《商场现代化》2021 年第 19 期。

程瑶：《互联网经济体系影响下我国农业产业融合发展研究》，《农业经济》2022 年第 9 期。

程艺阳等：《陕西省特色现代农业产业体系发展测评与模式分析》，《北方园艺》2021 年第 14 期。

崔春晓等：《农业产业链国内外研究综述》，《世界农业》2013 年第 1 期。

代薛丽：《农业高质量发展导向及政策建议》，《农村经济与科技》2022 年第 16 期。

单永贵：《对我国物流服务创新的思考》，《改革与开放》2012 年第 9 期。

段园园等：《知识图谱视角下我国农业政策研究的演化发展及热点分析》，《南方农业学报》2018 年第 1 期。

方湖柳：《新中国 60 年：一个村域（泰西）工农业互动发展的典型案例》，《现代经济探讨》2009 年第 5 期。

冯静雯:《基于品牌策略的地域性农产品包装设计研究》,《老字号品牌营销》2022 年第 10 期。

冯志鹏、张广胜:《山东寿光农产品物流园现状与发展对策》,《物流技术》2020 年第 6 期。

高军峰:《工农业关系研究成果综述》,《经济导刊》2012 年第 2 期。

巩俊岭:《农产品物流模式的演化机理与影响因素研究——以大连地区为例》,硕士学位论文,东北财经大学,2013。

顾海英、王常伟:《中国共产党百年"三农"政策实践、思想演进与展望》,《农业经济与管理》2022 年第 1 期。

郭碧銮:《基于资源观的闽台农业产业链整合分析》,《石家庄经济学院学报》2009 年第 6 期。

海峰等:《彭墩汉光农业物流园区商业策划案》,2014。

海峰等:《物流集群的内涵与特征辨析》,《中国软科学》2016 年第 8 期。

海峰、高悦凯:《以农业综合物流园区为服务平台的农业产业链发展模式研究》,《黑龙江社会科学》2015 年第 5 期。

韩俊:《我国工农业关系的历史考察》,《中国社会科学》1993 年第 4 期。

韩喜平、徐景一:《60 年我国农业政策调整中的利益关系分析》,《理论探讨》2009 年第 5 期。

贺登才等:《中国农村物流发展报告(2013)》,《中国合作经济》2013 年第 9 期。

胡晓兰:《农业物流园区产业链双向互动发展模式研究》,博士学位论文,武汉大学,2017。

胡云涛等:《基于双向流通的西南地区特色农产品物流模式构建研究——以"盐源苹果"为例》,《农村经济》2014 年第 11 期。

黄磊:《以农为笔 以园为画 以产为卷——江西丰城创建国家级现代农业产业园纪实》,《农村工作通讯》2022 年第 11 期。

黄少安、姜树广:《制度性惩罚与人类合作秩序的维持》,《财经问题研究》2013 年第 11 期。

贾兴洪:《基于产业集群理论的物流园区升级》,《经济论坛》2007 年第 16 期。

贾兴洪:《物流集群演化进程中多主体合作问题研究》,博士学位论文,武汉大学,2017。

《江苏再添 4 家国家现代农业产业园》,《农家致富》2022 年第 5 期。

姜阔、李玉华:《我国现代农业物流发展模式与评价指标体系的构建》,《物流技术》2014 年第 1 期。

蒋永穆、陈维操:《基于产业融合视角的现代农业产业体系机制构建研究》,《学习与探索》2019 年第 8 期。

蒋永穆、高杰:《农业经营组织与农业产业体系的多层级共同演化机理》,《财经科学》2013 年第 4 期。

李国武、李璐:《企业间合作关系研究的理论视角:述评与比较》,《科学决策》2011 年第 10 期。

李江涛:《乡村振兴下的农产品物流运作模式》,《当代县域经济》2022 年第 9 期。

李杰:《我国城乡二元结构下的商贸流通体系农业物流发展模式研究》,《农业经济》2018 年第 7 期。

李杰义:《农业产业链视角下的区域农业发展研究》,博士学位论文,同济大学,2008。

李兰冰:《物流产业集群的信任机制研究与政策启示》,《商业经济与管理》2007 年第 10 期。

李梦:《国内外现代农业产业集群的特点比较及经验借鉴》,《当代经济》2019 年第 3 期。

李腾飞等:《美国现代农业产业体系的发展趋势及其政策启示》,《世界农业》2018 年第 7 期。

李晓锦:《农产品物流组织模式研究》,博士学位论文,西北农林科技大学,2007。

李永发、焦勇：《中部六省农业投入产出效率和影响因素分析》，《统计与决策》2014年第11期。

李哲等：《小农户与现代农业服务体系有机衔接》，《农村经济与科技》2018年第21期。

李喆：《浅析现代农业产业体系的发展现状与前景》，《山西农经》2021年第20期。

梁琦：《分工、集聚与增长》，商务印书馆，2009。

梁启超、傅少川：《新形势下农业物流运作模式的构建研究》，《物流技术》2009年第10期。

廖培添：《现代农业三大体系建设背景下上海农业产业体系演变动因研究》，《湖北农业科学》2020年第13期。

廖祖君、郭晓鸣：《中国农业经营组织体系演变的逻辑与方向：一个产业链整合的分析框架》，《中国农村经济》2015年第2期。

刘航源：《基于物联网的杭州市农业物流园区信息平台建设研究》，硕士学位论文，吉林大学，2016。

刘军、王雁：《物流企业服务创新的路径与战略选择》，《物流技术》2007年第1期。

刘楞：《新疆现代农业产业园发展对策探究——以阿勒泰地区福海县为例》，《广东蚕业》2022年第8期。

刘明菲、周梦华：《农业物流园服务能力的区域差异性与模式选择》，《华中农业大学学报》（社会科学版）2011年第6期。

刘明国、张海燕：《新常态下农产品加工业发展的新特点》，《世界农业》2015年第11期。

刘思源、邓雪霏：《黑龙江省现代农业产业体系建构模式探索与多维路径选择的研究》，《农业经济》2020年第1期。

刘涛：《中国现代农业产业体系建设：现状、问题及对策》，《当代经济管理》2013年第4期。

刘真、王林：《内河港口物流园区规划的实践与探索——以湖北宜昌三峡翻坝物流产业园为例》，《华中建筑》2019年第7期。

卢静：《生鲜农产品的库存控制及动态定价研究》，博士学位论文，天津大学，2019。

卢军静、应银：《我国农户农业收入影响因素深层探究》，《商业时代》2014年第2期。

卢珍等：《发达国家现代农业园区信息化建设的成功经验及对四川省的启示》，《现代农业科技》2022年第22期。

罗必良等：《农产品流通组织制度的效率决定：一个分析框架》，《农业经济问题》2000年第8期。

罗平：《新时代中国城乡产业融合机制论》，博士学位论文，四川大学，2022。

雒翠萍等：《涉农企业自建农产品电商平台运营模式分析——以甘肃巨龙公司"聚农网"和"沙地绿产"为例》，《生产力研究》2019年第9期。

马丽荣等：《主要涉农物流因子对农业发展影响的灰色关联分析——以甘肃省为例》，《生产力研究》2014年第1期。

马玲兵：《新时代农村合作经济发展治理研究——基于马克思主义合作社理论视角》，博士学位论文，江西财经大学，2022。

〔美〕迈克尔·波特：《竞争论》，高登第、李明轩译，中信出版社，2003。

宁泽逵、李智鑫：《基于系统动力学的农产品物流成本体系识别及管理》，《物流技术》2021年第9期。

潘世凌：《电子商务环境下农产品物流成本核算与控制分析——以苍溪猕猴桃交易中心为例》，硕士学位论文，西南交通大学，2018。

潘永昕、胡之睿：《农业供应链金融风险生成因素探究——基于解释结构模型》，《农村经济》2020年第7期。

祁双云：《河南省现代农业产业体系建设路径研究》，《农业经济》2021年第9期。

钱兆源：《农民专业合作社规范化发展研究——以荥阳市新田地种植专

业合作社为例》，硕士学位论文，郑州大学，2020。

乔德华、刘锦晖：《新型农业经营主体的功能定位及发展措施——基于甘肃省新型农业经营主体的研究》，《生产力研究》2020年第9期。

邱婷婷：《上海休闲观光农业园旅游吸引力评价研究》，硕士学位论文，上海交通大学，2014。

任保平、任宗哲：《统筹城乡视角下城乡双向流通的路径研究》，中国经济出版社，2011。

任婷：《现代农业产业体系建构视角下我国农村经济发展的基本路径研究》，《农业经济》2019年第7期。

任玉霜、王禹杰：《东部6省特色农业产业集聚度分析》，《中国农业资源与区划》2021年第7期。

阮怡青等：《孙桥现代农业园区：上海农业的璀璨明珠》，《上海农村经济》2012年第4期。

阮怡青、吴家豪：《孙桥现代农业园蔬菜网购创业计划》，《全国商情》（经济理论研究）2015年第17期。

申月：《农村小微企业集群发展取向与实现策略》，《农业经济》2015年第11期。

申宗海：《农业科技园区发展理论与实践》，中国经济出版社，2012。

沈昌赫、陈星星：《以产业为主的美丽乡村建设思考——以钟祥市石牌镇彭墩村建设为例》，《中外建筑》2020年第1期。

舒辉、胡毅：《产业互联网驱动下的农业物流生态圈协同理论体系》，《中国流通经济》2021年第4期。

舒辉、胡毅：《基于复合系统耦合的农业物流生态圈协同发展研究》，《统计与信息论坛》2020年第12期。

宋婧等：《现代农业产业园规划创意——以盱马路现代农业产业园为例》，《江苏农业科学》2020年第12期。

宋山梅、向俊峰：《乡村振兴视野下我国现代农业产业体系的构建研究》，《农业经济》2019年第9期。

宋怡：《上海孙桥现代农业园区扩建项目》，《风景园林》2016年第11期。

孙贵勇：《长春市农业物流园区发展规划研究》，硕士学位论文，吉林大学，2007。

孙贵勇等：《长春市农业物流园区运营模式分析研究》，《中国市场》2009年第10期。

孙洪平：《乡村振兴战略中促进农业转型升级的财政税收相关政策探讨》，《营销界》2022年第14期。

孙淑生、海峰：《基于产业集群（cluster）的区域物流系统与运作模式》，《物流技术》2006年第7期。

谭明交：《农村一二三产业融合发展：理论与实证研究》，博士学位论文，华中农业大学，2016。

谭智心、张照新：《提升我国农业产业体系竞争力的思考与建议》，《农村金融研究》2021年第6期。

唐丽玄等：《城乡产业协同背景下现代农业产业园发展路径研究——以天门市天西现代农业产业园为例》，《现代园艺》2022年第17期。

田文楠等：《现代农业产业技术体系服务乡村振兴战略的实践与思考——以安徽省农业科学院为例》，《农业科技管理》2022年第3期。

田野等：《数字经济驱动乡村产业振兴的内在机理及实证检验——基于城乡融合发展的中介效应》，《农业经济问题》2022年第10期。

万俊毅等：《乡村振兴与现代农业产业发展的理论与实践探索——"乡村振兴与现代农业产业体系构建"学术研讨会综述》，《中国农村经济》2018年第3期。

汪恭礼、崔宝玉：《乡村振兴视角下农民合作社高质量发展路径探析》，《经济纵横》2022年第3期。

王福华：《物流园区创新探析》，《中国流通经济》2009年第9期。

王国锋：《我国物流园区的发展与展望》，《中国科技论》2003年第2期。

王慧娟：《辽宁现代农业产业体系发展现状及对策》，《农业经济》2011年第12期。

王缉慈：《超越集群：中国产业集群的理论探索》，科学出版社，2010。

王剑：《生鲜农产品物流模式优化研究》，《物流工程与管理》2020年第12期。

王健、赵桂慎：《当前中国农业发展的主要趋势和路径探索——基于区域农业产业战略规划的案例的分析》，《中国发展》2017年第5期。

王静：《基于产业集群的供应链组织与物流园区发展模式》，《西北农林科技大学学报》（社会科学版）2008年第3期。

王军等：《基于系统动力学模型的品牌经济与区域经济发展关系研究——以东部地区为例》，《山东科技大学学报》（社会科学版）2021年第6期。

王蕾：《我国现代农业物流问题探讨》，《农业经济》2012年第1期。

王明珠：《农村逆向物流的现状分析与对策研究》，《物流工程与管理》2012年第11期。

王其藩：《系统动力学》，上海财经大学出版社，2009。

王万发：《基于PDCA循环的贵州现代高效农业示范园区发展模式研究》，硕士学位论文，贵州大学，2017。

王新利：《试论农业产业化发展与农村物流体系的建立》，《农业经济问题》2003年第4期。

王玉玲、杨勇：《我国农产品物流园区发展困境与对策》，《改革与战略》2018年第2期。

郏文兵、龙炜：《我国农产品物流园区发展定位研究》，《物流技术》2006年第5期。

吴娟：《"互联网+"背景下特色农业市场营销创新模式研究》，《黑龙江粮食》2021年第5期。

吴婷婷：《瓦房店市现代农业产业园建设调研报告》，硕士学位论文，大连海洋大学，2022。

吴文征:《物流园区网络协同研究》,博士学位论文,北京交通大学,2012。

武云亮:《论农业产业化发展与农产品物流组织创新》,《市场周刊》2006年第5期。

习近平:《决胜全面建成小康社会 夺取新时代中国特色社会主义伟大胜利——在中国共产党第十九次全国代表大会上的报告》,《学理论》2017年第11期。

肖小虹等:《中华人民共和国成立70年来农业政策的演变轨迹——基于1949—2019年中国农业政策的量化分析》,《世界农业》2019年第8期。

谢岗:《构建现代农业产业体系推进农村产业融合发展》,《江苏农村经济》2020年第8期。

谢培秀:《试论发展中国的农业物流业》,《中国流通经济》2003年第11期。

谢彦:《泰兴市国家现代农业产业园创建经验》,《中国畜牧业》2022年第14期。

熊嘉芝等:《湘西州农业发展影响因素研究》,《知识经济》2018年第24期。

熊肖雷、张慧芳:《产业融合视角下城乡绿色农业产业链协同发展的对策研究——以贵州省为例》,《经济研究导刊》2021年第13期。

徐灿琳:《我国小农户融入现代农业体系研究——基于"制度-组织-行为"的视角》,博士学位论文,西南财经大学,2021。

徐晓阳:《新时代背景下农业现代市场体系的构建》,《中国集体经济》2018年第32期。

许菱等:《基于物流流通加工环节的农产品包装问题探究》,《物流科技》2016年第10期。

薛蕾等:《农业产业集聚与农业绿色发展:效率测度及影响效应》,《经济经纬》2020年第3期。

薛岩等:《新型农业经营主体与电子商务:业态选择与收入绩效》,《农林经济管理学报》2020年第4期。

薛艳杰：《从乡村农业到都市农业——上海农业的发展与演变》，上海社会科学院出版社，2011。

〔英〕亚当·斯密：《国民财富的性质和原因研究》，郭大力、王亚南译，商务印书馆，1974。

闫琰等：《我国粮食"十一连增"主要因素贡献分析及政策思考》，《中国农业科技导报》2016年第6期。

杨艳：《广东省欠发达地区农业经营主体营收结构分析》，《中国农业资源与区划》2016年第9期。

杨永华：《马克思的社会分工理论》，经济科学出版社，2012。

杨志银、何雁：《乡村振兴战略下我国现代农业产业园发展税收政策研究》，《现代农业装备》2022年第4期。

姚飞：《农业组织创新过程及演化机理分析——基于河南省两个农业集群的对比》，硕士学位论文，河南大学，2017。

叶依广：《中国农业的演变及其历史作用》，《古今农业》1990年第2期。

易正兰：《基于农业产业集群的新型农业社会化服务体系模型构建》，《新疆财经》2012年第4期。

〔美〕尤西·谢菲：《物流集群》，岑雪品、王微译，机械工业出版社，2015。

于善甫：《完善现代农业治理体系提升治理能力的思路与对策——基于农业生产性服务业的视角》，《河南社会科学》2020年第12期。

于雪薇等：《参与三产融合对现代农业产业园农户增收效应研究——基于倾向得分匹配法的估计》，《农业与技术》2021年第17期。

袁雪妃、徐洲：《物流产业组织理论述评》，《中国管理信息化》2014年第23期。

翟运开等：《物流服务创新模式："四棱锥"模型研究》，《统计与决策》2006年第21期。

张丙江：《层次分析法及其应用案例》，电子工业出版社，2014。

张朝：《税收政策对农业产业化发展的影响研究》，《现代化农业》2022年第 11 期。

张春燕：《山西省果蔬农产品物流模式优化研究》，《中国商论》2021年第 12 期。

张存禄、黄培清：《营建制造中心的物流环境》，《国际商务研究》2002年第 5 期。

张风达：《深圳海吉星农产品销售平台的设计与实现》，硕士学位论文，西南交通大学，2019。

张军等：《我国农业发展的影响因素和策略探究》，《农业开发与装备》2020 年第 10 期。

张柯：《新时代推动城乡融合高质量发展的逻辑理路及路径选择》，《农业经济》2022 年第 11 期。

张克俊、张泽梅：《农业大省加快构建现代农业产业体系的研究》，《华中农业大学学报》（社会科学版）2015 年第 2 期。

张林清：《基于系统动力学的生鲜农产品供应链运作风险评价研究》，硕士学位论文，烟台大学，2022。

张培刚：《农业与工业化——农业国工业化问题初探》，华中科技大学出版社，2002。

张霞：《农产品加工产业集群发展研究》，博士学位论文，华中农业大学，2007。

张晓宁、惠宁：《新中国 60 年农业组织形式变迁研究》，《经济纵横》2010 年第 3 期。

张晓燕等：《"物流集群"研究的奠基者、范式和主题——基于 WOS 期刊文献的共被引分析》，《宁夏大学学报》（人文社会科学版）2016 年第 5 期。

张学会等：《中国农产品物流研究动态、热点与趋势——基于 CiteSpace 知识图谱可视化分析》，《供应链管理》2022 年第 6 期。

张亚：《我国农业物流发展的对策建议》，《中国流通经济》2006 年第 3 期。

张贞：《纵向一体化、产业集聚对我国农副食品加工业经营绩效的影响》，《中国林业经济》2019 年第 6 期。

赵君等：《农村小微企业集群的基本特征、发展因素与管理策略》，《农业经济问题》2015 年第 1 期。

赵黎明、徐青青：《我国区域现代农业物流体系发展探要》，《中国农业大学学报》（社会科学版）2003 年第 3 期。

郑风田、程郁：《从农业产业化到农业产业区——竞争型农业产业化发展的可行性分析》，《管理世界》2005 年第 7 期。

郑明高：《产业融合：产业经济发展的新趋势》，中国经济出版社，2011。

郑琦：《资源整合：上海农业物流园区新型发展模式》，《创新》2007 年第 6 期。

郑舒婷：《"互联网+"背景下特色农业市场营销创新模式研究》，《现代营销》（下旬刊）2020 年第 5 期。

郑燕伟、盛世豪：《产业集群成长与经济发展阶段相关性初探——基于世界经济论坛〈全球竞争力报告〉的分析》，《商业经济与管理》2005 年第 9 期。

《中国农史》，《中国科技史杂志》1982 年第 2 期。

钟锐莉：《重庆西部物流园基于自由贸易园区条件下的功能定位及其政策措施研究》，硕士学位论文，重庆大学，2017。

钟钰、蓝海涛：《我国工农业互动现状、协同问题及政策研究》，《农业经济问题》2008 年第 9 期。

周逸嫚：《探寻农产品批发市场转型之路——建立面向终端群体的分布式一体化农产品流通服务平台》，《农业经济》2015 年第 7 期。

朱辉：《农产品物流园区物流管理模式研究》，硕士学位论文，山东科技大学，2009。

Bovel, D. , Martha, J. , "From supply chain to value net", *Journal of Business*, 2000.

Dai, Q. , Yang, J. , "Input-output Analysis on the Contribution of Logistics Park Construction to Regional Economic Development", *Procedia-Social and Behavioral Sciences*, 2013, 96: 599-608.

Douglass, M. , "A Regional Network Strategy for Reciprocal Rural-urban Linkages: An Agenda for Policy Research with Reference to Indonesia", *Third World Planning Review*, 1998, 20: 89-101.

Huang, S. , Gale, F. , "China's Rising Fruit and Vegetable Exports Challenge U. S Industries", *Electronic Outlook Report from the Economic Research Service, LI. S. Department of Agriculture, Washington, DC*, 2006.

John, D. S. , *Business Dynamics Systems Thinking and Modeling for a Complex World* (SJ Press, 2000).

Lamsal, K. , Jones, P. C. , Thomas, B. W. , "Harvest Logistics in Agricultural Systems with Multiple, Independent Producers and no on-farm Storage", *Computers & Industrial Engineering*, 2016, 91.

Neves, M. F. , Zylbersztajn, D. , Neves, E. M. , *The Orange Juice Food Chain*. Proceedings of the 3rd International Conference on Chain Management in Agribusiness and the Food Industry. Wageningen Agricultural University Press, 1998.

Virgüez, R. , Liliana, M. , *Logistics Clusters: Prevalence and Impact*, MIT, 2014.

Waldheim, C. , Berger, A. , "Logistics landscape", *Landscape Journal*, 2008, 27 (2).

World Economic Forum, "Outlook on the Logistics & Supply Chain Industry 2012", *Global Agenda Council on Logistics & supply chain 2011-2012*, 2012.

图书在版编目（CIP）数据

农业产业体系协同化发展模式研究：以农业物流园
区为依托 / 胡晓兰著 . -- 北京：社会科学文献出版社，
2024.7

ISBN 978-7-5228-3583-9

Ⅰ.①农…　Ⅱ.①胡…　Ⅲ.①农业产业-产业体系-
研究-中国　Ⅳ.①F323

中国国家版本馆 CIP 数据核字（2024）第 086071 号

## 农业产业体系协同化发展模式研究

—— 以 农 业 物 流 园 区 为 依 托

著　　者 / 胡晓兰

出 版 人 / 冀祥德
组稿编辑 / 高　雁
责任编辑 / 颜林柯
文稿编辑 / 郭晓彬
责任印制 / 王京美

出　　版 / 社会科学文献出版社·经济与管理分社（010）59367226
　　　　　　地址：北京市北三环中路甲 29 号院华龙大厦　邮编：100029
　　　　　　网址：www.ssap.com.cn
发　　行 / 社会科学文献出版社（010）59367028
印　　装 / 三河市尚艺印装有限公司

规　　格 / 开　本：787mm×1092mm　1/16
　　　　　　印　张：15.75　字　数：241 千字
版　　次 / 2024 年 7 月第 1 版　2024 年 7 月第 1 次印刷
书　　号 / ISBN 978-7-5228-3583-9
定　　价 / 138.00 元

读者服务电话：4008918866

▲ 版权所有 翻印必究